判例から考える
社会保障法

菊池馨実
常森裕介 編

日本評論社

はしがき

　本書は、社会保障法領域の関連判例・裁判例を題材として、論点ごとに判例等の論理・動向を明らかにしながら、社会保障法を学ぶことをねらいとしたテキストである。

　社会保障法は、実定法科目の中では比較的歴史の浅い分野であるが、それでも少なくない数の体系書・教科書が刊行されている。なかでも最近、共著のテキストが次々と出版され、多くの学生が学ぶ六法科目などと比較してマーケットが相対的に小さいとみられる社会保障法の領域は、すでに飽和状態といっても過言ではないように思われる。

　こうした動向を鑑みて、本書は、法学部の演習（ゼミ）等での利用を想定し、新たなスタイルのテキストを目指したものである。その際の「お手本」となったのが、本書と同じ日本評論社刊の岡田正則ほか編『判例から考える行政救済法』（初版2014年、第2版2019年）であった。

　そこに至る経緯は、編者の一人である菊池が在外研究を終えて帰国した直後の2005（平成17）年10月、同僚の岡田正則教授とともに東京社会保障判例検討会を立ち上げたことに遡る。2001（平成13）年早稲田大学に赴任した後、東京社会保障法研究会を立ち上げたものの、判例研究は季刊誌『社会保障研究』（従前は『季刊社会保障研究』、国立社会保障・人口問題研究所刊）の下での研究会に委ね、棲み分けを図ったため、判例研究の機会の少なさに物足りなさを感じていたところ、行政法学者の中でも社会保障法への造詣が深い岡田教授がお付き合いくださるというので、以来19年以上にわたって、8月を除く毎月第3金曜の夜、検討会を続けている。授業の一環としても位置付けていることから、早稲田大学大学院法学研究科・同法務研究科で学んだ研究者や実務法曹が、岡田教授の下で行政法的観点もふまえた社会保障法研究の研鑽を積むことができたのは、大変貴重であった。判例検討会には、早稲田大学関係者だけでなく、研究者等に広く参加を呼びかけ、一緒に学び合う場を提供してきた。判例・裁判例を基盤とした本書のスタイルは、こうした長年の積み重ねの延長線上にあり、共著者として執筆をお願いした方々も、共に学び合ってきた仲間である。そうした関係性と相互信頼を前提として、内容や文章表現等にまで相当踏み込んで、執筆者と編者が忌憚ない意見交換

等を積み重ねることができたと自負している。

　先に述べたように、本書の編纂にあたって、先達となったのが『判例から考える行政救済法』である。構成としては、各章のテーマの後に事例を示し、そこに組み込まれた「問い」を立て、それらの「問い」に関連した制度説明や関連判例・裁判例の解説を行った後、章の末尾に「問い」に対する学びをコンパクトにまとめ、事例への回答例を示すという流れにしてある。学ぶにあたってのキーワードや取り上げる判例・裁判例については、本論に入る前にまとめて示すことにした。社会保障法では論点ごとに判例法理が確立しているわけでは必ずしもなく、下級審判決を取り上げる頻度が相対的に高くならざるを得ない。論点提示型の構成ではあるものの、社会保障法の総論・各論にわたる幅広い領域を網羅し、関連する制度説明を行い、「問い」への回答例まで示してあるため、初学者用の社会保障法のテキストとして自学自習にも活用できよう。他方、判例・裁判例を基礎とした課題設定は、多様な議論の素材となり得るものであり、先に述べた法学部での演習（ゼミ）等での使用にとどまらず、法科大学院の講義等にも活用し得ると思われる。

　本書の着想は、『判例から考える行政救済法（第2版）』刊行後の2020（令和2年）年であるから、約5年が経過したことになる。親身になって相談に乗り、出版社を紹介してくださり、同書編纂の経験をふまえた助言を折にふれいただいた岡田正則先生に感謝申し上げる。共編者の常森裕介先生には、公（校）務に追われ取りまとめ役として十分機能しない菊池に代わって、各著者との応答や企画の取りまとめ、編集者との打ち合わせなどの相当部分を担っていただいた。もちろん先に述べたように、各章の内容は、かなり踏み込んで執筆者との意見交換等を積み重ねたものであり、編者がその責任の一端を負うことはいうまでもない。

　出版事情の厳しいなか、本書の企画を通してくださった後、長くお待たせしてしまったが、刊行に至るまで様々にご尽力いただいた日本評論社の武田彩氏と同社の串崎浩氏に深甚なる感謝の意を表したい。

2025年1月
編者を代表して
菊池　馨実

目次

はしがき　菊池馨実　i

凡例　v

第1部　総論

1　社会保障制度における生存権の意義 …………… 常森裕介　2
2　社会保障制度と国籍 ……………………………… 菊池馨実　14
3　ライフスタイルの多様化と社会保障制度 ……… 常森裕介　27
4　社会保険における連帯と強制加入・強制徴収の正当性
　　………………………………………… 菊池馨実・常森裕介　39
5　被保険者資格の認定と保険料の徴収 …………… 川久保寛　52
6　社会保障制度における給付の調整 ……………… 川久保寛　64
7　年金の給付水準と年金額の改定 ………………… 菊池馨実　76

第2部　各論

- 8 障害年金における障害等級認定と所得保障の必要性 ………………………………………………… 常森裕介　92
- 9 遺族年金と配偶者性 ……………………………… 常森裕介　104
- 10 労災保険法における業務上外認定 ……………… 小西啓文　116
- 11 雇用保険制度における「失業」………………… 林健太郎　130
- 12 公的医療保険制度①（保険診療の仕組み）…… 浅野公貴　143
- 13 公的医療保険制度②（保険診療の範囲）……… 浅野公貴　157
- 14 公的医療保険制度③（医療供給体制）………… 菊池馨実　171
- 15 介護サービスと介護保険 ………………………… 川久保寛　184
- 16 保育を受ける権利と市町村の役割 ……………… 古畑　淳　197
- 17 障害福祉サービスにおける介護ニーズの評価 … 福島　豪　213
- 18 社会福祉サービスにおける契約と規制 ………… 宮尾亮甫　227
- 19 被虐待児の保護と措置制度の意義 ……………… 宮尾亮甫　243
- 20 最低生活保障における生活保護の意義と申請権 … 池谷秀登　257
- 21 生活保護制度における補足性の原理①（収入・資産）
  ……………………………………………………… 木村康之　270
- 22 生活保護制度における補足性の原理②（稼働能力）
  ……………………………………………………… 木村康之　283
- 23 生活保護制度におけるケースワークと指導・指示および助言
  ……………………………………………………… 池谷秀登　295
- 24 生活保護制度における基準決定と判断過程審査 … 常森裕介　308

「主要判例」索引　320
執筆者一覧　326

●凡例

1　出典表記

雑誌論文・単行本や判例などについては、原則として、「法律文献等の出典の表示方法」によっている。

▼雑誌等
　ジュリ：ジュリスト
　賃社：賃金と社会保障
　判例自治：判例地方自治
　法教：法学教室
　法時：法律時報
　法セミ：法学セミナー
　論ジュリ：論究ジュリスト

▼大学紀要
　駒法：駒澤法学
　早法：早稲田法学
　同法：同志社法学
　流経：流経法学

2　判例集の略称と優先順位

判例集の優先順位は、原則として、最高裁判所民事判例集（民集）・最高裁判所刑事判例集（刑集）・最高裁判所裁判集民事（集民）・行政事件裁判例集（行集）・家庭裁判月報（家月）⇒訟務月報（訟月）⇒裁判所時報（裁時）⇒判例時報（判時）・判例タイムズ（判タ）⇒判例地方自治（判例自治）⇒労民集（労働関係民事裁判例集）⇒労判（労働判例）⇒賃金と社会保障（賃社）⇒家庭の法と裁判・保育情報⇒最高裁のホームページ（裁判所ウェブサイト）⇒LEX/DB の順とした。

3　判例・条文の引用について

読者の読みやすさを考慮し、引用文は現代用語化し、漢数字を算用数字に改めた。

4　法令等の略称

医師法（医師）
医薬品、医療機器等の品質、有効性及び安全性の確保等に関する法律［医薬品医療機器法］（医薬）
医療法（医療）
　――施行規則（医療則）
介護保険法（介保）
　――施行規則（介保則）
　――施行令（介保令）
感染症の予防及び感染症の患者に対する医療に関する法律（感染症）
行政手続法（行手）

健康保険法（健保）
厚生年金保険法（厚年）
高齢者の医療の確保に関する法律（高齢医療）
国民健康保険法（国保）
　――施行規則（国保則）
国民年金法（国年）
子ども・子育て支援法（子育て支援）
雇用保険法（雇保）
　――施行規則（雇保則）
児童虐待の防止等に関する法律（児童虐待）

児童福祉法（児福）
児童扶養手当法（児扶手）
社会福祉法（社福）
住民基本台帳法（住民台帳）
障害者の日常生活及び社会生活を総合的に支援するための法律（障害総合支援）
　　——施行規則（障害総合支援則）
　　——施行令（障害総合支援令）
消費者契約法（消契）
身体障害者福祉法（身福）
　　——施行規則（身福則）

生活保護法（生活保護）
　　——施行規則（生活保護則）
犯罪被害者等給付金の支給等による犯罪被害者等の支援に関する法律（犯罪被害給付）
民法（民）
労働基準法（労基）
労働者災害補償保険法（労災）
労働保険の保険料の徴収等に関する法律［労働保険徴収法］（労保徴）

第1部 総論

1 社会保障制度における生存権の意義

常森裕介

健康で文化的な最低限度の生活は社会保障制度を通じてどのように具体化されているか？

> 厚生労働省は、生活保護制度の級地制度の見直しを目的とした検討委員会を設置し、検討委員会は、各地域の消費実態等を根拠に、新たな級地区分について、最終報告書を取りまとめた。厚生労働大臣は、最終報告書のとおり、現在6つに区分されている級地を3つに区分することを軸とする新たな級地区分を告示した。被保護者であるXは、告示前の級地では1級地-1（例えば生活扶助は1類47420円および2類28890円）であったのが、2級地-1（同43770円および同27690円）となり、この級地変更に伴い受給額が減額されることとなった。Xは、上記変更により健康で文化的な最低限度の生活を下回る生活を強いられたとして、上記級地変更が憲法25条に違反し無効だと主張した。
>
> また、Xが住む市町村に隣接する市町村は告示後も告示前と同じ1級地-1であったため、当該市町村の被保護者は級地変更の影響を受けなかった。Xは、隣接する市町村間で物価や賃金の水準に差はないにもかかわらず、一方の支給額のみが減額される級地の変更は、憲法14条に定める法の下の平等に反すると主張した。
>
> Xの主張は認められるだろうか。

1. 生存権はどのような権利なのか？
2. 社会保障制度は、生存権をどのように具体化しているのか？
3. 社会保障制度における給付水準の引下げは憲法25条違反にならないのか？

■ キーワード
健康で文化的な最低限度の生活、プログラム規定説、抽象的権利説、具体的権利説、広い立法裁量、生活保護法、法の下の平等

■ 主要判例
判例1・朝日訴訟：最大判1967（昭42）・5・24民集21巻5号1043頁［社会保障

判例百選（第 6 版）1 事件］
判例 2・堀木訴訟：最大判1982（昭57）・7・7民集36巻7号1235頁［社会保障判例百選（第 6 版）2 事件］
判例 3・堀木訴訟控訴審：大阪高判1975（昭50）・11・10行集26巻10・11号1268頁
判例 4・老齢加算廃止訴訟：最判2012（平24）・2・28民集66巻 3 号1240頁［社会保障判例百選（第 6 版）3 事件］
判例 5・学生無年金訴訟：最判2007（平19）・9・28民集61巻 6 号2345頁［社会保障判例百選（第 6 版）5 事件］

一　事例を読む視点

　私たちは、日々の生活を営むための糧を、自ら働いて得た収入や、蓄えた資産を活用して得ている。あるいは、家族や親族に養われる形で生活を維持している人もいるだろう。しかし、それらの方法で生活を継続することが困難になったとき、社会保障制度を通じて給付を受けることで最低限度の生活を営むという方法が残されている。生活保護制度は、日本において、最低生活を保障する基盤となる制度である。
　「最低限度の生活」といったとき、どの程度の水準の生活をイメージするかは、人によって様々であろう。しかし、生活保護制度では給付のための基準（生活保護基準）が設定されており、被保護者の生活そのものは多様であっても、被保護者の生活水準は上記基準によって決められる。そのため、生活保護基準の改定は、被保護者の生活に大きな影響を及ぼす。本事例で問題となっているのは、級地である。地域によって物価や最低賃金などが異なるため、生活保護基準は地域により異なる。級地は、そのような生活保護基準の地域差を表す指標である[1]。そのため、本事例のように、級地の区分が変更されることで、変更前と同じ場所に住んでいても適用される基準額が変わり、それが受給額の増減につながる。
　Xのように、同じ場所に居住し、生活の状況に変化がないにもかかわらず、給付額が減らされることは、ひどく不合理であるように思われる。この問題

1　級地は 1 級地 − 1 、1 級地 − 2 、2 級地 − 1 、2 級地 − 2 、3 級地 − 1 、3 級地 − 2 に分類される。2024（令 6）・3・28厚生労働省告示第130号。

は、個々の被保護者の問題であると同時に、制度そのものに関わる問題でもある。級地は厚生労働大臣の告示により決定される。つまり、立法府における検討を経ずに厚生労働大臣の裁量に基づき改定されるということである。このことをふまえたうえで、法律や憲法（特に憲法25条）の解釈を通じて、本章事例における級地変更に違憲あるいは違法の疑いがあるか検討する。

二　生存権はどのような権利なのか？

　憲法25条に基づく生存権は、どのような性質をもつ権利なのだろうか。
　まず、生存権の根拠となる憲法25条の規定を確認してみよう。憲法25条は「すべて国民は、健康で文化的な最低限度の生活を営む権利を有する」（1項）および「国は、すべての生活部面について、社会福祉、社会保障及び公衆衛生の向上及び増進に努めなければならない」（2項）という二つの条文から成る。
　1項には「〜権利を有する」とあるが、権利を有すると規定したことは、裁判規範としてどのような効果をもつのだろうか。判例1は、憲法25条1項は「直接個々の国民に対して具体的権利を賦与したものではない」という前提に立つ。特に判例1が、1項が国に課すのは義務ではなく「責務」であり、1項に基づく国民の権利は「具体的権利」ではないといった点は重要である。責務であるとは、義務と異なり、当該責務を果たさなくとも直ちに司法により違憲という評価を与えられるわけではないことを意味する。
　では、具体的権利とは何を意味するのか。判例1は上記判示に続けて「具体的権利としては、憲法の規定の趣旨を実現するために制定された生活保護法によって、はじめて与えられて」いると述べる。すなわち、健康で文化的な最低限度の生活を受ける権利は、生活保護法という法律があってはじめて具体的な内容をもつ権利となるということである。
　憲法25条1項が定める生存権については、国の責務を定めたにすぎず裁判規範となる権利ではないという考え方（プログラム規定説）、具体的な法制度を伴わなくとも、裁判規範となるという考え方（具体的権利説）、法制度を伴ってはじめて権利としての内実を得るという考え方（抽象的権利説）があり、判例1は、生存権は法制度を伴ってはじめて具体化されるという考え方をとっているといえる[2]。

三　社会保障制度は、生存権をどのように具体化しているのか？

　憲法25条が社会保障制度を通じて権利性を獲得すると考える場合、各法令の中で手がかりになる条文を探す必要がある。例えば、生活保護法では3条と8条（後掲）がそれに当たる。逆にいえば、生活保護法3条や8条の意味を考える際には、憲法25条にいう「健康で～生活」とはどのような生活であるのかということを同時に考えなければならない。

1　「健康で文化的な最低限度の生活」と生活保護制度

　判例1は、「健康で文化的な最低限度の生活」は「抽象的な相対的概念であり、その具体的内容は、文化の発達、国民経済の進展に伴って向上するのはもとより、多数の不確定的要素を綜合考量してはじめて決定できるもの」と述べる。また判例2も「きわめて抽象的・相対的な概念であって、その具体的内容は、その時々における文化の発達の程度、経済的・社会的条件、一般的な国民生活の状況等との相関関係において判断決定されるべきもの」と述べる。判例1と判例2の事例の内容や争点の異同をふまえても、判例1と判例2は、「健康で文化的な最低限度の生活」が、抽象的、相対的な概念で、経済や社会の状況により変化しうるという点で共通した見方を示している。ただし、判例1の上記判示は傍論であり、生存権と行政裁量を考えるうえで現在リーディングケースといえるのは判例4であることに注意する必要がある。

　判例2は、立法裁量に関するリーディングケースであり、「健康で文化的な最低限度の生活」という規定の抽象性、相対性を指摘したうえで、「健康で文化的な最低限度の生活」を法制度として具体化する際には「国の財政事情を無視することができず、また、多方面にわたる複雑多様な、しかも高度の専門技術的な考察とそれに基づいた政策的判断を必要とする」と述べる。上記判例2の判示は、憲法25条1項に関わる司法判断において、立法府が広範な裁量を有していることの根拠となる。次に、立法裁量及び行政裁量の検討に入る前に、判例1および判例2が示す「健康で文化的な最低限度の生

2　木下秀雄「判批」（判例1）岩村正彦編『社会保障判例百選（第5版）』（有斐閣、2016年）5頁。

活」の内容を生活保護制度に照らして具体的に考えてみよう。

2　生活保護基準と最低生活水準

　日本において「健康で文化的な最低限度の生活」を具体化しているのは、生活保護基準である（生保3条、8条1項）。生活保護基準の改定にあたっては、厚生労働大臣の下で専門家による検討が行われるのが通例である。これは判例2がいう高度の専門技術的な考察（研究者等による統計等の評価や解釈）とそれに基づいた政策的判断（専門家の分析をふまえた厚生労働大臣の改定額の決定）を通じて形成される。

　ただし、生活保護基準が「健康で文化的な最低限度の生活」を十分反映できているかといえば、疑問がないわけではない。まず、生活保護基準の決定方法は、現行の方法（水準均衡方式）に至るまで変遷があり[3]、最も妥当な手法が確立されているという状況にはない。また生活保護基準が「健康で文化的な最低限度の生活」を充足しているか否かを判断する際には、基準そのものに対する評価だけでなく、被保護者の生活の具体的状況も考慮する必要がある。その際、憲法25条1項に直接抵触するか否かだけでなく、憲法25条1項の趣旨を反映した生活保護法の規定（3条、8条1項）に照らして、生活保護基準が最低生活を充たす水準であるかという点についての評価が行われる（詳細は本書第24章を参照）。

　上記の理解に立てば、本章の事例におけるXの主張が認められる可能性はある。確かに「健康で文化的な最低限度の生活」はそれ自体抽象的な文言であり、「健康で文化的な最低限度の生活」は生活保護基準により具体化される。一方で、生活保護基準は常に「健康で文化的な最低限度の生活」を十分に具体化できているわけではない。つまり、生活保護基準が、一応「健康で文化的な最低限度の生活」の水準を反映しているといえるとしても、生活保護法及び憲法25条に基づきその水準について審査する余地は残されている。

---

[3]　生活保護基準の決定方法およびその変遷につき、菊池馨実『社会保障法（第3版）』（有斐閣、2022年）333〜337頁。

図表1-1　生活保護法の目的など

目的（1条）	「この法律は、日本国憲法第25条に規定する理念に基き、国が生活に困窮するすべての国民に対し、その困窮の程度に応じ、必要な保護を行い、その最低限度の生活を保障するとともに、その自立を助長することを目的とする」
最低生活（3条）	「この法律により保障される最低限度の生活は、健康で文化的な生活水準を維持することができるものでなければならない」
基準及び程度の原則（8条）	「保護は、厚生労働大臣の定める基準により測定した要保護者の需要を基とし、そのうち、その者の金銭又は物品で満たすことのできない不足分を補う程度において行うものとする」 「2　前項の基準は、要保護者の年齢別、性別、世帯構成別、所在地域別その他保護の種類に応じて必要な事情を考慮した最低限度の生活の需要を満たすに十分なものであって、且つ、これをこえないものでなければならない」

（出典）筆者作成

四　社会保障制度における給付水準の引下げは憲法25条違反にならないのか？

　生活保護基準の憲法25条および生活保護法への適合性を問うことが可能であるとして、Xの主張が認められる可能性はあるのだろうか。その際大きな障壁となるのが、立法および行政の裁量である。憲法25条を根拠とする社会保障制度については、立法および行政の裁量が広く認められる。そうすると、本章の事例で問題となった級地の変更も、行政裁量の範囲内ということになる。では、憲法14条に反する旨の主張はどうか。憲法25条に関しては広い裁量が認められるとしても、憲法14条については、別の裁量判断の基準が適用されると考えることもできる。しかし、以下で説明するように、判例によれば社会保障制度を憲法14条に照らして評価する際にも、広い裁量が認められる。

　社会保障制度に関わる判例をみる限り、裁判所が、憲法に照らして裁量権の逸脱、濫用を認める可能性は小さいと言わざるを得ない。他方で、裁量の範囲に一定の歯止めをかける考え方も存在する。

図表1-2　生活保護法に基づく扶助と加算

生活扶助	個人単位の経費・世帯単位の経費等
住宅扶助	家賃、住宅維持費等
教育扶助	給食費等義務教育に係る費用
介護扶助	介護保険給付に相当する費用
医療扶助	国民健康保険給付に相当する費用
生業扶助	高校就学費、就職支援費等
葬祭扶助	葬祭に係る費用

妊産婦加算
母子加算
障害者加算
介護入所者加算
放射線障害者加算
児童養育加算
介護保険料加算
老齢加算（廃止）

（出典）岩村正彦ほか編著『目で見る社会保障法教材（第5版）』（有斐閣、2013年）91頁を基に作成

1　立法府および行政の裁量

(1) 広い立法裁量

　判例2は、「健康で文化的な最低限度の生活」が、抽象的、相対的な概念であり、具体的内容は社会的条件等との相関関係によって決定され、国の財政事情も無視できず、高度の専門技術的考察を必要とすることから「憲法二五条の規定の趣旨にこたえて具体的にどのような立法措置を講ずるかの選択決定は、立法府の広い裁量にゆだねられており、それが著しく合理性を欠き明らかに裁量の逸脱・濫用と見ざるをえないような場合を除き、裁判所が審査判断するのに適しない」と述べる。判例2は立法府に「広い裁量」を認めており、著しく合理性を欠き明らかに裁量の逸脱、濫用が認められる場合にのみ審査の対象となると述べる。また判例2は、現在に至るまで、様々な判例で参照されており、大きな影響力をもつ。他方で、社会経済状況の変化は速く、社会保障制度の改正も頻繁に行われている。そのような状況下で、社会保障制度に関する憲法判断では立法府に広い裁量がある旨の一般論が定着し、あらゆる社会保障立法の憲法25条1項適合性判断に過剰な制約を課しているのではないかという疑問もある[4]。

(2) 憲法の他の規定との関係

　また、判例2の射程が、社会保障制度と他の憲法の条項に関わる事例にも及んでいることにも注意が必要である。判例2では、憲法25条1項のほか憲

4　社会保障制度と憲法14条について遠藤美奈「判批」（判例2）西村健一郎・岩村正彦編『社会保障判例百選（第4版）』（有斐閣、2008年）7頁。

法14条および13条違反の主張についても判示している。判例2は、上記併給調整が憲法14条に違反する旨の主張に対し「憲法二五条の規定の要請にこたえて制定された法令において、受給者の範囲、支給要件、支給金額等につきなんら合理的理由のない不当な差別的取扱をしたり、あるいは個人の尊厳を毀損するような内容の定めを設けているとき」には憲法14条違反の問題を生じ得るとしたうえで「とりわけ身体障害者、母子に対する諸施策及び生活保護制度の存在などに照らして総合的に判断すると」上記併給調整は、合理的理由のない差別には当たらないと判示する。判例2の判示を敷衍すると、生活保護制度は社会保障制度全体にとってのセーフティネットであるとの前提の下、社会手当や年金の受給要件あるいは受給額において差があったとしても、すべての国民が生活保護を受給できるという理由で、それらは不合理な差別にはなり得ないとも考えられる。

　もちろん憲法25条1項に関わって立法府が広い裁量を有するという前提に立つとしても、憲法14条等他の条文への適合性の判断とは区別して考えることもできる。しかし、例えば判例5は、判例2を参照したうえで「国民年金制度は、憲法25条の趣旨を実現するために設けられた社会保障上の制度であるところ、同条の趣旨にこたえて具体的にどのような立法措置を講じるかの選択決定は、立法府の広い裁量にゆだねられており、それが著しく合理性を欠き明らかに裁量の逸脱、濫用とみざるを得ないような場合を除き、裁判所が審査判断するのに適しない事柄であるといわなければならない。もっとも、同条の趣旨にこたえて制定された法令において受給権者の範囲、支給要件等につき何ら合理的理由のない不当な差別的取扱いをするときは別に憲法14条違反の問題を生じ得る」と述べる。判例5もまた、社会保障制度（国民年金）における14条違反が問われた事例であり、判例2を先例とする。そのうえで、判例5は、憲法25条の趣旨を実現するために設けられた社会保障制度が対象となる場合には、25条1項に関わる判断と14条に関わる判断をより一体的に行う、言い換えれば、14条1項違反についても、立法府の広い裁量があることを前提としているようにも読める[5]。

5　憲法25条と14条の関係につき、棟居徳子「判批」（判例2）岩村・前掲書（注2）7頁、廣田久美子「判批」（判例5）同23頁。

2　社会保障制度の縮小・後退

　ここまでみてきたように、社会保障制度の憲法適合性を問うためには、判例 2 を先例として立法府や行政に広い裁量があることを前提に、著しい裁量の逸脱・濫用が認められるか否かという点に着目せざるを得ないといえる。特に給付水準の引下げや受給要件の厳格化は、受給者たる国民の不利益になる制度変更であるものの、判例 2 に照らすと、違憲という結論を導くことができる程度の不利益な制度変更が立法政策として行われる可能性は大きいとはいえない。判例 4 は、加算部分ではあるものの、生活保護給付が切り下げられた事例であり、被保護者の生活への影響は小さくない。しかし、判例 4 でも憲法25条違反の主張は認められなかった。

　確かに、判例 2 や判例 5 は法律に基づく併給調整や被保険者の範囲が対象であったため、立法それ自体の効力を問題にしなければならなかった。しかし、社会保障制度は多様かつ複雑化し、法律レベルで規定される内容は抽象的なものにとどまることも少なくない。法律、政省令、告示といった複数のレベルの法令を一体的に解釈して受給要件や給付水準が決まるため、必ずしも違憲の主張を伴わずとも、違法の主張で足りる場合もある。

　また、判例 4 では老齢加算を廃止する過程を検討するにあたって、判断過程審査という手法が用いられたことも注目される。判断過程審査は、生活保護基準引下げをめぐる裁判例でも用いられており、本書第24章で詳しく検討している。

　本章では、憲法25条がどのように社会保障制度の中で具体化されているかを、違憲の主張を中心に検討してきた。本章の事例で対象となった生活保護制度は、憲法25条を直接具体化した法制度であり、生活保護法 3 条が定める保護の水準は憲法25条にいう「健康で文化的な最低限度の生活」そのものである。判例 4 も「厚生労働大臣が老齢加算を数次の減額を経て廃止する保護基準の改定として行った本件改定は、このように憲法25条の趣旨を具体化した生活保護法 3 条又は 8 条 2 項の規定に違反するものではない以上、これと同様に憲法25条に違反するものでもないと解するのが相当であ」ると述べる。判例 4 は、生活保護法 3 条や 8 条 2 項が憲法25条の趣旨を具体化したものであることを前提に、両条文に反するものでないことはすなわち憲法25条に違反しないと判示している。上記判示から生活保護法の解釈を通じて、憲法25条にいう「健康で文化的な最低限度の生活」がいかなる内容を有するかを明らかにすることができるといえる。さらにいえば、憲法25条違反が認められ

る局面を想定することは難しくとも、生活保護法に違反する局面であれば想定可能であり、そこに裁判例を通じて社会保障関連の法令を解釈する意味を見出すことができる。

　また、憲法25条の理念を制度化したのは生活保護制度だけではない[6]。もし憲法25条に基づく「健康で文化的な最低限度の生活」が生活保護制度によってのみ担われているとすれば、社会保障制度の果たす役割は極めて限定されたものとなる。しかし、実際には社会保険や社会サービスなどいくつもの制度が組み合わさって社会保障制度を構成しており、それらが全体として国民の生活保障のために機能している。

　以上のとおり社会保障判例において憲法25条違反を導くことのできる局面を想定することは容易ではない一方、個々の社会保障立法の解釈を通じて、憲法25条に沿った制度設計や制度運営が行われているかを審査することは可能であるといえるだろう。

五　本章での学びと事例への回答

　本章での学びから、冒頭の事例におけるＸの主張が認められる可能性について考えてみよう。

１．生存権はどのような権利なのか？
　憲法25条は、健康で文化的な最低限度の生活を営む権利を有すると規定するものの、憲法25条に基づく権利の行使を可能にするためには、社会保障制度を中心とする具体的な法制度が必要となる。すなわち社会保障制度は、給付の水準や内容を通じて健康で文化的な最低限度の生活とはどのような内容を有するのか具体的に示しているということができる。

6　判例３は次のように述べ、憲法25条１項および２項を区別する。「生活保護法による生活保障制度が以上のように具体的、個別的な救貧施策であるということは、憲法第25条第１項が『健康で文化的な最低限度の生活』を保障しているということからくる極めて必然的な結果である」、「具体的、個別的な保障施策としての規定が存在しない法律によって社会保障制度が設けられた場合それは憲法第25条第１項に直接関係しない、同条第２項に基づく防貧施策であると解することができる」。そのうえで判例３は国民年金は「明らかに憲法第25条第２項に基づく、防貧施策制度であり、同条第１項には直接関しないものである」と述べる。

2．社会保障制度は、生存権をどのように具体化しているのか？

　先例によれば、健康で文化的な最低限度の生活は、抽象的かつ相対的な概念であり、時代や経済状況の変化によってその水準や内容は変化するものだと考えられている。また、健康で文化的な最低限度の生活がどのような水準の生活であるかを決める際には、高度の専門技術的な考察に基づく政策的判断が必要であり、そのことが立法府や行政に広範な裁量を認める根拠の一つとなっている。すなわち、社会保障給付の水準が低く見えたとしても、そのことをもって直ちに違憲だとはいえない。

3．社会保障制度における給付水準の引下げは憲法25条違反にならないのか？

　憲法25条に関わる社会保障制度について、立法府および行政の広い裁量が認められることを前提とすると、裁判所が社会保障給付の水準等について憲法25条に照らして違憲だと評価する局面を想定することは困難であると言わざるを得ない。例えば生活保護制度は、憲法25条を直接具体化した制度であり、社会保障制度の中でも最後のセーフティネットとして位置付けられる。そのため、生活保護基準が引き下げられることは、被保護者の健康で文化的な最低限度の生活に大きな影響を与えると考えられる。しかし、生活保護基準の引下げという局面であったとしても、上記広範な裁量を前提とすると、違憲の評価を得ることは難しいといえる。

事例への回答

　生活保護制度における級地の変更は、等級が引き下げられる地域に住む被保護者の給付を引き下げることにつながり、当該被保護者の健康で文化的な最低限度の生活に影響を与えるものである。しかし、そうであるからといって上記変更が直ちに生存権を侵害し違憲であると評価されるわけではない。先例によれば、健康で文化的な最低限度の生活とは、抽象的かつ相対的で、社会保障制度の設計にあたっては、高度の専門技術的考察に基づく政策的判断が必要であり、立法府および行政に広範な裁量が与えられる。本章の事例でいえば、級地の変更について厚生労働大臣に広い裁量があることを前提に、違憲といえるか否かを評価することになる。そのように考えると、級地の変更の結果一部の被保護者の給付額が引き下げられることになっても、厚生労働大臣に広範な裁量があることを前提に、級地の変更は憲法25条に反しないと結論付けることができる。

また、級地は地域差を給付額に反映させるものであるため、級地の変更によって、各級地間の給付額の差が拡大するようなことがあれば、憲法14条に反すると評価されることも考えられる。しかし、先例によれば、憲法14条違反の有無を評価する際にも、憲法25条に基づく社会保障制度に関する事例であれば、行政に広い裁量が認められると考えられるため、憲法14条違反と評価される可能性も高くないといえる。

2　社会保障制度と国籍

菊池馨実

社会保障制度は、外国人をどのように扱っているのだろうか？

　Xは、いわゆる不法在留外国人であり、在留期間の更新申請をしないまま在留期間が満了し、日本国内に不法滞在していた。ある日、Xは交差点を横断中、自動車にはねられ、頭がい骨骨折などの大けがを負い、救急車でA大学病院に搬送され緊急入院した。懸命の治療の結果、Xは一命をとりとめ、治療の末2か月後に退院した。

　Xは、本件事故当時、仕事に就いておらず、社会保険にも加入しておらず、金銭的な蓄えもほぼ底をついた状態であった。このため、治療費を支払う見通しが立たなかったことから、病院で相談に乗ってもらったソーシャルワーカーの薦めもあり、生活保護を受給しようと考え、診断書の写し等の関係書類とともに保護申請書を、事故前の居住地であるY（市福祉事務所長）に提出した。

　Yは申請書を受理したものの、Xがいわゆる不法在留外国人であることを理由に、保護申請を却下した。B県知事に対する審査請求が、不服申立適格がないことを理由に却下されたため、Xは保護申請却下処分（本件処分）の取消を求めて訴訟を提起した。

　Xは、本件処分が憲法25条・14条に違反するほか、世界人権宣言、経済的、社会的及び文化的権利に関する国際規約（社会権規約）に違反すると主張した。Xの主張は認められるだろうか。

1. 社会保障制度は、国籍をどのように扱ってきたのか？
2. 外国人への社会保険適用はどうなっているのか？
3. 外国人は生活保護を受給できるのか？

■ キーワード

　国籍要件、難民条約、条約の裁判規範性、不法在留外国人、永住的外国人

■ 主要判例

　判例1・塩見訴訟：最判1989（平1）・3・2集民156号271頁［社会保障判例百

選（第5版）4事件］
判例2・改進社事件：最判1997（平9）・1・28民集51巻1号78頁
判例3・損害賠償請求（国保被保険者証不交付処分）事件：最判2004（平16）・1・15民集58巻1号226頁［社会保障判例百選（第6版）17事件］
判例4・生活保護開始決定義務付け等請求事件：最判2014（平26）・7・18訟月61巻2号356頁［社会保障判例百選（第6版）78事件］
判例5・生活保護申請却下処分取消請求事件：最判2001（平13）・9・25訟月49巻4号1273頁［社会保障判例百選（第6版）6事件］

一　事例を読む視点

　私たちは、多かれ少なかれ社会保障制度によって日々の生活の基礎を支えられている。例えば、病気にかかったりけがをした場合、医療保険による治療が受けられる。その場合、成人であれば窓口で支払う費用は、原則として医療費の3割で済む。

　それでは、日本に滞在する外国人も同様に社会保障制度の適用を受けられるのだろうか。実は、必ずしもそうとはいえない。後に述べるように、外国人に対する社会保障制度の適用については、歴史的にも今日的にも一定の制約が課されてきた。

　本章の事例では、不法在留外国人に対する生活保護の適用が問題になっている。生活保護は社会保障の最後のセーフティネットといわれる制度であるが、不法在留外国人にとってもセーフティネットとして機能しているのだろうか。

　以下では、外国人に対する社会保障制度の適用について、日本の社会保障制度の中核である社会保険を中心に確認した後、不法在留外国人への生活保護の適用が問題となった本事例について考えてみよう。

二　外国人と社会保障制度

1　社会保障制度と国籍要件

　社会保障は国民国家を前提として発展を遂げてきた。日本でも、多くの社会保障各法において国籍要件が設けられ、外国人への社会保障制度の適用にあたってのハードルとなってきた。

この国籍要件の合憲性が争われた代表的な訴訟が判例1（塩見訴訟）である。この事案をめぐる法律の適用関係はやや複雑なので、少し説明しておこう。原告Xは、当時の国民年金法（以下、「法」）の1級に該当する廃疾の状態にあったものの、法施行日である1959（昭和34）年11月1日には大韓民国籍であり、1970（昭和45）年帰化により日本国籍を取得した。制度発足時の経過措置として、法施行日に20歳以上である者が、同日以前に治った（つまり症状固定した）傷病により、1級に該当する廃疾の状態にある場合、法81条1項により障害福祉年金（無拠出制年金）の特別支給を行うものとされていた。しかし、Xが行った裁定請求に対し、Y（大阪府知事）が、廃疾認定日に日本国民でない者には障害福祉年金を支給しない旨規定する法56条1項ただし書（国籍条項）は法81条1項に基づく支給にも当然に適用されるとして、却下処分（本件処分）を行ったことから、その取消を求めて出訴に及んだという事案である。

　最高裁は、堀木訴訟大法廷判決（最大判1982（昭57）・7・7民集36巻7号1235頁）を引用しながら、憲法25「条の規定の趣旨にこたえて具体的にどのような立法措置を講ずるかの選択決定は、立法府の広い裁量にゆだねられており、それが著しく合理性を欠き明らかに裁量の逸脱・濫用と見ざるをえないような場合を除き、裁判所が審査判断するに適しない事柄である」とし、法81条1項の障害福祉年金についても広範な立法裁量を認めた上で、結論的には、「国籍条項及び昭和34年11月1日より後に帰化によって日本国籍を取得した者に対し法81条1項の障害福祉年金の支給をしないことは、憲法25条の規定に違反するものではない」と判示した。

　最高裁は、堀木訴訟大法廷判決のほかマクリーン事件大法廷判決（最大判1978（昭53）・10・4民集32巻7号1223頁）も引用しながら、広範な立法裁量を認めつつ憲法25条に照らして合憲との結論を導き出している。その意味では外国人の人権が争点となる事案においても、従来の憲法25条にかかる判例法理が妥当することが明らかになったといえる（本書第1章参照）。ただし、このことは憲法25条が外国人に適用されないという結論に論理必然的に結びつくわけではない[1]。

　判例1では、憲法14条1項との関連でも堀木訴訟大法廷判決を引用しながら、同項「は合理的理由のない差別を禁止する趣旨のものであって、各人に

1　後述するように、判例4がこの点を明らかにしたことになる。

存する経済的、社会的その他種々の事実関係上の差異を理由としてその法的取扱いに区別を設けることは、その区別が合理性を有する限り、何ら右規定に違反するものではない」とし、緩やかな審査基準で合憲の結論を導いている。憲法14条1項後段には「国籍」の文言はないものの、外国人に対する憲法14条の適用の有無につき積極的な判断を示した最大判1964（昭39）・11・18刑集18巻9号579頁を引用しながら合憲判断を導いたのは、同最判が国籍に由来する差別を含むものであることを前提としているものと考えられる[2]。

さらに判例1では、国籍条項が経済的、社会的及び文化的権利に関する国際規約（社会権規約）等に反するとの主張についても判示がなされた。同規約の無差別規定（2条2項）を実体規定と併せて適用することにより国内裁判所によって直接適用可能な規範となり得るとする学説が展開されているものの[3]、判例1は、同規約が個人に対し即時に具体的権利を付与すべきことを定めたものではない（すなわち、直ちに国内法上の裁判規範性をもつものではない）などとし、憲法98条2項違反の主張も退けた。

以上のように、国籍条項については合憲との司法判断が示されたものの、1981（昭和56）年難民条約の批准に伴う法改正により、国民年金法、児童扶養手当法等から国籍要件が削除され、いわば立法的解決が図られることとなった。ただし、後述するように、同条約批准後も依然として外国人が基本的に適用の外におかれ、国籍要件が残存している制度として、生活保護制度がある（三参照）。

国籍要件がほとんど撤廃されたとはいえ、日本国籍がない者に対してあらゆる社会保障制度の適用が及ぶことになったわけではない。日本の社会保障制度の中核である社会保険に焦点を当て、判例や行政実務の状況をみていくことにしよう。

2　社会保険の適用

社会保険のうち、労災保険は労働基準法と密接な関連があり、労災保険法

2　遠藤美奈「判批」（判例1）岩村正彦編『社会保障判例百選（第5版）』（有斐閣、2016年）11頁。

3　申惠丰『国際人権法（第2版）』（信山社、2016年）517頁。2条2項の直接適用可能性を認めた裁判例として、大阪地判2005（平17）・5・25訟月52巻4号1047頁および控訴審である大阪高判2006（平18）・11・15 LEX/DB25450330（いわゆる在日コリアン訴訟）。

に基づく給付が行われるべきものである場合、使用者は労基法の災害補償責任を免れるものとされており（労基84条1項）、労災保険の受給主体である「労働者」は、労基法上の「労働者」（同9条）と同一の概念であるとされている（最判1996（平8）・11・28集民180号857頁〔車持ち込み運転手〕、最判2007（平19）・6・28集民224号701頁〔大工〕）。こうした両法の関係に示されるように、労災保険は、もともと使用者の責任保険（使用者の責任の代行）としての性格をもつことからすれば、労働関係法令と同様、たとえ不法就労の労働者であっても適用されるべきものであり、行政解釈も同様の立場をとる（1968（昭43）・1・26基発第50号）。

他方、損害賠償請求との関連では、「同一の事由」につき労基法の災害補償や労災保険給付の価額を超える損害については、使用者は民法上の損害賠償責任を免れないものとされている（これを労災補償と損害賠償の「併存主義」という）。このことに関連して、判例2（改進社事件）は不法就労外国人の労災事故をめぐる事案の最高裁判決で、労災保険給付を受けた後で会社に対して損害賠償を求めた事案につき、予想される日本での就労可能期間（3年）は日本での収入等を基礎とし、その後は想定される出国先での収入等を基礎として算定すべきと判示した原審の判断を維持した。

これに対し、その他の社会保険には、国籍要件は課されていないものの、在留資格等による一定の制限がある。

厚生年金保険および健康保険（併せて被用者保険という）は、「適用事業所に使用される70歳未満の者」（厚年9条）、「適用事業所に使用される者」（健保3条1項）という被保険者の資格要件があり、非正規雇用従事者であっても、週20時間以上30時間未満の一定の者は適用対象となる（本書第5章参照）。この点では国籍の有無を問わない。ただし、在留資格がない場合、退去強制される可能性があるため常用の使用関係があるとはいえず、被保険者資格を認めないのが行政実務の扱いである。

雇用保険の被保険者も、適用事業に雇用される労働者であって、週労働時間20時間以上[4]あれば適用される。在留資格がない場合の扱いも被用者保険と同様である。

国民年金の被保険者のうち自営業者や学生などが該当する第1号被保険者

4　2024（令和6）年雇用保険法等改正により、2028（令和10）年10月から週10時間以上に引き下げられることになった。

は、「日本国内に住所を有する20歳以上60歳未満の者」（であって第2号および第3号のいずれにも該当しない者）とされ（国年7条1項1号）、国民健康保険の被保険者は、「都道府県の区域内に住所を有する者」とされている（国保5条）。介護保険の被保険者も、「市町村の区域内に住所を有する65歳以上の者」（介保9条1号）、「市町村の区域内に住所を有する40歳以上65歳未満の医療保険加入者」（同2号）である。いずれも「住所」の存在が前提となっているが、ここにいう「住所」とは、基本的には民法22条が定める「生活の本拠」を指し、客観的な居住の事実とそれを補足する主観的な定住の意思によって判断されるべきとされているものの（大阪地判1969（昭44）・4・19行集20巻4号568頁。後掲の判例3も参照）、通常は住民基本台帳上の住所から推定される。現在では、適法に3か月を超えて在留する等の中長期在留者（住民台帳30条の45）が国民年金・国民健康保険・介護保険に加入することになる（2012（平24）・6・14年国発0614第1号、2012（平24）・7・9保国発0709第1号、2012（平24）・1・25老介発0125第1号）。

　他方、国籍要件が削除された後、在留資格がない者への国民健康保険の適用が争われたのが判例3である。本件は、寄港地上陸許可を得て日本に上陸し、上陸期間を経過した後も日本に残留した原告X（上告人）が、国民健康保険被保険者証の不交付処分（本件処分）の違法を理由として、Y_1（国）とY_2（横浜市）に対し、Xが負担した治療費につき国家賠償法1条1項に基づく損害賠償を求めた事案である。本件処分に至るまでの本件事案の特徴として、Xが在外華僑を父母として大韓民国で出生したものの、同国の永住資格を喪失し、台湾に出国したものの国籍が確認されず、国籍がない状態であったこと、1976（昭和51）年7月日本に上陸後、調理師として稼働し、翌1977（昭和52）年、台湾籍の女性と結婚して二人の子をもうけたこと、1997（平成9）年、横浜市港北区役所において外国人登録をし、その間、2回にわたり不法滞在状態を解消するため入国管理局に出頭したこと、長男が脳腫瘍に罹患していることが判明した後、1998（平成10）年5月1日、入国管理局に在留特別許可を求める書面を提出していたこと、といった事実認定がなされている。

　一審および二審がXの請求を棄却した後、最高裁も上告を棄却したものの、以下のような注目すべき判断を示した。

　「国民健康保険は、市町村が保険者となり、その区域内に住所を有する者を被保険者として継続的に保険料等の徴収及び保険給付を行う制度であるこ

とに照らすと、法 5 条にいう『住所を有する者』は、市町村の区域内に継続的に生活の本拠を有する者をいうものと解するのが相当である。そして、……日本の国籍を有しない者は、法制定当初は適用除外者とされていたものの、その後、これを適用除外者とする規定が削除されたことにかんがみれば、法 5 条が、日本の国籍を有しない者のうち在留資格を有しないものを被保険者から一律に除外する趣旨を定めた規定であると解することはできない。」

「一般的には、社会保障制度を外国人に適用する場合には、そのよって立つ社会連帯と相互扶助の理念から、国内に適法な居住関係を有する者のみを対象者とするのが一応の原則であるということができるが、具体的な社会保障制度においてどの範囲の外国人を適用対象とするかは、それぞれの制度における政策決定の問題であり……、法の規定や国民健康保険法施行規則の改廃の経緯に照らして、法が上記の原則を当然の前提としているものと解することができない」。

「もっとも、我が国に在留する外国人は、憲法上我が国に在留する権利ないし引き続き在留することを要求することができる権利を保障されているものではなく……、我が国に在留する外国人の法的地位にかんがみると、外国人が法 5 条所定の『住所を有する者』に該当するかどうかを判断する際には、当該外国人が在留資格を有するかどうか、その者の有する在留資格及び在留期間がどのようなものであるかが重要な考慮要素となる……そして、在留資格を有しない外国人は、入管法上、退去強制の対象とされているため、その居住関係は不安定なものとなりやすく、将来にわたって国内に安定した居住関係を継続的に維持し得る可能性も低いのであるから、在留資格を有しない外国人が法 5 条所定の『住所を有する者』に該当するというためには、単に市町村の区域内に居住しているという事実だけでは足りず、少なくとも、当該外国人が、当該市町村長を居住地とする外国人登録をして、入管法 50 条所定の在留特別許可を求めており、入国の経緯、入国時の在留資格の有無及び在留期間、その後における在留資格の更新又は変更の経緯、配偶者や子の有無及びその国籍等を含む家族に関する事情、我が国における滞在期間、生活状況等に照らし、当該市町村の区域内で安定した生活を継続的に営み、将来にわたってこれを維持し続ける蓋然性が高いと認められることが必要である」。

以上のように判示した上で、X は、Y_2 市の区域内で家族と共に安定した生活を継続的に営んでおり、将来にわたってこれを維持し続ける蓋然性が高

いと認められ、法5条にいう『住所を有する者』に該当するというべきであるとして、本件処分を違法とした。ただし、国賠請求については、本件処分をしたY₂市の担当者および本件各通知を発したY₁の担当者に過失があったということはできないとし、結論的にはXの上告を棄却した。

　本判決は、国籍要件がなくなった状況の下、在留資格を有しない外国人に国民健康保険の被保険者資格を認める余地を認めた点で注目すべき最高裁判決といえる。ただし、同判決では、括弧書きの傍論部分で、「社会保障制度を外国人に適用する場合には、その対象者を国内に適法な居住関係を有する者に限定することに合理的な理由があることは上述のとおりであるから、国民健康保険法施行規則又は各市町村の条例において、在留資格を有しない外国人を適用除外者として規定することが許されることはいうまでもない」と説示したことから、厚生労働省は2004（平成16）年国保法施行規則改正を行い、入管法上の在留資格がないものを新たに国保法6条に基づく適用除外と規定した（国保則1条1号）。このため、最高裁が示した判断基準に基づき今後判断がなされる余地は事実上なくなったといえる。

三　不法滞在外国人と生活保護

1　外国人と生活保護

　先に述べたように、1981（昭和56）年難民条約の批准に伴う法改正により、国民健康保険法をはじめとする多くの社会保障関連立法から国籍要件が削除された。しかし、生活保護法については、従前より人道的見地から生活保護法を準用する運用を行ってきており（1954（昭29）・5・8社発第382号）、予算上国民と同様の待遇をしていることから条約批准にまったく支障がないとして、削除の対象とはならなかった。したがって、同条約批准後も依然として外国人は適用の外におかれている。1990（平成2）年には、準用措置の対象を永住者や定住者等の外国人（出入国管理法別表第2に掲げる在留資格を有する外国人）に限定（縮小）する旨の運用方針の変更も行われた。

　外国人に対する従来の扱いは、「準用」とはいっても、法律の規定によって根拠付けられるものではなく、厚生労働省通知（法的効力をもつ法規命令ではなく、基本的に国民の権利義務に直接影響しないとされる行政規則）に基づくものにすぎない。したがって、行政解釈でも、「準用」を受ける外国人には保護請求権はなく、不服申立てもできないとの立場であった。しかし、

これらの者による生活保護申請は生活保護法の保護を求める趣旨であり、これを否定する却下処分は処分性を有するうえ、行政不服審査法上の審査請求適格もあるとして、却下決定にかかる審査請求に対する却下裁決取消請求を認容した判決が出されたことにより（大分地判2010（平22）・9・30判時2113号100頁）、厚生労働省も、生活保護法の適用を求めての外国人からの保護申請は同法に基づく処分であるから、不服申立てできる旨教示すべき旨、取扱いを変更するに至った（2010（平22）・10・22社援保発1022第1号）。その限りでは、本章の事例（後に詳しく述べる判例5の事案をベースとしている）で、B県知事に対する審査請求を不服申立適格がないことを理由として却下した運用は、今日の行政解釈では認められないことになる。

　以上の取扱いは、準用の対象となっている外国人に対する手続的な権利の保障に関わるものである。これに対し、永住外国人の生活保護受給にかかる実体的権利の有無が争われた判例がある。永住外国人による却下処分取消請求等が争われた事案において、高裁判決は、難民条約の批准等およびこれに伴う国会審議を契機として、外国人に対する生活保護について一定範囲で国際法および国内公法上の義務を負うことを認めたものということができるとして、生活保護法あるいは本件通知の文言にかかわらず、一定範囲の外国人も生活保護法の準用による法的保護の対象になると判示し、原審を覆して永住外国人による生活保護申請却下処分を取り消した（福岡高判2011（平23）・11・15訟月61巻2号377頁）。

　これに対し、最高裁（判例4）は以下のように判示し、原判決を破棄して控訴を棄却した。

　「旧生活保護法は、その適用の対象につき『国民』であるか否かを区別していなかったのに対し、現行の生活保護法は、1条及び2条において、その適用の対象につき『国民』と定めたものであり、このように同法の適用の対象につき定めた上記各条にいう『国民』とは日本国民を意味するものであって、外国人はこれに含まれないものと解される。

　そして、現行の生活保護法が制定された後、現在に至るまでの間、同法の適用を受ける者の範囲を一定の範囲の外国人に拡大するような法改正は行われておらず、同法上の保護に関する規定を一定の範囲の外国人に準用する旨の法令も存在しない。

　したがって、生活保護法を始めとする現行法令上、生活保護法が一定の範囲の外国人に適用され又は準用されると解すべき根拠は見当たらない」。

「また、本件通知は行政庁の通達であり、それに基づく行政措置として一定範囲の外国人に対して生活保護が事実上実施されてきたとしても、そのことによって、生活保護法1条及び2条の規定の改正等の立法措置を経ることなく、生活保護法が一定の範囲の外国人に適用され又は準用されるものとなると解する余地はなく、……我が国が難民条約等に加入した際の経緯を勘案しても、本件通知を根拠として外国人が同法に基づく保護の対象となり得るものとは解されない。なお、本件通知は、その文言上も、生活に困窮する外国人に対し、生活保護法が適用されずその法律上の保護の対象とならないことを前提に、それとは別に事実上の保護を行う行政措置として、当分の間、日本国民に対する同法に基づく保護の決定実施と同様の手続により必要と認める保護を行うことを定めたものであることは明らかである」。

「以上によれば、外国人は、行政庁の通達等に基づく行政措置により事実上の保護の対象となり得るにとどまり、生活保護法に基づく保護の対象となるものではなく、同法に基づく受給権を有しないものというべきである」。

このように、最高裁は永住外国人が生活保護法の適用につき、(法令に根拠を有する本来的な意味での)準用の対象となる余地を否定した。ただし、本判決も示唆するように、事実上の保護を行う行政措置それ自体の法的性格やそれによる受給権の有無については、依然として判断されていない(すなわち本判決の射程外にある)とみられる点に留意する必要がある。もっとも、その後の下級審判決によれば、通知に基づく行政措置による事実上の保護の法的性質は民法上の贈与契約であるとし、贈与契約の成立が擬制される場合を定める法令の規定が存在しない以上、実施機関の承諾なしに当該外国人と実施主体との間に贈与契約が成立すると解する余地はないと判示したものがある(大阪地判2016(平28)・8・26判例自治426号86頁)。ただし、たとえ法令の規定が存在しないとしても、通知に基づく行政措置が全国一律に長期間にわたって行われている以上、そうした措置の実施に対する人びとの信頼や期待が法的保護の対象とならないとは、当然にはいえないであろう。

2　不法在留外国人への生活保護の適用

以上のように、難民条約の批准後も、法的な観点からは、生活保護制度の適用場面において外国人と日本国民との間に異なった扱いがなされていることが確認できた。ところで、外国人の中でも適法な在留資格をもたない者は、在留資格をもつ永住外国人よりも不安定な法的地位に置かれていると言わざ

るを得ず、生活保護の適用場面においてはいっそう困難を極めるように思われる。しかしながら、本章の事例のように緊急医療を要する場面では、「生命」「健康」という、人にとって至高の価値が棄損される重大事態である。こうした状況にあってもなお、法的保護を受けられないのであろうか。

判例5は、この点について判断を下した最高裁判決である。

判決では、「生活保護法が不法残留者を保護の対象とするものではないことは、その規定及び趣旨に照らし明らかというべきである」としたうえで、憲法25条との関係について、「憲法25条については、同条1項は国が個々の国民に対して具体的、現実的に義務を有することを規定したものではなく、同条2項によって国の責務であるとされている社会的立法及び社会的施設の創造拡充により個々の国民の具体的、現実的な生活権が設定充実されていくものであって、同条の趣旨にこたえて具体的にどのような立法措置を講ずるかの選択決定は立法府の広い裁量にゆだねられていると解すべきところ、不法残留者を保護の対象に含めるかどうかが立法府の裁量の範囲に属することは明らかというべきである」と判示する。

この判示部分は、前述の堀木訴訟大法廷判決などを引用しながら、憲法25条の定める生存権が具体的立法によって実質化されるとする抽象的権利説を採用しつつ、広範な立法裁量を認める従来の判例の立場を踏襲したものとみることができる。

それに続けて判例5は、不法残留者の緊急治療といういわば極限的な場面での法的対応について、「不法残留者が緊急に治療を要する場合についても、この理が当てはまるのであって、立法府は、医師法19条1項の規定があること等を考慮して生活保護法上の保護の対象とするかどうかの判断をすることができるものというべきである。したがって、同法が不法残留者を保護の対象としていないことは、憲法25条に違反しないと解するのが相当である」と判示し、憲法25条違反にはあたらないとした。

ここで注目されるのは、立法府の裁量権行使の評価にあたって、医師法19条1項の規定があることに着目している点である。医師法19条1項は、診療義務（または応召義務）を定めた規定であり、「診療に従事する医師は、診察治療の求があった場合には、正当な事由がなければ、これを拒んではならない」と定めている。ここにいう「正当な事由」には、診療報酬の不払いはあたらないと解されており、搬送されてきた救急患者が一見して外国人であるからといって拒否できるわけではなく、入院後、不法在留外国人で医療保

険未加入であることが判明したとしても、その後の治療を拒否することは同項の趣旨に反して許されないというべきであろう。診療義務の法的性質は、一義的には医師が国に対して負う公法上の義務であり、違反した場合、医師に対する処分（戒告、3年以内の医業の停止、免許の取消し）事由となり得る（医師7条1項）。

　判旨によれば、「医師法19条1項の規定があること等を考慮して」とされているが、ここにいう「等」が何を指すかについては明らかでない。ただし、こうした外国人は生活困難者のための無料低額診療事業（社福2条3項9号）の対象となるほか、自治体の中には、民間医療機関を対象とする未払い医療費補助制度を行ってきたところがあり[5]、国においても医療提供体制推進事業費補助金制度（救命救急センター運営事業）の中で、救命救急センターにおける救命医療の一部につき補助がなされている。

　以上のように、学説では緊急医療的な医療扶助については人道主義の観点から外国人を排除すべきでないとするものもみられたとはいえ[6]、通常医療と緊急医療を明確に区別できないこと、生活保護法の対象は、文理解釈からして基本的に国民に限定せざるを得ないと考えられること（生活保護1条・2条）からすると、判例の立場にも合理性があるといえるだろう。

四　本章での学びと事例への回答

1．社会保障制度は、国籍をどのように扱ってきたのか？

　社会保障制度には国籍要件が課され、判例もこれを合憲としてきた。その後、1981（昭和56）年難民条約の批准に伴う法改正により、多くの法律から国籍要件が削除され、一定の立法的解決が図られた。

2．外国人への社会保険適用はどうなっているのか？

　労災保険は不法就労の労働者であっても適用される一方、被用者保険である厚生年金保険および健康保険、そして雇用保険には在留資格等による一定の制限がある。地域保険である国民年金および国民健康保険は「住所」要件

5　例えば、公益財団法人東京都福祉保健財団では、「外国人未払医療費補てん事務」を東京都から受託し実施している。
6　倉田聡「外国人の社会保障」ジュリ1101号（1996年）49頁。

によって適用の有無が画され、外国人であるかどうかが直接問われるわけではない。

3．外国人は生活保護を受給できるのか？

永住者や定住者等の外国人には生活保護法が「準用」される扱いとなっている。これに対し、不法残留外国人に対しては、緊急医療が必要な場合であっても生活保護の適用がなされない扱いは憲法25条・14条に照らして合憲であり、社会権規約等の人権規定にも反しない。

事例への回答

この事例は、判例5の事案を参考にしたものである。最高裁判決によれば、立法府は、医師法19条1項の規定があること等を考慮して生活保護法上の保護の対象とするかどうかの判断をすることができるものというべきであり、同法が不法残留者を保護の対象としていないことは、憲法25条に違反しないと解されている。手続面でいえば、在留資格の有無を問わず、生活保護法の適用を求めての外国人からの保護申請は同法に基づく処分であるため、B県知事に対する審査請求を不服申立適格がないことを理由として却下した運用は違法とされる余地がある。ただし実体面では、国内の滞在資格を有する判例1でさえ、憲法14条違反、経済的、社会的及び文化的権利に関する国際規約（社会権規約）違反の主張は退けられており、認められる余地はないと考えられる。

こうした外国人は生活困難者のための無料低額診療事業（社福2条3項9号）の対象となるほか、自治体の中には、民間医療機関への助成を行っているところがあり、国も補助事業を設けている。

3 ライフスタイルの多様化と社会保障制度

常森裕介

社会保障制度はどのようにライフスタイルの多様化に対応してきたのか、またライフスタイルの多様化は、法解釈のあり方にどのような影響を与えてきたのか？

> 国は物価高騰による母子世帯の困窮に対応するため、新たな立法に基づき、母子世帯を対象に10万円の特別給付金を支給することとした。父子世帯として二人の子どもを育てるXは、上記特別給付金の申請をしたものの、支給要件を充たさないとして不支給決定を受けた。Xは、物価高騰により困窮しているのは父子世帯も同じであり、母子世帯にのみ給付することは性別に基づく不合理な差別であり、憲法14条1項に反すると主張し、同処分の取消を求めて訴訟を提起した。
>
> Xの主張は認められるだろうか。

1. 社会保障制度はどのような働き方や家族のあり方をモデルとして設計されているか？
2. 社会保障制度において性別に基づく受給要件の差異は許容されるか？
3. 社会保障立法の解釈を通じて多様な家族のあり方を認めていくことはできるか？

■ キーワード

多様性、家族、中立的、専業主婦世帯、共働き世帯、憲法14条、遺族年金、犯罪被害者給付金、LGBTQ

■ 主要判例

判例1・遺族補償年金違憲訴訟第一審：大阪地判2013（平25）・11・25判時2216号122頁

判例2・遺族補償年金違憲訴訟控訴審：大阪高判2015（平27）・6・19判時2280号21頁

判例3・遺族補償年金違憲訴訟上告審：最判2017（平29）・3・21集民255号55頁［社会保障判例百選（第6版）8事件］

判例4・犯罪被害者給付金（同性パートナー）不支給決定取消訴訟上告審：最

判2024（令6）・3・26民集78巻1号99頁
判例5・堀木訴訟：最大判1982（昭57）・7・7民集36巻7号1235頁［社会保障判例百選（第6版）2事件］

一　事例を読む視点

　社会保障給付は、多様な働き方や家族のあり方が存在することを前提に設計されている。同時に、それぞれの時代において多数派である働き方や家族のあり方をモデルとして制度を構築してきた。雇用については正社員（直接雇用、無期雇用、フルタイム雇用）で、同じ会社で最後まで働く（終身雇用）という働き方がモデルとなっていた。家族のあり方でいえば、結婚し子どもをもつことが暗黙のうちに想定されていた。これらの働き方と家族のあり方を組み合わせてできたのがいわゆる専業主婦モデルである。専業主婦モデルの下では、女性は結婚や妊娠、出産に伴い仕事をやめるか、パートタイマーとして家計補助的に働くことが半ば当然のこととされていた。

　社会保障制度の中にも専業主婦モデルを前提に設計され、結果的に専業主婦世帯を優遇することとなった給付がいくつかある。例えば国民年金の第3号被保険者制度は、女性の年金権を確立することを一つの目標とし、被扶養配偶者本人には保険料拠出を求めずに、基礎年金相当の給付を行うものである。しかし、共働き世帯や単身世帯が増えたことにより、専業主婦世帯を結果的に優遇することになる給付は不公平であるという声が高まった。結婚の有無、子どもの有無、あるいは性別にかかわらず、自ら就労し、保険料を負担することで、給付を得るべきだという考え方は、働き方や家族のあり方が多様化する現在の状況に適合的である[1]。

　一方で、働き方や家族のあり方はそれぞれであるから、誰もが同じく負担し給付を得るという考え方だけでは十分ではない。なぜなら、社会保障制度はニーズをもつ人に給付を行うことを原則とするからである。最も大きな問題として、男性と女性を比較したとき、賃金、非正規雇用の割合、家事・育児の負担の偏り等、様々な場面で女性の方が不利になるという現状がある。そのため、ライフコースの中で似たような状況に陥った時男性よりも女性の方がニーズが大きいことが少なくない。

　例えば配偶者と離婚あるいは死別してひとり親となったとき、母子世帯と

父子世帯では、母子世帯の方が生活に困窮する可能性が高い。そのため、母子世帯を父子世帯よりも優遇する、あるいは女性のみを対象とした給付を創設することは生活保障の必要性が高い人々に手厚い給付を行うという点で、社会保障の原則に適っている。同時に、働き方や家族のあり方が多様化する中で、社会保障給付の対象を性別に基づいて一律に区別することに合理性があるか検討する必要もあるだろう。

二　社会保障制度はどのような働き方や家族のあり方をモデルとして設計されているか？

　先にあげた第3号被保険者制度は、男女いずれも3号になりうるものの、実際には女性が大半を占めている。これに対し、受給要件において明確に男女を区別する制度もある[2]。例えばひとり親等のための社会手当である児童扶養手当や、子どものいる遺族を対象とする遺族基礎年金は、かつてはそれぞれ母子世帯、女性遺族のみを対象としていた。その理由として、女性は、男性と比べて、就労し子どもを養育することが難しいと考えられていたことがあげられる。しかし、児童扶養手当は2010（平成22）年に、遺族基礎年金

1　例えば近年の社会保障制度改革の柱である全世代型社会保障では「働き方に中立的な社会保障制度を構築し、労働力を確保する」と宣言し、「雇用や働き方に対して歪みをもたらすことのない『中立的』な社会保障制度の構築を進め、制度の包摂性を高めることで、女性や高齢者をはじめ誰もが安心して希望どおり働き、活躍できる社会を実現していく必要がある」と説明される（全世代型社会保障構築会議「全世代型社会保障構築会議報告書～全世代で支え合い、人口減少・超高齢社会の課題を克服する～」〔2022年〕4頁）。ここで語られている「働き方に中立的」な制度は、働き方だけでなく、家族のあり方、あるいは両者の結びつきも含めて問題としている。本章で取り上げるライフスタイルの多様化というテーマが、社会保障制度全体に関わるテーマであることがわかる。

2　男性及び女性に占める3号の割合について、社会保障審議会年金部会「（第7回資料）第3号被保険者制度について」（2023年）50頁。女性（妻）のみを対象としている給付として例えば寡婦年金をあげることができる。「寡婦年金は、死亡日の前日において死亡日の属する月の前月までの第1号被保険者としての被保険者期間に係る保険料納付済期間と保険料免除期間とを合算した期間が10年以上である夫……が死亡した場合において、夫の死亡の当時夫によつて生計を維持し、かつ、夫との婚姻関係……が10年以上継続した65歳未満の妻があるときに、その者に支給する……」（国年49条1項）。

は2012（平成24）年に父子世帯、男性遺族も受給できるようになった（児扶手4条1項1号・2号、国年37条の2）。男性でも低賃金で困窮し、子どもがいる場合には仕事と子育ての両立が困難になる、そのような認識が社会に広がったことが性別に基づく区別を撤廃する背景にあると考えられる。

　他方で、性別に基づく区別が残る制度もある。例えば、遺族厚生年金では、同じ子のない配偶者の場合、男性は55歳以上でなければ遺族厚生年金を受給できない一方、女性には年齢要件はない[3]。このような区別が設けられ、現在も維持されている理由は、先に述べたように、労働市場や社会の中で女性が抱える不利が、男性が抱える不利を大きく上回ると考えられてきたためである。

　ただし、性別に基づく社会的地位の格差を背景として考慮する必要がある一方、社会保障給付の受給要件の差を考える際には、性別それ自体だけでなく、性別役割分業が前提となった世帯モデルの差に着目する必要がある。先に述べた専業主婦世帯と対置されるのが共働き世帯である。専業主婦世帯では、男性が主として稼得活動を担い、女性が家事・育児を担う。そのため専業主婦の女性が就労する場合には家計補助的な労働が中心であった。そして、その理由として、社会的な価値観として性別役割分業を前提としているというだけでなく、社会保障制度が、就労を抑制することで有利になる仕組みを維持してきたことを指摘できる。前述した公的年金における第3号被保険者制度は、就労（就労時間および収入）を抑制することで、負担なく給付を受けられるというインセンティブを与える効果をもっていた[4]。

　これに対して、共働き世帯は、各々が被保険者となるため、共働きであることを理由に社会保障給付において負担を免れたり、追加的な給付を得るこ

---

[3] 「遺族厚生年金を受けることができる遺族は、被保険者又は被保険者であつた者の配偶者、子、父母、孫又は祖父母……であつて、被保険者又は被保険者であつた者の死亡の当時……その者によつて生計を維持したものとする。ただし、妻以外の者にあつては、次に掲げる要件に該当した場合に限るものとする。一　夫、父母又は祖父母については、55歳以上であること。二　子又は孫については、18歳に達する日以後の最初の3月31日までの間にあるか、又は20歳未満で障害等級の1級若しくは2級に該当する障害の状態にあり、かつ、現に婚姻をしていないこと」（厚年59条1項）。同様の規定として労働者災害補償保険法16条の2等。なお遺族厚生年金については、男性にのみ年齢制限を課す規定の見直しに関する議論が進んでいる。社会保障審議会年金部会「（第17回資料）遺族年金制度等の見直しについて」（2024年）6頁。

3　ライフスタイルの多様化と社会保障制度　31

図表 3-1　共働き世帯数と専業主婦世帯数の推移

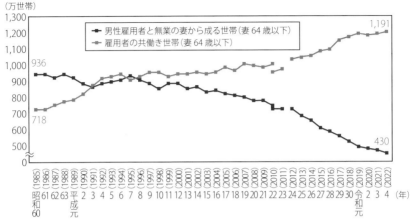

(出典) 社会保障審議会年金部会「(第7回資料) 第3号被保険者制度について」(2023年) 32頁

とはない。また、共働き世帯においても、社会全体の性別役割分業の影響を受け女性に家事や育児の負担が偏る可能性はあるものの、専業主婦世帯と比較すると女性が当然に家事、育児を引き受けることにはならない[5]。つまり社会保障制度における様々なワークライフバランスの支援は、共働き世帯に対する積極的な支援でもある。

　上記専業主婦世帯と共働き世帯を比較したとき、社会保障制度はどのような世帯をモデルとして構築されるべきなのだろうか。また、遺族厚生年金における年齢制限の有無が専業主婦世帯を前提としたものだとすれば、共働き

4　本章では、判例から学ぶという本書のコンセプトをふまえ、第3号被保険者制度については詳細に説明しないものの、ライフスタイルの多様化や前述した働き方に中立的な社会保障制度を考えるうえで、第3号被保険者制度をどのように評価するかという点は避けて通れない。第3号被保険者をめぐる問題については、笠木映里ほか『社会保障法』(有斐閣、2018年) 147頁〔嵩さやか執筆〕あるいは社会保障審議会年金部会・前掲資料 (注2) 10頁以下を参照。

5　なお年金部会では、性別や年代、経歴を組み合わせた新たな受給者像のモデル化について議論が行われている。社会保障審議会年金部会「(第19回資料) 多様なライフコースに応じた年金の給付水準の示し方について」(2024年) 2～11頁。

世帯が増加した現在どのように評価され得るのだろうか。

三　社会保障制度において性別に基づく受給要件の差異は許容されるか？

　先に述べた性別役割分業や社会保障制度が拠り所とする世帯モデルの変化をふまえると、遺族厚生年金における支給開始年齢の差についてはどのように考えることができるだろうか。判例1および判例2、判例3は、地方公務員災害補償法に基づく遺族補償年金における支給開始年齢の男女差が争点となった事案である。同様の差は労働者災害補償保険法、国家公務員災害補償法にもあるため、上記裁判例の結果は各遺族年金の仕組みに大きな影響を与えうるものであった。

　判例1ないし判例3の争点は、男性にのみ年齢制限を課すことが憲法14条1項に反するかという点である。判例1は合憲性を判断する前提として、共働き世帯と専業主婦世帯の数が逆転していること等をふまえて「今日では、専業主婦世帯が一般的な家庭モデルであるということはできず、共働き世帯が一般的な家庭モデルになっているというべきであるから、現在における本件区別の合憲性を判断するに当たっては、こうした一般的な家庭モデルの変化にも着目する必要がある」として、現在の日本では共働き世帯が「モデル」だと述べた。そのうえで、女性の方が賃金や非正規雇用の割合等で依然不利な状況にあり、上記規定の立法事実が残っていることを認めつつ、男性の失業率の高さや母子家庭の就業率の高さを考慮し、「妻を一般的に就労が困難である類型にあたるとして、男女という性別のみにより受給権の有無を分けることの合理的な根拠になるとはいい難い」として、上記規定は憲法14条1項に違反し無効だと結論付けた。

　これに対し判例1の控訴審である判例2は、専業主婦世帯を専業主「夫」世帯と比較したうえで「専業主婦の世帯数は、専業主夫の世帯数よりはるかに多いことが認められ、これらに照らせば、夫が死亡した場合、専業主婦世帯において夫が死亡した場合はもちろんのこと、共働き世帯において夫が死亡した場合においても、妻が独力で生計を維持することができなくなる可能性は高い」として上記規定は憲法14条1項に違反しないとした。また上告審である判例3は「男女間における生産年齢人口に占める労働力人口の割合の違い、平均的な賃金額の格差及び一般的な雇用形態の違い等からうかがえる

妻の置かれている社会的状況に鑑み、妻について一定の年齢に達していることを受給の要件としないことは」合理的理由を欠くとはいえないと判示し、控訴審である判例2と同じく上記規定は合憲であるとした。

　現在（上記事例の処分時）の日本において、配偶者が死亡した場合、男性は独力で生活することができるけれども、女性は独力で生活することができないといえるのか。重要なことは、現実に独力で生活できるかどうかは個々の事情により異なるものの、法制度を設計する際には、多様な生活状況を一括りにして、一律に要件を課さなければならないということである。

　他方で、ある属性に応じて一律に受給要件を課さざるを得ないとしても、性別という属性に基づいて差を設けることが許容されるのかということは、また別の問題である。性別は、憲法14条1項が明示的にあげる類型（後段列挙事由）の一つであり、明示的に列挙されていない類型の差別と比較し、合憲性が厳格に判断されるという考え方もある[6]。判例1も「本件区別の理由は性別という、憲法の定める個人の尊厳原理と直結する憲法14条1項後段に列挙されている事由によるものであって、憲法が両性の本質的平等を希求していることは明らかであるから、本件区別の合理性については、憲法に照らして不断に検討され、吟味されなければならない」と述べる。後段列挙事由であるという理由で厳格な審査を行うべきか否かは措くとしても、性別という変更が容易ではない属性を理由に、社会保障給付の受給可能性が左右されてよいのかという点についてはさらなる検討の余地がある[7]。判例2および判例3は、他の社会保障判例と同様判例5を参照し、立法府に広い裁量を認めているものの、性別に基づく区別についても、判例5と同じく広い裁量を認めるべきか検討する必要がある。判例1ないし判例3について考える際、性別による区別とは別の論点として、地公災法に基づく遺族補償年金の性格を、損害賠償に近いものとみるか、あるいは社会保障に近いものとみるかという点があげられる。判例1は被告（基金）側の主張に応え遺族補償年金が社会保障的性格を有することは否定できないと述べる一方「一種の損害賠償

6　芦部信喜（高橋和之補訂）『憲法（第7版）』（岩波書店、2019年）135～136頁。

7　社会保障制度において性別に基づく区別をどう考えるべきか、性別に基づく区別が問題になったこれまでの先例と比較し詳細に検討したものとして、尾形健「判批」（判例2）社会保障法研究6号（2016年）180～181頁、184～188頁。

制度の性格を有しており、純然たる社会保障制度とは一線を画するものであることは否定できない」と判示する。これに対し判例2は同じ遺族補償年金について「基本的に社会保障制度の性格を有する」と述べる。地公災法に基づく遺族補償年金の性格を社会保障制度に近いものとみることは、憲法25条に関連する制度について広い立法裁量を認めた判例5の影響をふまえると、男性にのみ年齢制限を課す規定についても合憲性を認めることにもつながる[8]。

また、比較対象として共働き世帯と専業主婦世帯のいずれが妥当であるか一般的に決めることはできないとしても、専業主婦世帯を中心とした制度設計が、社会状況や人々の価値観の変化に照らして今後維持されるべきかという点については検討が必要である。

以上のように、立法府に広い裁量が認められ、また平等原則違反の判断に際して比較対象の選定方法が複数あることをふまえると、判例2および判例3が上記規定を合憲としたことは妥当だといえる。他方で、上記規定が性別に基づいて一律に受給可能性を制約するものだと考えると、判例5を中心とする従来の判断枠組みで判断できるのか疑問もある。判例5は、憲法25条に関連する制度の合憲性判断について広い射程を有しており、憲法14条に関する判断であっても、判例5を参照することで広い立法裁量を前提とした評価が行われる。しかし、そもそも憲法14条に関する判断であっても判例5に基づいて広い立法裁量を前提に判断すべきなのか[9]、またそのような判断が後段列挙事由である性別に基づく判断についても妥当なのか検討する余地はある。

いずれにせよ、依然女性が労働市場等で不利な立場に置かれていることを認識しつつ、社会保障制度が想定する働き方や生活のスタイルが社会の変化を反映しているかという点が重要であろう。

8　上記論点に関しては、坂井岳夫「判批」（判例2）岩村正彦編『社会保障判例百選（第5版）』（有斐閣、2016年）14～15頁を参照。

9　判例5や学生無年金訴訟上告審（本書第1章参照）が「憲法25条についての合憲判断を前提に、憲法14条についてはほとんど議論せずに合憲と判断した」ことにつき「これらの最高裁判決では、憲法14条の違憲審査基準が25条の広い立法裁量論に吸収され、独自の意味を有しない。しかし、ある法令が憲法25条との関係では合理性を有することが、直ちに憲法14条への適合性を意味することにはならないはずである」と指摘される。笠木ほか・前掲書（注4）51頁〔中野妙子執筆〕。

四　社会保障立法の解釈を通じて多様な家族のあり方を認めていくことはできるか？

　判例1ないし判例3では、働き方（片働き・共働き）と家族の形が結びつき、社会保障制度において一つのモデル（専業主婦モデル）が形成された一方、社会の変化によりそのようなモデルが人々の生き方や働き方に合わなくなっていることを見てとることができた[10]。

　働き方とは別の観点から、多様な家族のあり方を問うのが同性カップルに対する給付の可否である。厚生年金保険法等、複数の社会保障給付は事実婚の配偶者に対して「婚姻関係と同様の事情」にあると認められる場合に受給権を認めてきた（厚年3条2項、国年5条7項）。では受給権が認められる事実婚に、同性カップルは含まれるのだろうか[11]。

　社会保障制度における事実婚および同性カップルの位置付けを考える際参考になるのが、犯罪被害者等給付金の支給等による犯罪被害者等の支援に関する法律（以下、「犯給法」）の遺族給付金について、同性カップルであっても「犯罪被害者の配偶者（婚姻の届出をしていないが、事実上婚姻関係と同様の事情にあつた者を含む。）」（犯罪被害給付5条1項1号[12]）に当たるか否かが争われた判例4である。判例4は次のように述べて、配偶者該当性を認めた。

　「犯給法5条1項は、犯罪被害者等給付金の支給制度の目的が上記のとおりであることに鑑み、遺族給付金の支給を受けることができる遺族として、

10　判例1および判例2の検討もふまえたうえで、社会の変化に沿って世帯モデルを変化させるべきという考え方に理解を示しつつ、現行の社会保険制度に沿って人々の行動が固定化される現状についても指摘したものとして、笠木映里「憲法と社会保障法」法時87巻11号（2015年）137頁。

11　社会保障制度における事実婚の取扱いとLGBTQの位置付けについては、衣笠葉子「社会保障法制における『配偶者』の意義と再検討」社会保障法37号（2021年）104〜117頁に詳しい。

12　「遺族給付金の支給を受けることができる遺族は、犯罪被害者の死亡の時において、次の各号のいずれかに該当する者とする。一　犯罪被害者の配偶者（婚姻の届出をしていないが、事実上婚姻関係と同様の事情にあつた者を含む。）　二　犯罪被害者の収入によって生計を維持していた犯罪被害者の子、父母、孫、祖父母及び兄弟姉妹　三　前号に該当しない犯罪被害者の子、父母、孫、祖父母及び兄弟姉妹」（犯罪被害給付5条1項）。

犯罪被害者の死亡により精神的、経済的打撃を受けることが想定され、その早期の軽減等を図る必要性が高いと考えられる者を掲げたものと解される。

そして、同項1号が、括弧書きにおいて、『婚姻の届出をしていないが、事実上婚姻関係と同様の事情にあつた者』を掲げているのも、婚姻の届出をしていないため民法上の配偶者に該当しない者であっても、犯罪被害者との関係や共同生活の実態等に鑑み、事実上婚姻関係と同様の事情にあったといえる場合には、犯罪被害者の死亡により、民法上の配偶者と同様に精神的、経済的打撃を受けることが想定され、その早期の軽減等を図る必要性が高いと考えられるからであると解される。しかるところ、そうした打撃を受け、その軽減等を図る必要性が高いと考えられる場合があることは、犯罪被害者と共同生活を営んでいた者が、犯罪被害者と異性であるか同性であるかによって直ちに異なるものとはいえない。

そうすると、犯罪被害者と同性の者であることのみをもって『婚姻の届出をしていないが、事実上婚姻関係と同様の事情にあつた者』に該当しないものとすることは、犯罪被害者等給付金の支給制度の目的を踏まえて遺族給付金の支給を受けることができる遺族を規定した犯給法5条1項1号括弧書きの趣旨に照らして相当でないというべきであり、また、上記の者に犯罪被害者と同性の者が該当し得ると解したとしても、その文理に反するものとはいえない」。

判例4は、あくまで犯給法の趣旨目的に沿って遺族該当性を判断したものであり、遺族厚生年金保険法等同様の規定をもつ法令に直ちに改正を迫るものではないと考えることもできる。また、例えば遺族厚生年金は精神的打撃を考慮した給付とは考えられていないため[13]、犯罪被害者を対象とした給付がもつ独自の意義も考慮する必要がある。

他方で、遺族が「経済的打撃」を受けるのは犯給法に基づく遺族給付金であっても、遺族厚生年金であっても同じである。また共同生活を営んでいた者が受ける打撃が「異性であるか同性であるかによって直ちに異なるものとはいえない」という判示も、社会保障関連の給付と無関係であるとはいえない。

犯給法と社会保障関連の立法を比較するためには、各法令が民法の規定にどの程度準じているのか、言い換えれば各給付の目的と民法の婚姻に関する

13　笠木映里「判批」（判例4）ジュリ1600号（2024年）102頁。

一般原則との関係をどのように考えるのかという点がポイントとなる[14]。民法を中心とする婚姻や家族のあり方は決して価値中立的なものではなく、それぞれの時代の価値観に応じて変化し得るものである。同性婚の立法化に向けた動きやパートナーシップ制度の拡大もふまえれば、社会保障制度も同性婚を含む事実婚に対する社会の受け止め方の変化に対応しなければならないといえるだろう。

五　本章での学びと事例への回答

1．社会保障制度はどのような働き方や家族のあり方をモデルとして設計されているか？

社会保障制度は長きにわたり専業主婦世帯をモデルとして設計されてきた。専業主婦モデルでは、稼得能力をもつのは男性であり、女性は男性が得る賃金および当該賃金を原資とする社会保険給付等により生活を保障されることが想定されていた。

2．社会保障制度において性別に基づく受給要件の差異は許容されるか？

共働き世帯が増え、専業主婦世帯の数を上回るようになると、男性は労働市場で職を得て自ら生計を維持し、女性は自ら生計を維持することはできないという前提が崩れてきた。そのため、同じく遺族になった場合に、男女で支給開始年齢に差がある各遺族年金の平等原則違反が問われることになった。最高裁は支給開始年齢の差は合憲であると認めたものの、専業主婦モデルを前提とした社会保障制度が社会の価値観の変化にどう対応するのかという課題は残る。

3．社会保障立法の解釈を通じて多様な家族のあり方を認めていくことはできるか？

働き方との結びつきだけでなく、家族の多様なあり方を社会保障制度の中でどのように許容するのかという点も問題となる。社会保障制度は、現行制度でも事実婚に対する一定の配慮を行っているものの、同性間の事実婚の取

14　これらの点について検討したものとして笠木・前掲「判批」（注13）102〜103頁。

扱いなど、新たな検討課題は少なくない。

事例への回答

　同じ社会経済状況に置かれた中で、母子世帯にのみ給付を行うということは、性別に基づく不合理な差別として違憲になり得る。加算等ではなく、父子世帯はまったく受給可能性がないという制度設計も、両世帯類型の間の著しい差として評価される可能性がある[15]。他方で、判例1および判例2で指摘されるように、女性が不利な立場に立たされる状況は依然存在する。また社会保障制度の中で女性のみを対象とした給付や支援もある。堀木訴訟を参照し、立法府に広い裁量があることを前提に評価を行うと、違憲とすることは困難といえるだろう。

15　男女の受給年齢の差の解消について遺族年金制度全体の制度設計も含めて検討したものとして、菊池馨実「年金改革と遺族年金のあり方」社会保障研究6巻3号（2021年）305頁。

4 社会保険における連帯と強制加入・強制徴収の正当性

菊池馨実・常森裕介

強制加入や保険料の強制徴収を制度の基盤とする社会保険制度は、法的にはどのように正当化されるのか？

> 国は、すべての子ども・子育て世帯を支援するため、児童手当の充実などを含む支援策の拡充を図り、その財源として医療保険者から子ども・子育て支援納付金を徴収する一方、医療保険者が被保険者等から徴収する保険料に同納付金の納付に要する費用（子ども・子育て支援金）を含めることとした。またこれらの支援策と費用負担のつながりを明確にするため、子ども・子育て支援特別会計を創設し、子ども・子育て支援金の使途を限定した。
>
> 78歳で後期高齢者医療制度に加入するXは、生涯独身で子どもをもたなかった自分が、医療保険料とともに子ども・子育て支援金の拠出を強制されることは、見返りのない保険料拠出であり社会保険の基本的考え方に合わないのではないかと考えている。このような支援金をどのように正当化できるのだろうか。

1. 社会保険制度に共通する基本的な考え方とはどのようなものか？
2. 社会保険制度において強制加入および保険料の強制徴収はどのように正当化されるのか？
3. 社会保険における保険料徴収に限界はあるのか？

■ キーワード
社会保険、保険原理、扶助原理、強制加入、社会連帯、拠出と給付のけん連性、租税法律主義、子ども・子育て支援金

■ 主要判例
判例1・滞納処分無効確認請求事件：最大判1958（昭33）・2・12民集12巻2号190頁［社会保障判例百選（第6版）9事件］
判例2・国民健康保険料賦課処分取消等請求事件：最大判2006（平18）・3・1民集60巻2号587頁［社会保障判例百選（第6版）7・12事件］

一　事例を読む視点

　日本の社会保障制度は、年金、医療、介護、労働災害、失業等に関する給付を社会保険の仕組みを通じて行っている。社会保険は、その加入者数や財政規模に示されるように[1]、日本の社会保障制度の中心に位置付けられ、国民生活に大きな役割を果たしている。社会保険は、事前に保険料を拠出し、各々対応するリスクが現実に生じたとき給付を行う仕組みである（図表4-1）。ただし、どのような仕組みを備えていれば「社会保険」といえるのか、必ずしも定まっているわけではない。

　本章ではまず、社会保険とは何かにつき、「保険」の仕組みに着目しながらみていく（二）。社会保険の特徴として、強制加入・保険料の強制徴収という要素があげられる。社会保険を支える連帯の理念や租税と（社会）保険料の違いに着目することで、こうした要素を備えた社会保険の法的性格を明らかにしていく（三）。その際、社会保険の法的性格を検討するうえでは、保険料と保険給付との結びつき、すなわち拠出と給付のけん連性が重要な意味をもつ。そこでこうした観点から、社会保険の仕組みを利用した保険料徴収には歯止めがあるのかを考えていく（四）。その際、近時社会保険の財政を支えるため様々な仕組みが導入されている中で、2024（令和6）年子ども・子育て支援法等改正で導入された子ども・子育て支援金制度を題材に、それがどのような仕組みであり、どのように正当化され得るのか（五）、Xの主張に寄り添いながら考えてみよう。

二　社会保険を支える基本的な考え方はどのようなものか？

　社会保険は、リスク分散のため保険の技術を用いて保険料などを財源として給付を行う仕組みである[2]。ここでいう保険（民間保険）がよって立つ基本的な考え方として、①給付反対給付均等の原則＝加入者の給付する保険料

---

[1] 例えば、年金制度の被保険者総数は2023（令和5）年3月末現在約6744万人、国民年金受給者数約3616万人、厚生年金保険受給者数約4092万人（共済年金を含む）、年金総額55兆721億円であった。厚生労働省『令和6年版 厚生労働白書（資料編）』231〜233頁。
[2] 菊池馨実『社会保障法（第3版）』（有斐閣、2022年）27頁。

図表4-1　日本の社会保険と対応するリスク

社会保険	対応するリスク
年金	老齢・障害・生計維持者の死亡
医療	疾病、負傷、死亡、出産
介護	要介護状態、要支援状態
雇用	失業、育児休業など
労災	業務に起因する負傷・疾病・障害・死亡など

（出典）筆者作成

は、その偶然に受け取ることのあるべき保険金の数学的期待値に等しい、②収支相当の原則＝保険者の収受する保険料の総額がその支払う保険金の総額と等しい、という二つがあげられる。個々の加入者においても（①）、加入者全体をみても（②）、拠出と給付の均衡が図られているということである。

　これに対し、社会保険とは、こうした保険の基本的な考え方を、国民の生活保障という社会保障の目的達成のために修正したものである。このため、少なくとも①は当てはまらない[3]。例えば、民間の医療保険では、ガンなどの既往症がある場合に加入が断られたり、保険料が高く設定されることも考えられる。これに対して、社会保険である健康保険や国民健康保険では、既往症により加入が拒否されることはないし、保険料は疾病リスクの大きさではなく所得水準（標準報酬など）によって決まる。こうした仕組みにより、疾病リスクの高い人や所得の低い人でも加入することができ、広範な範囲でリスクが分散されると同時に、保険料支払能力が高い人から低い人へと所得再分配の効果がもたらされる。

　他方で、保険料の額と個々の被保険者が抱えるリスクや保険料支払能力を切り離したままで任意加入の仕組みとした場合、リスクの高い人や保険料支払能力の低い人ばかりが加入し、そうするとリスク分散の仕組みである保険制度として成り立たなくなる。こうした事態を「逆選択」という[4]。また、民間保険で問題になることがあるように、保険運営者が、リスクの高い人や保険料を支払う能力が低い人の加入を拒否する可能性もある。これを「クリ

---

[3] ②については、本来の保険と異なり公費負担を含めたうえで守られているとの見方が多い。菊池・前掲書（注2）28頁など。

[4] 裁判例から逆選択の防止による強制加入の正当化について議論したものとして、加藤智章『社会保険核論』（旬報社、2016年）38〜40頁。

ームスキミング」あるいは「チェリーピッキング」という。日本語でいえば、「いいとこ取り」である。

　これらの事態が生じた場合、そもそも保険市場が成立しなくなる。そこで、こうした問題を回避するために、社会保険ではしばしば強制加入という手法がとられる。一定の要件を充たした者を、法令に基づき強制的に被保険者とし、保険料を徴収するのである。

　ただし、ここで述べた強制加入という手法をとらざるを得ない理由は、社会保険という仕組みを正当化するための経済学的な論理である。ここで考えたいのは、個々人に対する強制加入および保険料の強制徴収を正当化する法的観点からの議論である。そもそもある社会保障給付を行うために、必ずしも社会保険という方法を用いる必然性はない。かつて租税を財源として行われていたのが、社会保険の仕組みに変更された制度は存在する[5]。また強制加入の社会保険制度の中に、部分的とはいえ任意加入の制度が組み込まれている例もある[6]。強制加入および保険料の強制徴収は、社会保険にみられる一般的手法であるものの、社会保険に必須とまではいえないのである。

三　社会保険において強制加入および保険料の強制徴収はどのように正当化されるのか？

　強制加入および保険料の強制徴収は、その強制の契機から、保険料を賦課される国民の財産権（憲29条）を侵害する可能性がある。社会保険にとって強制加入および強制徴収が必要な手法であることは、憲法上の財産権保障などとの関係で問題を生じないのだろうか。この点が争われたのが判例1である。

　判例1の事案は、当初任意加入制であった国民健康保険（健康保険など被用者保険に属さない自営業者等を対象とする）が、1948（昭和23）年改正により、市町村を事業主体とし、市町村が同事業を行う場合、区域内の世帯主およびその世帯員は加入を強制される（任意設立・強制加入）こととなった

---

[5]　従来、措置制度の下で高齢者施設・在宅サービスが提供されていた介護保険が代表的な例であり、ほかにも遺族基礎年金（旧母子福祉年金）や、20歳前障害基礎年金（旧障害福祉年金）がある。

[6]　代表的なものとして労災保険制度の特別加入があげられる。また国民年金には第1号被保険者を対象とする付加年金がある。

ため、保険料納付義務を負わされたXが、滞納処分の無効確認を求めて訴えに及んだものである。最高裁は、以下のように判示し、憲法29条等に違反するとのXの主張を退けた。

「国民健康保険は、相扶共済の精神に則り、国民の疾病、負傷、分娩又は死亡に関し保険給付をすることを目的とするものであって、その目的とするところは、国民の健康を保持、増進しその生活を安定せしめ以て公共の福祉に資せんとするものであること明白であるから、その保険給付を受ける被保険者は、なるべく保険事故を生ずべき者の全部とすべきことむしろ当然であり、また、相扶共済の保険の性質上保険事故により生ずる個人の経済的損害を加入者相互において分担すべきものであることも論を待たない」。

以上のように判示し、強制加入および強制徴収が「憲法19条に何等かかわりないのは勿論、その他の憲法上の自由権および同法29条1項所定の財産権を故なく侵害するものということはできない」とした。

判例1は、国民健康保険が互いに助け合うという意味の「相扶共済」の考え方に基づいていることに言及する。この概念は、生存権と並ぶ社会保障法の法理念として今日有力に論じられている「社会連帯」とも重なるといえよう[7]。また、保険給付を行う目的は、国民の健康の保持、増進を通じて国民の生活を安定させ、公共の福祉に資することだと述べる。この点も、社会保障法の目的を国民の生活保障にあると捉える通説的見解[8]と整合すると考えられる。「相扶共済」（社会連帯）を、保険料を拠出し、リスクが現実化した被保険者に給付を行うという保険の仕組みの正当化にとどまらず、前述した高リスクの者と低リスクの者の間で生じるリスクの分散や高所得者と低所得者の間の所得再分配という「社会保険」の仕組みを正当化するための理論的基礎として捉えることで、強制加入および強制徴収を法的に根拠付けることが可能である。

問題は、こうした理由で、強制性を根拠付けることができる範囲、すなわち根拠付けの限界である（この点は後でまた検討する）。

国民健康保険の強制加入および強制徴収については、判例2も言及している。本件は、旭川市国民健康保険条例に基づく被保険者資格を有する原告が、保

---

[7] 社会保険における相互扶助と社会連帯につき、倉田聡『社会保険の構造分析』（北海道大学出版会、2009年）202〜204頁。

[8] 荒木誠之『社会保障法読本（第3版）』（有斐閣、2002年）250〜251頁。

険料賦課処分の取消等を求めて出訴した事案である。国民健康保険料が憲法84条（租税法律主義）の適用を受けるかが争われた事例において、最高裁は、以下のように判示し、一審原告の上告を棄却した。

「国又は地方公共団体が、課税権に基づき、その経費に充てるための資金を調達する目的をもって、特別の給付に対する反対給付としてでなく、一定の要件に該当するすべての者に対して課する金銭給付は、その形式のいかんにかかわらず、憲法84条に規定する租税に当たるというべきである」。

「市町村が行う国民健康保険の保険料は、これと異なり、被保険者において保険給付を受け得ることに対する反対給付として徴収されるものである」。「被上告人市における国民健康保険事業に要する経費の約3分の2は公的資金によって賄われているが、これによって、保険料と保険給付を受け得る地位とのけん連性が断ち切られるものではない。また、国民健康保険が強制加入とされ、保険料が強制徴収されるのは、保険給付を受ける被保険者をなるべく保険事故を生ずべき者の全部とし、保険事故により生ずる個人の経済的損害を加入者相互において分担すべきであるとする社会保険としての国民健康保険の目的及び性質に由来するものというべきである」。

判例2は国民健康保険料の「租税」該当性を判断するにあたって、拠出と給付のけん連性（後述）のほか、社会保険としての国民健康保険の目的および性質に着目している。そして後者（目的および性質）との関連で、強制加入および強制徴収に触れ、強制加入および強制徴収という一方的・権力的契機[9]は、「保険給付を受ける被保険者をなるべく保険事故を生ずべき者の全部とし、保険事故により生ずる個人の経済的損害を加入者相互において分担すべきであるとする社会保険としての国民健康保険の目的及び性質に由来する」ものであると述べている。ここで述べられている「目的」「性質」それぞれの意味内容は必ずしも明確でないが、判決の後段部分で本件条例の定めが憲法84条の趣旨に反するかを検討するに際し、「相互扶助の精神に基づく国民健康保険における保険料徴収の趣旨及び目的に沿う」と判示していることからすると、「相扶共済」に言及した判例1と同様、「相互扶助の精神」に言及することで、社会連帯の理念と関連付けた社会保険の規範的理解に立っているとみることができるように思われる。

9 　租税の一方的・権力的課徴金たる性質（租税の権力性）については、金子宏『租税法（第24版）』（弘文堂、2021年）10頁。

図表4-2　国民健康保険の概要

保険者	都道府県・市町村	国保3条
被保険者	都道府県の区域内に住所を有する者で、健康保険の被保険者、生活保護受給者、後期高齢者等の適用除外対象者に該当しない者	国保5条、6条
給付	療養の給付等（健康保険と共通）	国保36条、国保令28条の2
保険料	市町村が条例で定める （所得および資産に応じた負担、1人当たりの負担（均等割）、1世帯当たりの負担（平等割）を組み合わせて算出）	国保76条、国保令29条の7

（出典）菊池・前掲書（注2）398頁以下、405頁以下、407頁以下、434頁以下を基に作成

　なお判例1では、国民健康保険条例の合憲性につき、憲法19条および29条違反が争われ、いずれも合憲とされた。憲法19条（思想・良心の自由）は自由権の一種であり、社会保障立法のあり方を規律するとは考えにくく（本判決も「何等かかわりない」と述べる）、今日的にはむしろ自己決定権や人格的自律権の根拠と捉えられる憲法13条との関連で論じられる余地を残している。ただし、憲法13条違反が争われた堀木訴訟大法廷判決（最大判1982（昭57）・7・7民集36巻7号1235頁）では、憲法25条の規定の要請に応えて制定された法令において、「恣意的かつ不合理な立法である」かという判断基準の下、広範な立法裁量を認めた。また憲法29条との関連では、判例1は同条2項を直接引用してはいないものの、強制加入および強制徴収が同項の「公共の福祉」による制約に服することを当然の前提としているものと位置付けられよう。

四　社会保険における保険料徴収に限界はあるのか？

　先にみたように、判例2は、強制加入および保険料の強制徴収の正当化のほか、本章の事例との関係で重要な判示を行っている。社会保険において保険料を拠出したことと給付を得ることとの結びつき（最高裁のいうところの「保険料と保険給付を受け得る地位とのけん連性」）についてである。
　社会保険は、保険の技術を用いて保険料を主要な財源として給付を行う仕組である。そのため、強制加入の対象となる被保険者であっても保険料の

未納があれば給付を受けられないことがあり（障害基礎年金には一定の保険料納付済期間と保険料免除期間の充足が求められる（国年30条1項、同1985（昭和60）年改正法附則20条1項））、また被保険者であった期間の長短や保険料納付実績によって給付額が変動する（老齢基礎年金は保険料未納付期間分だけ年金が減額される（国年27条））。拠出を行わない（行えない）場合に給付が得られない仕組みは、社会保険の「排除原理」として批判されることもある。これに対し、納税の有無により公共サービスを受けられるか否かが決まることはない。いずれにせよ、保険料拠出と給付の結びつき（拠出と給付のけん連性）は、法的にみれば、社会保険給付に対する被保険者の権利性を根拠付ける重要な性質であると考えられている。

　他方で、拠出と給付のけん連性の度合いは各制度により異なる。例えば、医療保険などにおいて、保険料の減額、免除によって保険料を一部または全額納付していなくても給付を受けられることがある（国保77条）。また、国民年金第3号被保険者制度や健康保険の被扶養者のように、保険料納付義務がなくとも実質的に同様の給付を受けられる制度もある。加えて、国民年金や国民健康保険など公費が財源として投入されている制度は、このことをもって拠出と給付のけん連性が弱まっているという見方もできる。

　この点につき判例2は、先にみたように「市町村が行う国民健康保険の保険料は、これと異なり、被保険者において保険給付を受け得ることに対する反対給付として徴収されるものであ」り、「国民健康保険事業に要する経費の約3分の2は公的資金によって賄われているが、これによって、保険料と保険給付を受け得る地位とのけん連性が断ち切られるものではない」と判示する。公費（租税）が半分以上投入されていてもけん連性の存在自体は認めているのである。

　社会保険に公費が投入されている以外にも、被保険者から徴収された保険料が被保険者集団内での給付以外の費用をカバーしているケースが少なくない。医療保険に関していえば、現役世代の支払った保険料を財源とする後期高齢者支援金が、75歳以上の者が被保険者である後期高齢者医療制度に対する交付金の財源として充てられている（高齢医療100条）。逆に、2023（令和5）年改正により、現役世代の出産育児一時金の費用として、後期高齢者医療制度加入者も出産育児支援金を負担することになった（同124条の2、124条の3）。このほか、医療費適正化を推進するための病床転換支援金（知事から保険医療機関に対する病床転換費用の助成事業。高齢医療附則5項）や、

感染症の特性が明らかでない感染症蔓延時等の初期段階における保険医療機関の対応促進を図るための流行初期医療確保拠出金（知事から対象医療機関に対する費用支給措置。感染症36条の９）なども、給付との直接のけん連関係が認められない目的のために保険料の拠出がなされている例としてあげられる。

　介護保険においても、40歳以上65歳未満である第２号被保険者の拠出する介護保険料は別制度である医療保険の保険者が徴収する（健保155条１項、国保76条）。介護保険料は介護予防・日常生活支援総合事業、包括的支援事業などからなる地域支援事業（介保115条の45）の財源にも充てられている[10]。

　このように、現在の日本の社会保険制度においては、拠出と給付の対応関係はもはや個々の保険集団内にとどまっていないばかりでなく、直接的な給付に結びつかない費用に充てられている場面が少なくないことに留意しておく必要がある。ただし、応益的な面を欠く保険料の徴収は、もはや社会保険料としての法的性格を失っているのではないかという疑問は生じ得る。そうだとすると、純然たる社会「保険料」とも「租税」とも異なる一種の負担金の法的性格と憲法84条の適用いかんの探求が必要となる[11]。このことは後に述べる子ども・子育て支援金にも当てはまる。

五　子ども・子育て支援金の正当性

　2024（令和６）年子ども・子育て支援法等改正で、新たに子ども・子育て支援金制度が創設された。深刻な少子化、人口減少社会の到来という状況下、現役世代がもっぱら支える側、高齢者が支えられる側として、年金・医療・

10　こうした医療保険料の徴収機構を利用した制度のほか、厚生年金保険の保険料徴収機構を活用し、事業主に課される子ども・子育て拠出金（子育て支援69条）がある。

11　倉田・前掲書（注７）225頁は、「理論的な可能性からいえば、実定法が『応益』的な側面を完全に欠いた社会保険料を設けた場合、例えば、平成十八年度から施行予定の新しい高齢者医療保険制度における現役世代の支援金などは、これを法的な意味での『保険料』と理解すべきではないと考える。そして、このような金銭債務が『保険料』とされないのであれば、『租税』という形式以外にこのような負担を広く国民一般に課すことの憲法上の正当性が問われねばならない」と述べる。

介護などほぼ一方向的な世代間所得移転であった高齢者中心型社会保障を、すべての世代が支え合う全世代型社会保障に転換するための制度改革の一環として、2023（令和5）年12月閣議決定された政府文書「こども未来戦略」に盛り込まれた施策が実現したものである。

　同法により、子育て支援策の充実が図られ、（1）ライフステージを通じた子育てにかかる経済的支援の強化、（2）すべてのこども・子育て世帯を対象とする支援の拡充、（3）共働き・共育ての推進のための給付拡充等が行われることとなった。このうち、①児童手当の拡充（高校生年代までの支給期間の延長、所得制限の撤廃、第3子以降の支給額増額（3万円））、②妊婦のための支援給付（10万円相当の給付金）、③こども誰でも通園制度（3歳未満で保育所に通っていないこどもの保育所利用）、④育児休業給付の拡充のための出生後休業支援給付（出生後一定期間、両親ともに育児休業を取得する場合に手取り賃金の10割相当支給）および育児時短就業給付（時短勤務中の賃金の10％支給）、⑤国民年金第1号被保険者の育児期間にかかる保険料免除措置については、新たに子ども・子育て支援金制度を創設し、必要な費用を賄うこととした。

　この新たな支援金制度によれば、政府は各医療保険の保険者から支援納付金を徴収する（子育て支援71条の3）。各保険者は、医療保険の給付のための保険料や介護保険料とあわせて、子ども・子育て支援金を徴収する（健保155条、国保76条、高齢医療104条）。先にあげたような前例があるとはいえ、上記①ないし⑤の給付に充てるための費用を医療保険料として徴収することの適否が立法過程においても議論された[12]。本章の事例におけるXの疑問に答えるためにも、検討しておく必要があろう。

　先にみたように、従来の医療保険においても、拠出と直接の対応関係にない費用支出や、制度の対象者以外への財政支援の仕組みが設けられていることからすれば、そのこと自体を捉えて社会保険制度として許されないとまではいえないだろう。事例におけるXも、すでに出産育児支援金という形で、現役世代の子育て支援のための出捐を行っているのである。

　新たな支援金制度を創設するにあたって、社会保険のうち医療保険の枠組

---

[12] 東善博・渡邊由美子「次元の異なる少子化対策と安定財源確保のためのこども・子育て支援の見直しについて」社会保障法研究21号（2024年）125頁以下。

みが用いられた理由は、医療保険は全国民が加入する制度で（国民皆保険）、全世代型社会保障の理念に適合的であるからである。これに対し、国民年金は原則60歳までの加入であり、介護保険は40歳以上が加入対象であるため、全世代で子ども・子育てを支えようという制度理念になじまない。ただし、医療保険料として徴収する以上、医療保険が対象とする保険事故である「疾病、負傷、死亡、出産」（健保1条、2条）と前述の①ないし⑤の給付の関連性が問題となる可能性がある。医療保険の目的・理念とまったく関連をもたない給付の財源に充てるための保険料の徴収は、もはや「保険料」に値せず許されないとも言い得るからである。その意味では、今回賦課される「保険料」の法的性格を、憲法84条の租税法律主義の観点に照らして探求する作業も必要となる[13]。この点に関連して、2024（令和6）年改正法では子ども・子育て支援特別会計を新たに法定化し、こども・子育て政策の全体像と費用負担の見える化を図り、経理を明確化した。課税要件および租税の賦課徴収の手続が法律で明確に定められるべきことを規定する租税法律主義の趣旨からすれば、憲法84条への一定の配慮がなされたとみる余地もあろう。

　他方、個別の給付をみた場合、医療保険の目的とまったく関連付けられないわけでもなさそうである。例えば、医療保険では最近、疾病予防や健康増進に力を入れており、乳幼児やその妊産婦を含めた保護者の心身の健康の増進（産褥期の勤務負担軽減などを含む）に資するという点では、一定程度子ども・子育て支援との関連付けは可能と考えられる[14]。

　ただし、こうした関連付けが可能だとしても、なお形式的な正当化にとどまり、社会保険のスキームを用いることの正当性は、より実質的な観点からなされる必要がある。それが前述した社会連帯の理念である。

　日本の社会保険では、これまで現役世代が拠出の中心を担い、高齢世代が多く給付を受ける構造となってきたため、少子高齢化が急速に進み担い手が減ると存立基盤が危うくなるという課題を抱えてきた。その中で、子育て世代を全世代で支えるという、これまでとは異なる構図の新しい連帯の仕組みを組み込むことは、社会保険制度を支える連帯の基盤を強固にすることにつながる。高齢者を対象とする制度（例えば介護保険）は、誰もが将来高齢者

13　注11参照。
14　それでもなお、こうした論理で高校生年代までの児童手当の支給期間延長の費用まで正当化できるかは微妙であるかもしれない。

になるという意味で、連帯の論理を説きやすい。しかし、こども・子育ての場合、同じ論理での共感は得られにくいといえる。既存の連帯の理念から制度を導くというより、社会保険という装置を通じて、この日本社会を全世代で支えていこうという新たな支え合い（連帯）の感覚を養っていくという発想が求められているのかもしれない。

六　本章での学びと事例への回答

1．社会保険制度に共通する基本的な考え方とはどのようなものか？

　社会保険は、保険の基本的考え方を、国民の生活保障という社会保障の目的達成のために修正したものである。このため、民間保険と異なり、リスクの高低ではなく所得水準の多寡等により保険料が設定され、所得再分配の効果がもたらされる。

2．社会保険制度において強制加入および保険料の強制徴収はどのように正当化されるのか？

　社会保険における強制加入は、クリームスキミングや逆選択の防止といった経済学的説明がなされる。他方で、判例をふまえると、法学的には「相扶共済」「相互扶助」とも親和的な社会連帯の理念によって正当化されると考えられる。

3．社会保険における保険料徴収に限界はあるのか？

　社会保険の法学的理解によれば、社会保険は保険料と保険給付を受け得る地位とのけん連性を軸として理解される。ただし、実際の社会保険制度をみた場合、こうした性格が細部に至るまで貫徹されているわけではなく、制度の大きな枠組みのあり方と、個別の仕組みのあり方を論じる際、保険料徴収の限界を必ずしも同一に論じられるわけではない。

事例への回答

　子ども・子育て支援金制度は、深刻な少子化、人口減少社会の到来という状況下、従来の「高齢者中心型社会保障」から「全世代型社会保障」へと転換を図るための制度改革の一環として創設されたものである。確かに、これまで子育てに従事したことがなく、今後もその可能性がほぼないXにとって、

「保険料」の名目で支援金を徴収されるのは納得がいかない面も理解できる。

　ただし、既存の社会保険の仕組みにも、拠出と直接の対応関係にない費用支出や、制度の対象者以外への財政支援の仕組みが様々に設けられている。医療保険料を財源とした子ども・子育て支援金を通じて行われる給付も、医療保険の目的と関連付けができないわけではない。実質的には、子育て世代を全世代で支えるという、これまでと異なる構図の新しい社会連帯の仕組みに対する社会的合意が得られるかにかかっているといえる。

5 被保険者資格の認定と保険料の徴収

川久保寛

社会保険にどのような手続を経て加入し、その際に事業主はどのような義務を負うのか？

　Aは運送業を営む法人の社長である。Aは取引先や金融機関との折衝などの管理業務を行っているが、長年トラック運転手を行ってきた経験を持ち、現在も頻繁に従業員と同じようにトラック運転などの業務にも従事している。法人にはAのほか、トラック運転手60名と、週3日・半日の雇用契約を締結して事務作業のみを行うパートタイム労働者のBおよびCがおり、最近は取り扱う貨物量が増加し続けている。
　Aは、Bから「子育てがひと段落したので、もっと勤務日数・時間を増やして働きたい」という申し出を受けた。Aも、取り扱う貨物量が増加しているために、事務作業が増えていることが気になっていた。
　AやBはどのような社会保険加入になるのだろうか。Bの働き方が変わると、加入する社会保険はどのように変化するだろうか。

1．どのような者が被用者保険に加入できるのか？
2．社会保険にはどのような手続を経て加入できるのか？
3．事業主は被保険者の加入にあたってどのような義務を負うのか？

■ キーワード
　被保険者、被扶養者、被保険者資格、年収の壁、特別加入

■ 主要判例
　判例1・行政処分無効確認等請求事件：広島高岡山支判1963（昭38）・9・23行集14巻9号1684頁［社会保障判例百選（第6版）13事件］
　判例2・健康保険傷病手当金等請求事件：名古屋地判1985（昭60）・9・4判時1176号79頁［社会保障判例百選（第6版）14事件］
　判例3・健康保険厚生年金保険被保険者資格取得確認処分無効確認請求事件：最判1965（昭40）・6・18判時418号35頁［社会保障判例百選（第6版）16事件］
　判例4・処分取消等請求事件：最判2022（令4）・12・13民集76巻7号1872頁［社会保障判例百選（第6版）18事件］

判例5・損害賠償請求事件：大阪高判2011（平23）・4・14賃社1538号17頁［社会保障判例百選（第6版）38事件］

一　事例を読む視点

　本書第4章では、日本の社会保障では社会保険が中心であること、社会保険の本質的性格から、被保険者は強制加入や保険料負担が求められること、負担と給付のあいだにはけん連性があることを学んだ。続く本章では、社会保険の加入や給付が実際に問題になる場面を取り扱い、社会保険を具体的に理解することを目指す。また社会保険は、働き方によって加入する社会保険や加入の仕方が異なる。本章では、社会保険と働き方の関係を理解しよう。
　社会保険では保険料負担が必要だが、被用者保険では、被保険者とともに事業主も保険料を負担する。また、被用者保険では事業主が加入に関わる手続を行うことになっており、被用者は、事業主を通して社会保険の利用が可能になる。本章では、被用者保険における事業主の義務を学ぶことを通して、被保険者資格の認定や加入手続を理解しよう。

二　社会保険の対象者と事業主の被保険者資格

1　社会保険の分類と対象者

　社会保険は、加入者の特性に着目すると被用者保険と住民保険に、保険集団の特性に着目すると職域保険と地域保険に分けられる[1]。一方で、労働保険（労災保険・雇用保険）は、労働者を対象とする仕組みであり、異なる位置づけにある。
　被用者保険は、適用事業に使用される者を被保険者としている。例えば、健康保険法は「適用事業所に使用される者及び任意継続被保険者」を被保険者とし、短時間労働者等を除外する（3条1項）。適用事業所は厚生労働大臣が認可する事業所であって、常時5人以上の従業員を使用する事業所である。国、地方公共団体は法人の事業所は、常時1名でも使用していれば適用事業所である（同条3項2号）[2]。そして、対象者は、適用事業所に使用され

---

[1] 菊池馨実『社会保障法（第3版）』（有斐閣、2022年）29頁。

るようになった日から、健康保険と厚生年金の被保険者になる（健保35条、厚年9条）。

　健康保険には、被保険者とは別に被扶養者概念があり、被保険者に扶養されている者を被扶養者と認定して給付を行う。被保険者は保険料を負担しなければならないのに対し、被扶養者は保険料を負担しなくてよい。被用者保険に加入していない者（被保険者でも被扶養者でもない者）は、住民保険である国民健康保険に加入しなければならない[3]。被用者保険と住民保険では保険料負担の仕組みが異なるなど様々な違いがある。

　住民保険は、住所や年齢から被保険者を定義して給付を行う。例えば、国民年金法は、「日本国内に住所を有する20歳以上60歳未満の者であって次号及び第3号のいずれにも該当しないもの」を第1号被保険者とする（7条1項1号）。国民年金の第2号被保険者は厚生年金被保険者であり、第3号被保険者は、第2号被保険者の配偶者であって、主として第2号被保険者の収入により生計を維持する20歳以上60歳未満のものである（同項2号・3号）[4]。国民年金は、被用者保険である厚生年金と密接に関係しており、対象者の就労や扶養関係によって対象が定まる。

　介護保険は、介護を必要とする状態になった被保険者に対して、介護サービスにかかる費用の一部を給付する（介保2条1項）。介護保険は市町村および特別区が保険者であり、主な対象者である第1号被保険者が65歳以上の住民であるため[5]、住民保険といえる（本書第15章参照）。

　一方で、労働保険は、労働者を対象にする社会保険であり、加入者の就労によって加入が決まる。基本的に、雇用保険は適用事業に「雇用される労働者」を（雇保4条1項）、労災保険は「労働者」を対象にする（労災1条、7条）。このように、労働保険は、文言上、事業主を含まない。確かに、事業主は労働者を使用する立場であって、労働災害のリスクや失業する可能性

2　理美容業など16事業は適用から除外されているが、適用除外をなくす方向で見直しが予定されている。また、従業員が5人未満の事業所であっても厚労大臣の認可を受けることで、適用事業所となることができる（健保31条1項）。

3　生活保護受給者は、国民健康保険の対象外である（国保6条9号）。

4　このほか、第3号被保険者には住所地や所得などの要件がある。所得要件について、三3参照。

5　他に、介護保険には、市町村の区域内に住所を有する40歳以上65歳未満の医療保険加入者である第2号被保険者がいる（介保9条）。

は極めて低いといえる。労働保険の加入において、事業主は、労働者と同じように考えることは難しい。

2　事業主の被保険者資格

しかし、事業主であっても、病気や事故のリスクは被用者と同様であるし、歳をとればリタイアし、稼働収入もなくなる。また事例にあるように、事業主のなかには被用者と同じような働き方をする者がいる。そうした働き方をする事業主は、被用者と同じような災害リスク（事例でいえば、トラック運転中の交通事故）があるといえ、その限りでは労働者と同じように扱うことが事業主やその家族の生活保障にも資すると考えられる。もし事業主も労働者と同じリスクを抱えるとすれば、事業主に被用者保険への加入を認める必要はないのだろうか。

判例1は、法人代表者である代表取締役の健康保険および厚生年金への加入が問題になった裁判例である。当時から、行政実務では、代表取締役であっても、労務の対価として報酬を受けている者について、法人に使用される者として被保険者資格を認める取扱いをしていた。判例1では、保険者が代表取締役に被保険者資格を認めたことに対して、法人代表者が無効確認や取消を求めた。裁判所は、代表取締役が「会社に対する関係において会社に対し継続的に労務を提供しこれに対して報酬の支払を受けるという面のあることは否定し難いからこれを所謂事業所に『使用される者』の内に包含されるものと解することは、文理解釈上も可能な範囲であり……立法の趣旨、目的に合致こそすれ、これを以て違法と断ずべき根拠はないものと解せられる」として、被保険者資格を認めた処分を適法とした。

また、判例1は、「使用される者」について、いわゆる「労働者」概念との関係を検討している。「労働者」概念は、労基法にいう労働者をめぐる考え方であり、使用者の指揮命令を受けてその監督の下に労務に服する者とされる。また、労災保険の対象者である「労働者」も労基法にいう労働者概念と同一とされている[6]。つまり、労災保険の対象者は労基法にいう労働者であり、同法の使用者に当たる事業主と明確に区別されることになる。原告は

6　荒木尚志『労働法（第5版）』（有斐閣、2022年）53頁以下。また労働者性について、横浜南労基署長事件（最判1996（平8）・11・28判時1589号136頁［社会保障判例百選（第6版）55事件］）参照。

被用者保険の「使用される者」も同様に考えるべきであり、事業主である代表取締役は被用者保険の対象者とならないと主張したが、裁判所はこの主張を排斥した。

　もっとも、労災保険は特別加入制度を設けており、事例のように労働者と同様の労働災害のリスクに直面している事業主などを特別加入で保険の対象としている[7]。

三　社会保険への加入手続と給付の受給

　社会保険給付の受給には給付を基礎付ける法的地位、すなわち被保険者資格もしくは被扶養者の認定が必要である。そして、社会保険給付の受給のためには保険料の納付が必要である。被用者保険では、被保険者の収入に応じて保険料を負担することになっており、具体的には、標準報酬月額・標準賞与額に保険料率を乗じることで、負担能力に応じた保険料が賦課される[8]。そのために、事業主は、誰が被保険者であって報酬や賞与がいくらであるか、保険者に届出をしなければならない（健保48条、厚年27条）。また、被用者は、事業主を通して自らが扶養する家族やその者の所得について届出を行い、保険者に被扶養者の認定を求める[9]。これらの届出は、保険者による保険料賦課とともに、被保険者資格もしくは被扶養者の認定と結びついており、保険料の納付と保険給付の受給にあたって必要な手続である。

1　誰が給付を受給できるのか

　もっとも、被保険者資格をめぐっては、誰が対象者になるのか、問題とな

---

[7] 例えば、中小企業の事業主や家族従事者、個人タクシー事業主、大工などの一人親方などである。

[8] 標準報酬月額・標準賞与額は、一定の幅がある金額で設定することで保険料の計算・徴収を容易にする仕組みである。厚生年金の標準報酬月額は31段階（1級から31級まで）、健康保険では50段階（同じく50級まで）で設定されている。厚生年金では、標準報酬月額等が保険料だけではなく給付の算定根拠にもなるため、給付される年金額に報酬の高低による格差があまり拡大しないように配慮されている（笠木映里ほか『社会保障法』〔有斐閣、2018年〕124頁）。

[9] 健康保険法は被扶養者を定義しており（3条7項）、被保険者は事業主を通じて届出を行い、保険者が扶養者を認定する。認定の性質について、三3および判例4参照。

ることがある。この問題は保険料負担と関わりをもつ。

　健康保険と国民健康保険の保険料負担を比較すると、国民健康保険では事業主負担がなく、また国民健康保険の被保険者には老齢年金受給者や無職者などが含まれているため、保険料負担が重くなる傾向にある。一方で、健康保険と国民健康保険の給付を比較すると、傷病手当金など一部に違いがあるものの、医療サービス自体には違いがない。つまり、国民健康保険の高い保険料を避けるために、被保険者には、被用者保険の被保険者資格を有するメリットがある。逆に、健康保険では事業主に保険料負担が求められるため、事業主には、対象者が「使用される者」であって被保険者資格を有する者であることを否定して、負担を避けるインセンティブが働く。

　判例2では、原告が使用関係にあることやそれに伴って健康保険の被保険者資格を有していたことに争いはなく、原告が勤務中にケガを負って療養している間に、事業所が閉鎖されて使用関係がなくなった、という特異な事実関係が判断の前提となっている。そして、社会保険事務所長（当時）が事業主による被保険者資格喪失届出を受けて、被保険者に被保険者証の返納を求める処分をしている。裁判所は、「『使用関係』の有無を判断するに当たっては、一方では形式的な雇用契約の有無にとらわれることなく、実質的に事業主に労務又は役務を提供しその対価を得ている者であれば、使用関係を肯定すべきであるし、他方形式上雇用契約が存在しても、右のような実質を備えていない者については、同法［健保法］が保障の対象とした労働者の範疇に入らず、その使用関係は否定されるものと解する」とした。そして、事業者による6月5日の届出の提出に対して、事業所が一度目の不渡り手形を出した4月28日の翌日29日をもって事業者が倒産して使用関係がなくなったとした社会保険事務所長（当時）の処分には明白な瑕疵がないとしつつ、その翌日の4月30日をもって被保険者資格がなくなった、と判示している。

　判例2がいうように、被保険者資格は適用事業所と使用関係にあることが前提となるため、契約の形式にかかわらずに使用関係の実質が求められるし、例えば事業主による届出日と実際の倒産した日にズレがあった場合、倒産した日の翌日に被保険者資格を失うことになる。

2　いつから給付を受給できるのか

　それでは、いつから被用者保険の給付を受給できるのだろうか。医療保険では、療養の給付を受けるにあたってマイナンバーカードでの被保険者資格

の確認が必要である（健保63条3項、国健36条3項）[10]。被保険者資格確認のプロセスは、①対象者が適用事業所に使用され、②事業主が保険者に届出を行い、③保険者による資格の確認が行われ、④被保険者および被扶養者のマイナンバーカードにひも付けされる、という順で行われる。法的には①が被保険者となる日であるが、実際に給付を利用できるようになるには複数の手続を経る必要があり、④まで時間がかかることもある。実際に、マイナンバーカードに被保険者資格がひも付けされるまで、被保険者および被扶養者は、健康保険の給付を受けられないことがあり得る[11]。

　一方で、保険料の納付は、被保険者資格の確認と直接結びついているわけではない。被用者保険では、事業主が被保険者の給与から保険料を天引きする形で保険料を徴収するため（健保167条、厚年84条）、事業主が届出を懈怠しない限り、保険料の未納は生じない。また、使用者の届出は保険料の納付と相前後する可能性がある。

　判例3は、被保険者の確定手続に関する判例である。判例3では、7月19日に事業主による届出がなされたものの、保険者は5月1日に遡及して被保険者資格の取得を確認し、標準報酬の決定と被保険者証の交付を行った。事業主は、遡及分の保険料負担を不満に思い、被保険者資格の確認決定を争った。裁判所は、健康保険および厚生年金保険の「適用事業所に使用されるにいたった労働者はその日から当然に被保険者資格を取得する」、その確認は「事業主の届出の日または確認の時を基準とすることなく、資格取得の日を基準として行なうべきであり、確認が行なわれると、当事者は、資格取得の日に遡ってその効力を主張し得ることになるものと解する」として、使用者の届出日にかかわらずに保険者が資格取得日の確認を行うことを認め、保険者による決定を適当なものとした。判例3は、被保険者証の提示を必要とする時期の裁判例であるが、マイナンバーカードへの被保険者資格のひも付けにも一定期間が必要であるため、現在でも判例3の解釈が当てはまる。

10　2024年12月に被保険者証が廃止された。廃止後も、被保険者証は有効期間内であれば使用可能である（最長1年間）。
11　使用者や被保険者が申請すると交付される被保険者資格証明書（紙）で代替できる。実務では、医療機関が保険者に被保険者資格の有無を問い合わせるといった対応がなされることもある。

3 短時間労働者の除外と健康保険の被扶養者の認定

被保険者資格をめぐっては、短時間労働者への適用が問題になることがある。被用者保険は短時間労働者等を除外しており、例えば、健康保険法では「通常の労働者の一週間の所定労働時間の四分の三未満である短時間労働者」であって、原則として①一週間の所定労働時間が20時間未満であること、②報酬が月額8万8000円未満であること、③生徒・学生であること、のいずれかの要件を充たす場合に除外する（3条1項9号）[12]。また、厚生年金もほぼ同様に定めており（厚年12条5号）、健康保険で除外される短時間労働者は、厚生年金でも除外される。もっとも、除外された短時間労働者であっても、健康保険の保険給付を受ける可能性がある。すでに述べたように、被用者保険の被保険者資格を有しないとしても、配偶者や養育者等親族が被保険者であって、その被扶養者と認められれば、被用者保険の給付を受けられるためである。

健康保険の被扶養者は、被保険者と生計維持関係にある親族であり、被保険者の配偶者や子、孫、兄弟姉妹のほか、同一の世帯に属する三親等内の親族や、事実婚関係にある者などである（健保3条7項）[13]。生計維持関係を判断するにあたっては、その者の所得が年収130万円未満であることが求められる[14]。収入要件は、主として被保険者の収入によってその者の生活が成り立っていることの表れとされており、その基準額を超える場合には被扶養者として認定されない。

判例4は、被扶養者に該当しない旨を被保険者に通知する法律行為の性質が争われた判例である。本件では、審査請求および再審査請求だけではなく、下級審も行政処分ではないことを理由に却下していた。最高裁は、被扶養者についての「健康保険組合の判断は、被保険者及びその判断の対象となった親族等の法律上の地位を規律するものであり、被保険者の資格の得喪について健康保険組合による確認という処分をもって早期に確定させるものとされ

---

12 このほか企業規模要件があり、51人未満である企業は除外される。企業規模要件は、かつて501人未満であったが徐々に人数が引き下げられており、将来的に廃止されることとなっている。
13 被用者保険の世帯について、詳しくは中益陽子「医療保険における個人と世帯・家族」社会保障法研究5号（2015年）103頁参照。
14 障害者である場合にはより高い基準額が適用されるなど他にも要件がある。詳しくは、「収入がある者についての被扶養者の認定について」（1977（昭52）・4・6厚生省保発第9号・庁保発第9号）参照。

ているのと同様に、上記判断を早期に確定させ、適正公平な保険給付の実現や実効的な権利救済等を図る必要性が高いものということができる」、「健康保険組合が被保険者に対して行うその親族等が被扶養者に該当しない旨の通知は、［健保］法189条１項所定の被保険者の資格に関する処分に該当すると解するのが相当である」として、行政処分ではないことを理由に却下した原審を違法としつつ、審査請求期間の徒過を理由に結論を是認した。判例４は、保険者による被扶養者資格の認定について再考を求めるものであり、実務に与える影響が大きい判例といえる。

四　社会保険加入における事業主の義務と被保険者

１　社会保険における事業主

　社会保険において、事業主は、被保険者・被扶養者の届出や、被保険者に支払う報酬・賞与額の届出など様々な義務を負う。先に述べたように、給付を受給するために必要な被保険者・被扶養者資格が法的に明確であったとしても、実際に受給するためには保険者による認定や行政による支給決定が必要であり、事業主による一連の行為がその前提となっている。

　例えば、雇用保険では、基本手当を受給するために失業の認定がなされなければならない（雇保15条）。被保険者の失業は職権によって認定されるものの、制度上、事業主に①被保険者資格喪失届、②被保険者離職証明書を提出させることで、認定を容易にしている。①資格喪失届は保険料の賦課・徴収と関わっており、事業主からすれば、離職した被保険者の保険料負担を免れるための手続である。②離職証明書は、被保険者からすれば、失業認定の前提事実の証明手続である。こうした手続は、被保険者が迅速に給付を受けるために必要なだけではなく、給付の金額や受給期間に関わる重要な行為である。

　しかし、法が求める行為を適切に行わない事業主がいることも事実である。雇用保険では、離職に至る経緯などから被保険者と事業主に行き違いが生じることがあり、嫌がらせを目的に、事業主が②離職証明書を適時に提出しないことがある。また、労災保険では、労働災害を防止するための措置を適切に講じさせるために、労働災害が発生した事業所の保険料を一定期間割増しするなど事業所ごとに保険料率を増減させる「メリット制」があるが、保険料負担が増えることを回避するために、被災労働者に労働災害の発生を届け

出させないことがある（労災隠し）。もちろん、こうした行為は違法であるが、事業主の行為を介在させる社会保険では完全になくすことは困難である。

2　事業主による標準報酬の過少申告と不法行為責任

判例5は、被用者保険における事業主の申告が問題となった裁判例である。本件原告は、1996（平成8）年頃から本件事業主に雇用されていたが、2007（平成19）年6月頃にうつ病にり患し、休業していた。事業主は、原告を健康保険および厚生年金保険の被保険者として届け出ていたものの、事業主負担を減じるために、実際より低い標準報酬月額を申告していた[15]。本件で、原告は、傷病手当金や老齢厚生年金が低額になってしまうとして、債務不履行または不法行為に基づく賠償請求を求めた。一審は、実際の標準報酬月額より低い額を申告していたことについて不法行為が成立するとして、原告が申請書を提出したにもかかわらず使用者が手続を怠ったために受給できなかった傷病手当金相当額と精神的苦痛に対する慰謝料を認めた。二審である判例5において、裁判所は「事業主は、労働契約に付随する信義則上の義務として、被保険者に対し、被保険者の報酬月額を社会保険庁〔当時〕に適正に申告すべき義務を負っているものと解される」、「過少申告しているのであるから、Y社に不法行為が成立するのは明らかである」として、傷病手当金相当額を認めた。さらに、裁判所は「少額の傷病手当金や老齢厚生年金しか支給を受けられなくなるという不利益を被るのは明らかであり、これによってXが被った精神的苦痛を慰謝するためには20万円が相当である」として、過少申告による将来的な不利益を理由とする慰謝料も認めた。

なお、厚生年金の保険料の時効は2年であり、それ以降保険料を追納することができない（厚年92条1項）。一方で、事業主が被保険者から保険料を徴収したにもかかわらず保険者に納付しない場合、厚生年金納付特例法に基づいて年金記録が訂正されれば、被保険者に不利益は及ばない。しかし、同法は、事業主が保険料を納付しない場合を想定しており、本件のような過少申告（による低い保険料の納付）を対象にしていない。この場合、将来の受給額が低くなり、とりわけ老齢年金の受給額に影響が及んでしまう。なお、

15　実際の標準報酬月額は、2004（平成16）年度から順に24万円、19万円、18万円、17万円であったところ、事業主がそれぞれ22万円、18万円、12万6000円（2007（平成19）年度も同額）と偽って届け出ていた。

判例 5 は過少申告を理由に慰謝料請求を認めたが、将来受けられるはずだった社会保険給付相当額を認めたわけではない。

3 被保険者の権利と情報提供

それでは、被保険者は自らの権利を守るために何ができるだろうか[16]。被用者保険では、受給権を保護するために被保険者による資格確認を認めている。例えば、厚生年金について、被保険者または被保険者であった者は保険者に被保険者資格の得喪を確認できる（厚年31条1項）。それによって、被保険者は自らの加入状況を把握することができ、実態に反する状況にある場合には訂正を請求できる。

もっとも、保険者による情報提供が進んでいるため、被保険者が保険者に請求を行わなくても、被保険者は、公的年金について自らの保険加入状況を確認できる。現在、年金保険では、「ねんきん定期便」によって公的年金の加入状況等を通知しており、被保険者は自らの現状を把握することが可能である。ねんきん定期便は、公的年金の加入状況について被保険者に通知する文書であり、2009年から送付されている[17]。国民年金および厚生年金保険の被保険者には、一定の年齢に達した時に届くほか、毎年誕生月にこれまでの公的年金の加入期間や年金見込み額、厚生年金の標準報酬額などが記載された葉書が届く。ねんきん定期便は公的年金に関する情報提供の一つであって、被保険者の権利行使もしくは権利擁護に資する仕組みといえる。

五 本章での学びと事例への回答

1．どのような者が被用者保険に加入できるのか？

被用者保険は、典型的には、事業主との間で指揮命令関係にある労働者を対象にした社会保険である。そのため、事業主から指示を受けずに自律的に働く請負や一人親方等は、対象にならないことがある。一方で、健康保険や年金保険では、使用者（事業主）であっても労務の対価として報酬を受け取っていることから、使用者も被保険者になりうる。

---

[16] 被保険者資格と事業主の義務について、詳しくは加藤智章『社会保険核論』（旬報社、2016年）67頁以下参照。
[17] 堀勝洋『年金保険法（第5版）』（法律文化社、2022年）132頁。

2. 社会保険にはどのような手続を経て加入できるのか？

　社会保険では、原則として、給付を基礎付ける資格である被保険者資格もしくは被扶養者の認定が必要である。健康保険では、被保険者資格を取得したときから、給付を受けられる。年金保険では、一定期間の保険料の納付も給付の要件である。

3. 事業主は被保険者の加入にあたってどのような義務を負うのか？

　適用事業所の事業主は、適用除外となる短時間労働者などではない者を雇用した場合、健康保険および厚生年金について新たに被保険者となる者の報酬・賞与額について届出を行い、保険者から標準報酬額・標準賞与の決定を受け、保険料の賦課・徴収を行う。また、事業主は、被保険者に扶養する親族を届出させ、保険者に健康保険被扶養者の認定を求める。雇用保険では、事業主は離職した雇用保険の被保険者について保険者に資格喪失届・離職証明書を提出し、給付の基礎となる情報を提供する。

事例への回答

　Aの働き方は、会社社長として経営する側面と、トラック運転手として運送業に従事する側面をもつ。本章で学んだ各制度によれば、Aは、健康保険および厚生年金の被保険者である。労災保険には当然には加入が認められないものの、特別加入が認められれば、労災保険の被保険者になりうる。

　Bは、現時点では、健康保険および厚生年金の被保険者となる短時間労働者ではない。Bに健康保険および厚生年金の被保険者である配偶者がおり、かつ年収130万円未満である場合、Bは、被扶養者の認定を受けて、健康保険の被扶養者かつ国民年金の第3号被保険者である。こうした配偶者がいなければ、Bは、国民健康保険の被保険者かつ国民年金の第1号被保険者である。

　Bの働き方が変わると、社会保険の加入が変わる。Bが他の労働者並みに週20時間以上働き、月額報酬が8万8000円以上になれば、健康保険および厚生年金の被保険者になる可能性がある。

6 社会保障制度における給付の調整

川久保寛

社会保障制度における給付の調整はどのように行われるのか？ また、併給調整とは何だろうか？

Xは身体障害者であり、子ども4人を養育するひとり親である。Xは、児童扶養手当を受給しながら生活保護を受けていたが、障害基礎年金（本体部分および子加算）の支給決定を受けたため、その旨児童扶養手当の支給を担当するY知事に届出をした。すると、Yは、児童扶養手当法（2014（平成26）年改正後、2020（令和2）年改正前）が定める併給調整を行い、児童扶養手当全額を支給停止とした。Yによると、ひとり親世帯では、障害基礎年金に子加算がされている場合には、障害基礎年金の本体部分および子加算と児童扶養手当を比較して、児童扶養手当の方が低い場合には児童扶養手当の全額を停止し、児童扶養手当の方が高い場合には一部停止によって差額分を支給するルールであるという。

Xは、子育てをするひとり親世帯に支給される児童扶養手当が全額停止されてしまうことに納得がいかず、弁護士に聞いてみたところ、児童扶養手当法施行令に基づく併給調整であることや、児童扶養手当法がたびたび改正されてきたこと、新たな改正が予定されていて、ひとり親世帯の比較対象も子加算分と児童扶養手当に変わることがわかった。

Xは、どのような法的根拠をもって支給停止処分の違法性を主張できるだろうか。

1. 社会保障における併給調整とは何か？
2. 併給調整の適法性は、どのような基準で評価されるか？
3. 社会保障給付と民事上の損害賠償はどのような関係に立つか？

■ キーワード
併給調整、給付の調整、給付の制限、法律の委任、第三者の行為、慰謝料、民事上の損害賠償

■ 主要判例

判例 1・堀木訴訟：最大判1982（昭57）・7・7民集36巻7号1235頁［社会保障判例百選（第6版）2事件］

判例 2・児童扶養手当資格喪失処分取消請求事件：最判2002（平14）・1・31民集56巻1号246頁［社会保障判例百選（第5版）99事件］

判例 3・児童扶養手当支給停止処分取消請求事件：京都地判2021（令3）・4・16判時2532号33頁

判例 4・損害賠償請求（伸栄製機）事件：最判1966（昭41）・12・1民集20巻10号2017頁［社会保障判例百選（第6版）66事件］

一 事例を読む視点

本書第5章では、社会保険の加入や給付が実際に問題となる場面を設定し、社会保険に関係する具体的な手続や解釈を学んだ。続く本章では、社会保障給付のありようについて考える。

社会保障では、給付によって手続に差異があるものの、法律が定める受給要件を充足した場合、給付がなされる。しかし、社会保障制度が充実していくにしたがって、同一事由に対して、社会保障給付が重複する場面が生じるようになった。そのため、社会保障給付の調整が行われている。給付の調整は、社会保障法において権利義務関係を整理する概念であり、社会保障給付の減額や停止をもたらす。併給調整は、給付の調整の仕方の一つである。すでに学んだように、併給調整は、社会保障のありように関わる憲法上の重要な論点である（本書第1章参照）。そして、給付の調整や併給調整は、社会保障においてどのような対象者にどのように給付するかに関わる重要な問題である。

本章では、具体例をあげながら給付を制限したり調整したりする仕組みについて学び、特に併給調整について、その背景にある考え方や法的紛争を通じて理解する。そして、労災における民事上の損害賠償を例に、社会保障給付との調整についても理解を目指す。

二 社会保障給付の制限と併給調整

社会保障給付の受給権は、法律が定める受給要件を充たしたときに生じる。

受給要件は、年齢のように一律かつ明確な要件もあれば、対象者が所得や経済状況などを申告して、行政による確認を受けて確定する要件もある。

1　社会保障給付の制限

しかし、対象者の行為によっては、受給要件を充たしていたとしても、社会保障給付が支給されないことがある。例えば、医療保険では、故意に保険事故やその原因となる行為を行った被保険者には給付されない（健保16条、国保60条）。典型的には、被保険者の自傷行為である。こうした事由に該当する場合、医療保険から療養の給付が支給されないため、当該被保険者は、治療にかかる費用全額を自己負担しなければならない[1]。また、被保険者が偽りその他不正の手段を用いて給付を得ようとした場合や、被保険者が保険給付に関する保険者の調査を正当な理由なく拒否した場合も、保険給付の全部または一部が支給されない（健保120条・121条、国保62条・63条）。これらは、人為的な事故を排除する保険原理や、保険料拠出を行うインセンティブ、公平の観点などから正当化されるものであり、給付の制限として理解される[2]。給付の制限は、受給要件の有無に関わる問題であり、法律に明記される。

2　社会保障給付の重複と併給調整

一で述べたように、社会保障制度が充実するにしたがって、社会保障給付の重複により調整の必要性が生じるようになった。特に複数の金銭給付の間で行われる給付の調整を併給調整という。確かに、社会保障給付の受給権が重複して生じる場合、対象者やサービスを提供する事業者、支給決定に関わる行政に混乱や手続上のミス、漏給ないし濫給など様々な問題が生じる可能性があるため、事前に給付を調整するルールを定めておく必要がある。

後述するように、憲法25条に関する判例および通説によれば、国には、社会保障に関する広い立法裁量がある。そのため、社会保障給付が重複する場合に行う給付の調整においても、社会保障に関する国の立法裁量が認められる。そして、法律で明確に優先関係を定めていれば、法的には問題がないように思える。しかし、給付の調整は、社会保障給付が支給されなかったり減

1　精神障害など一定の原因による自傷の場合には保険給付の対象となる。
2　西村健一郎『社会保障法』（有斐閣、2003年）70頁。

額されたりする結果をもたらすため、形式上問題がないとしても、給付の対象者であった者からすれば、その方法および内容に対する疑問や不満が生じることは避けがたい。

3　堀木訴訟にみる併給調整

とりわけ、併給調整では、いずれかの金銭給付の全部ないし一部が支給されず、対象者に支給される給付総額が減る。一方で、併給調整は、社会保障に関する立法裁量に基づいて、政策上の目的や理由から行われるものである。そして、社会保障制度が進展するにしたがって、社会保障給付は重複しやすくなり、給付の調整が必要になると考えられる。実際に、堀木訴訟では、児童扶養手当の創設に伴って、福祉年金との併給調整の合憲性が争われた。

福祉年金は、国民年金法に基づいて1959（昭和34）年から支給されたいわゆる無拠出制年金である。そのうち、障害福祉年金は、当時すでに一定程度の障害を負っている者に対し、保険料の納付を求めずに、税財源で支給する年金であった。一方、児童扶養手当は、1961（昭和36）年に施行された児童扶養手当法に基づいて、ひとり親に対して支給される税財源の社会手当である。そのため、障害者であるひとり親は、障害福祉年金と児童扶養手当の両方を受給する法的地位に立ち得る。しかし、国は、いずれも税財源の社会保障給付であることや、所得保障という目的が共通していることから併給調整を行うこととした。当時の児童扶養手当法は、障害福祉年金の受給者には支給しない旨明記していた（4条3項3号）。具体的に、堀木訴訟は、障害福祉年金の受給者で生別のひとり親である原告が、児童扶養手当請求に対する却下処分の取消と児童扶養手当法の併給調整規定の合憲性を争った事案である。

堀木訴訟の一審（神戸地判1972（昭47）・9・20民集36巻7号1444頁）は、障害者であってひとり親である母子の生活が極めて困窮しやすく、児童扶養手当を併給できる他の世帯と比較して、併給を認めないことに合理的理由がないことを理由に、憲法14条1項に違反すると判断した[3]。一方で、二審（大阪高判1975（昭50）・11・10民集36巻7号1452頁）は、いわゆる明白の原則

---

[3]　この判断枠組みは、朝日訴訟で述べられた立法裁量から離れて、合理的な理由を問う差別に拠ろうとしたとの指摘がある（中村睦男『社会権の解釈』〔有斐閣、1983年〕53頁）。

に沿って違憲かどうかを判断するとしたうえで、児童扶養手当は稼得能力の低下又は喪失に着目した制度であり、母子福祉年金および障害福祉年金と同じ効用があり、障害福祉年金と併給調整することに問題はない、とした。併給調整の是非を判断するにあたって、二審は、併給調整の対象となっている給付の目的や機能、対象者などの性質を検討して、同じ性質であれば調整は当然であり認められる、という判断枠組みを採っている。

　大法廷判決である判例1においてもこの判断枠組みが維持され、「児童扶養手当は、もともと……母子福祉年金を補完する制度として設けられたものと見るのを相当とする」、「児童の養育者に対する養育に伴う支出についての保障であることが明らかな児童手当法所定の児童手当とはその性格を異にし、受給者に対する所得保障である点において……障害福祉年金と基本的に同一の性格を有するもの、と見るのがむしろ自然である」、「社会保障法制上、同一人に同一の性格を有する二以上の公的年金が支給されることともなるべき、いわゆる複数事故において……事故が二以上重なったからといって稼得能力の喪失又は低下の程度が必ずしも事故の数に比例して増加するとはいえないことは明らかである。……併給調整を行うかどうかは……立法府の裁量に属する事柄とみるべきである。……給付額の決定も、立法政策上の裁量事項であ」り、「低額であるからといって当然に憲法25条違反に結びつくものということはできない」と判示されている。

　判例1は、社会保障法における重要判例であり、憲法25条の解釈や併給調整についての先例となっている（本書第1章参照）。なお、本件で争われた併給調整の規定は、一審判決後に改正されて、併給が認められるにいたった。訴訟そのものは、処分時の法令を基に争うために継続されたが、改正によって同様の問題は生じず、障害者であるひとり親の経済状況が改善されることになった。このように、併給調整は、社会保障給付のありようにかかる政策上の判断から変更されることがある。

三　併給調整の争い方

　判例1以降、併給調整を争う裁判例は数多く提起されたが、いずれも同様の判断枠組みを採り、給付の性質が「同じ」または「異ならない」として併給調整を認める。確かに、社会保障において国に広い立法裁量があることを踏まえれば、併給調整についても裁量の逸脱、濫用が認められる可能性は低

い。もっとも併給調整の適法性や合憲性を争う余地がないわけではない。併給調整に不満がある場合に原告が取り得る主張としては、大きく二つ考えられる。

1　給付の性質と変化

　一つは、併給調整の対象である社会保障給付の性質が異なる、より正確には法改正によっていずれかの給付の性質が異なるようになり、現在は併給調整すべきではないという主張である。確かに、社会保障では新たな制度の創設や法改正が頻繁に行われるため、給付の性質が変容したと考えられる場面はありそうである。

　例えば、堀木訴訟で争われた児童扶養手当は、死別の母子世帯に対する母子年金・母子福祉年金をきっかけに創設された社会手当である[4]。その後、児童手当の創設を経て、母子福祉年金の補完的な役割を担いながら、母子福祉年金の引上げに連動する形で支給額が引き上げられた。そして、1985（昭和60）年改正では、児童の健全育成と自立の促進が目的規定に挿入されて、都道府県負担が導入されるとともに所得制限と減額支給（一部支給）が行われるようになった。支給額の大幅な変更や目的規定の変化、財政負担の変化などを捉えて、児童扶養手当は、母子福祉年金との対比ではなく、母子に着目した福祉制度に転換した、とする学説がある[5]。児童手当の性質が変われば、併給調整の対象となっているもう一つの社会保障給付の性質との異同が改めて問われることになる。

　堀木訴訟においても、給付の性質が法改正によって変化することは意識されていた。判例1において、最高裁は「児童扶養手当がいわゆる児童手当の制度を理念とし将来における右理念の実現の期待のもとに、いわばその萌芽として創設されたものであることは、立法の経過に照らし、一概に否定することのできないところではある」としつつ、生別の母子世帯への保障を直接の動機とする立法時の説明から、公的年金と同質であると解している。つま

4　堺恵『児童扶養手当制度の形成と展開』（晃洋書房、2020年）59頁以下。
5　福田素生「児童扶養手当の現状と課題」日本社会保障法学会編『講座社会保障法第2巻　所得保障法』（法律文化社、2001年）315頁、衣笠葉子「第8章　ひとり親家庭の所得保障」村中孝史ほか編『労働者像の多様化と労働法・社会保障法』（有斐閣、2015年）156頁、堺・前掲書（注4）165頁以下参照。

り、併給調整の対象である社会保障給付は、まったく同じ性質である必要がなく、異なる性質を含んでいても調整が認められることになる。そのように考えると、社会保障給付の目的や内容が大きく変わるような法改正があってもなお、併給調整が認められる可能性がある。

2　併給調整の方法と法律の委任

　もう一つは、併給調整を行う方法に着目する主張である。これまで確認してきたように、給付の制限や給付の調整は、おおむね法律に明記する形で行われている。一方で、近年、児童手当や児童扶養手当などの金銭給付において、対象者の経済状況に応じて給付額を変える一部支給が導入されるようになった。あわせて、対象者や経済状況を算定する項目など詳細について、命令で定めるようになっている。実際に、現行の児童扶養手当法は、政令で定めるところによる一部支給を定めつつ（13条）、併給調整についても「手当は……政令で定めるところにより、その全部又は一部を支給しない」と定める（13条の2）。併給調整を争う場合、このような政令の定めに着目して、政令が法律に適合していないとして、政令の法律適合性を問うことが可能である。

　判例2は、実際に児童扶養手当法による施行令への委任が争われた判例である。当時の児童扶養手当法4条1項は、1号から4号で父母の婚姻の解消、父の死亡、父の障害、父の生死不明にある児童を対象とするとともに、5号で「その他前の前号に準ずる状態にある児童で政令で定めるもの」としており、それを受けて児童扶養手当法施行令1条の2第3号は、「母が婚姻……によらないで懐胎した児童（父から認知された児童を除く）」としていた。本件は、同かっこ書きによって児童扶養手当を支給されなかった子をもつ母親が、同かっこ書きが児童扶養手当法の委任する範囲を逸脱しており違法であるなどと主張して、児童扶養手当の不支給処分の取消を求めた裁判例である。

　最高裁は、政令への委任を判断するにあたって、「その文言はもとより、法の趣旨や目的、さらには同項［児扶手4条1項］が一定の類型の児童を支給対象として掲げた趣旨や支給対象児童とされた者との均衡等をも考慮して解釈すべきである」と判示したうえで、児童扶養手当法が規定する対象児童は「世帯の生計維持者としての父による現実の扶養を期待することができないと考えられる児童」であり、施行令のかっこ書きに該当する児童も「認知

により法律上の父がいる状態にあったとしても依然として法4条1項1号ないし4号に準ずる状態が続いているものというべきである」とした。そのうえで、政令が法律の委任の範囲を逸脱しており無効であるとして、不支給処分を取り消した。判例2は、法律による政令への委任を争った先例であるものの、射程が明確とはいいがたく、併給調整の判例でもない[6]。しかし、命令によって具体的な基準が設定されて併給調整されている事案では、理論上、命令が法律の委任する範囲を逸脱するか否かを争うことが可能である。こうしたことから、判例2は、併給調整の方法によっては、参照されるべき先例となる可能性がある。

3　近時の裁判例と法令の改正

実際に、児童扶養手当と障害基礎年金の併給調整をめぐる近年の裁判例では、施行令が定める調整対象の妥当性が争われており、併給調整の内容とともに、政令への委任の適法性が争われた。

判例3は、児童扶養手当法が委任する施行令によって行われている併給調整が争われた裁判例である。本件当時、児童扶養手当法は、ひとり親世帯の併給調整について「政令で定めるところにより、その全部又は一部を支給しない」と定めていた（13条の2第2項）。そして、児童扶養手当法施行令は、ひとり親世帯で障害基礎年金に子加算がされている場合に本体部分および子加算分と児童扶養手当を比較して、ふたり親世帯で障害基礎年金に子加算がされている場合には子加算分と児童扶養手当を比較して、児童扶養手当のほうが低い場合には全額停止を行い、児童扶養手当のほうが高い場合にはその差額を支給すると定めていた。本件は、児童扶養手当の全額停止処分を受けたひとり親世帯の原告が、本体部分および子加算分を比較する施行令の定めが児童扶養手当法の委任する範囲を超えているなどと主張して、全額停止処分の取消を争った裁判例である。なお、判例3は事例の元となった裁判例である。

裁判所は、「平成26年改正により新設された法13条の2第2項……［の］趣旨は、同改正前は児童扶養手当全額について拠出制年金とは併給しないと

---

[6]　判例2は、堀木訴訟を引用ないし参照しておらず、併給調整における射程は明確になっていない（菊池馨実『社会保障法（第3版）』〔有斐閣、2022年〕57頁、笠木映里ほか『社会保障法』〔有斐閣、2018年〕360頁参照）。

されていたところ、実際に支給される額が児童扶養手当の額を下回ることがないようにする目的で、受給する公的年金給付の額に応じ、児童扶養手当の『全部又は一部』を支給しないこととして、具体的な併給調整の方法は政令に委ねたものと解するのが相当であ」る、「所得補償として同一の性格を有する障害基礎年金の本体部分と子加算部分を合算した額と児童扶養手当の額を比較する……という形で併給調整を行うことが著しく合理性を欠き裁量の逸脱・濫用に当たるということはできない」として、請求を棄却した[7]。

　判例3は、判例1を引用するものの、判例2を引用ないし参照せずに、政令に委任する法律の規定が解釈されて政令による併給調整に問題がないとした裁判例である。確かに、判例1によれば、社会保障における国の立法裁量は広く、併給調整における裁量も広いと考えられる。一方で、政令による併給調整は、理論上は行政裁量に属しており、同一に考えられないとの指摘がある[8]。また、判例3では、判例2において検討された併給調整の対象となる児童の比較も詳細には行われておらず、さらに、本体部分と子加算部分を合算すると相当高額になるため、ひとり親世帯では児童扶養手当が一部支給される可能性が存在しないといった批判がある[9]。

四　社会保障給付と損害賠償請求権との調整

1　社会保障給付と第三者の行為

　社会保障給付では、給付事由に関わる第三者の行為が問題となることがある。典型的には、第三者による損害賠償である。例えば、労災保険は、業務上の災害を理由とする労働者の死亡について、労働者の遺族に遺族補償給付を支給する（労災16条）。一方で、労働者の死亡について、事業主以外の第三者に故意または過失がある場合、遺族は、その第三者に対して損害賠償を請求できる。この法律関係において遺族が第三者から先に賠償を受けた場合、労災保険法は、その限りで給付しない旨定める（12条の4第2項）。つまり、

---

[7]　二審として、大阪高判2023（令5）・10・26LEX/DB25596799。二審も一審と同様に、政令による併給調整の適法性を認める。
[8]　尾形健「社会保障行政における委任立法をめぐって」同法75巻4号（2023年）399頁参照。
[9]　丸谷浩介「ひとり親障害者の児童扶養手当と障害基礎年金の併給禁止」賃社1788号（2021年）33頁。

労災保険の遺族給付は、第三者による賠償と調整されて、支給額が減額される。こうした給付と損害賠償の間の調整は、社会保障給付が他の債権と重なり合うことから生じるものであって、二重の損害填補を受けないためと説明される[10]。給付の調整は受給権者の権利の制限であるため[11]、法律に明記される。

2 労災保険における給付の調整と慰謝料

具体的に、労災保険における給付の調整をみてみよう。労災保険法は、労働基準法とともに以下のように調整を定める。第一に、労災保険から給付が行われた場合、事業主は補償の責任を免れる（労基84条1項）。また、事業主が補償を行った場合、同一の事由について民法に基づく賠償責任を免れる（同条2項）。第二に、事業主が補償を行った場合、労災保険は、保険給付に相当する分について給付しないことができる（労災附則64条2項）。第三に、第三者による労災において、労災保険が先に給付した場合、政府は労働者が第三者に対して有する損害賠償請求権を支給額の限度で代位取得する（労災12条の4第1項）。逆に、第三者から先に損害賠償を受けた場合、先述したとおり、政府はその限りで労災保険を給付しないことができる（同条2項）。

確かに、社会保障給付が実際に支給されるまでに手続や一定の時間を必要とすることから、社会保障給付と第三者による賠償は、状況によって相前後することがある。給付の調整は、労働者に対して給付ないし支払いを行った主体や順序が関係しており、実際に支払われた額に応じて具体的に調整される。

一方で、事業主や第三者が賠償請求に応じるか、応じたとしても請求額全額を支払うか、不明である。何より、事業主や第三者に請求するか否かは、労働者に委ねられている。また、第三者による賠償は、責任の認諾と関係するために、明確に賠償として支払われるとは限らない。例えば、労働災害では、事業主や第三者から、被災した労働者に金銭が支払われることがある。そこでは、今後予想される紛争をスムーズに解決する目的や謝罪を表す目的などから、被災に関する責任の有無や程度をひとまず措いて、見舞いや当座

---

10 岩村正彦『社会保障法Ⅰ』（弘文堂、2001年）82頁以下、笠木ほか・前掲書（注6）412頁参照。
11 菊池・前掲書（注6）89頁。

の費用を名目に金銭が支払われる。さらに、労働者が受け取った金額がそのまま社会保障給付と調整されるわけではないことに注意する必要がある。社会保障給付は、いわゆる慰謝料分を含まないからである。

　判例4は、労災保険給付と慰謝料との調整が問題となった判例である。本件では、業務中に交通事故によって負傷した被災労働者が交通事故の加害者と示談して支払いを受けた金銭について、事業主が、労働基準法が定める事業主の災害補償分から控除することを求めた。また本件は、①被災労働者が被災後に解雇されている、②加害者から支払われた金銭が慰謝料であることに争いはない、③交通事故の自賠責保険から支払いを受けた分の控除は労働者も認めている、といった事案上の特徴がある。裁判所は、「労働者に対する災害補償は、労働者のこうむった財産上の損害の填補のためにのみなされるのであって、精神的損害の填補の目的をも含むものではないから、加害者たる第三者が支払った慰謝料が事業主の支払うべき災害補償の額に影響を及ぼさない」として、慰謝料分の控除を認めなかった。つまり、損害賠償との調整では社会保障給付の目的が問われ、第三者から支払われた金銭と目的が重複する場合に、社会保障給付が調整されることになる。

五　本章での学びと事例への回答

1．社会保障における併給調整とは何か？

　併給調整は、同一の事由に対する社会保障給付（金銭給付）が重複する場合に行われる給付の調整であり、いずれかの給付の不支給や減額が行われる。併給調整では、社会保障給付の制度や目的をふまえて、併給調整の対象者や金額が変わることがある。

2．併給調整の適法性は、どのような基準で評価されるか？

　併給調整を争う先例として判例1があり、そこでは、併給調整を行うかどうかは立法府の裁量に属するとされており、結果的に広い裁量が認められている。併給調整は、社会保障給付の性質が同じ場合に行われており、これまで併給調整が違法とされた裁判は、最高裁では存在しない。

3．社会保険給付と民事上の損害賠償はどのような関係に立つか？

　社会保障給付は、原則として法律が定める受給要件を充足したときに支給

されるから、民事賠償とは別個に受給権が認められる。また、社会保障給付の受給権者は、損害賠償を請求できる場合であっても、それを強制されるわけではない。しかし、社会保障給付と、損害賠償における債権が重複する場合には、二重の損害填補を避けるために、社会保障給付の調整が行われる。一方で、社会保障給付には慰謝料分を含まないため、第三者から受けた損害賠償が慰謝料として支払われた場合には、社会保障給付の減額が行われないことになる。

事例への回答

これまでの裁判例によれば、Xは、大きく二つの主張を通じて、当該併給調整を争うことが可能である。一つは、併給調整の対象となっている児童扶養手当と障害基礎年金の給付の性質が異なっているために、併給調整すべきではないという主張である。児童扶養手当は、これまでの法改正によって目的規定や財源、支給対象が変わっており、給付の性質が変化したとみることもできる。もっとも、判例1の判断枠組みによれば、併給調整が違法となる余地は乏しいと考えられる。

もう一つは、併給調整の対象および金額を具体的に定める児童扶養手当法施行令が児童扶養手当法13条の2第2項が委任する範囲を逸脱しており、違法であるという主張である。検討にあたっては、法律の趣旨や目的、対象となっている児童の比較などを通じて、施行令の適法性が問われる。この主張についても判例1の射程を踏まえると、併給調整における国の裁量が認められる可能性がある。

なお、児童扶養手当法と同法施行令は2020（令和2）年に改正され、ひとり親世帯では、ふたり親世帯と同じように障害基礎基礎年金の子加算分と児童扶養手当を比較する方式に変更されている。

7 年金の給付水準と年金額の改定

菊池馨実

公的年金の持続可能性を図るためにどのような仕組みが設けられており、どのような法的課題があるのか？

> 公的年金制度は、2004（平成16）年改正により、将来的な保険料水準を固定するとともに、将来的に年金財政の均衡を図るため、マクロ経済スライドと呼ばれる新たな給付調整の仕組みを導入した。このことにより、少子高齢化がさらに進行しても年金財政は破綻することなく、持続可能な制度になったといわれている。このマクロ経済スライドには名目下限額が設定され、年金の名目額が引き下げられることはない。しかしながら、こうした仕組みの下では、年金制度の存続自体に不安がないとしても、将来年金を受給する世代が受け取る年金の水準が低下していくという課題を抱えているという。
>
> 公的年金を受給する権利は法的保護の対象となるのだろうか。将来的な給付水準の低下を食い止めるため、名目下限額を超えて年金支給額を減額する改正は許されるだろうか。

1．年金受給権の法的性格はどのように理解されているのか？
2．年金制度を将来にわたって持続可能にするため、どのような措置が講じられているのか？
3．年金の減額は法的に許されるのか。名目下限額を超える減額はどうか？

■ キーワード
裁定、年金受給権、基本権、支分権、特例水準解消、マクロ経済スライド、年金減額

■ 主要判例
判例1・労働者災害補償保険金給付請求上告事件：最判1954（昭29）・11・26民集8巻11号2075頁［社会保障判例百選（第5版）61事件］
判例2・本村訴訟：最判1995（平7）・11・7民集49巻9号2829頁［社会保障判例百選（第6版）45事件］
判例3・損害賠償請求（老齢福祉年金支給停止処分）控訴事件：広島高松江支判1981（昭56）・5・13訟月27巻8号1526頁

判例 4 ・森林法事件：最大判1978（昭53）・7・12民集32巻 5 号946頁
判例 5 ・証券取引法事件：最大判2002（平14）・2・13民集56巻 2 号331頁
判例 6 ・年金減額改定決定取消等請求事件：最判2023（令 5 ）・12・15民集77巻 9 号2285頁［社会保障判例百選（第 6 版） 4 事件］

一　事例を読む視点

　年金と呼ばれる制度として公的年金や私的年金（企業年金・個人年金）などがある中で、一般に社会保障制度と考えられているのは公的年金である。公的年金は、金銭給付を行うことにより所得保障の機能を担う中核的な社会保障制度として、老齢・障害・家計維持者の死亡といった要保障事由の発生に際し、重要な役目を果たしている。

　本章では、公的年金のおおまかな仕組みと、老齢年金を中心に、給付額がどのように算定されるのかを確認したうえで、年金受給権の法的性格を明らかにする。さらに公的年金を将来にわたって持続可能にするための諸制度を確認したうえで、年金支給額の減額が法的に許されるかについて考えてみよう。

二　年金の仕組みと給付額の算定

1　公的年金の仕組み

　公的年金は、国民年金（基礎年金）と厚生年金保険の 2 階建ての構造となっている。従前、自営業者等が加入する国民年金と、会社員等が加入する厚生年金のタテ割りになっていたのを改め、1985（昭和60）年改正により、20歳以上60歳未満の国民が 1 階部分で定額の国民年金（基礎年金）に加入し、厚生年金に加入する会社員・公務員などは 2 階部分で報酬比例の厚生年金が上乗せされる基本構造となった[1]。

　被保険者としては、国民年金が三つの類型、厚生年金保険が四つの類型に分けられる（国年 7 条 1 項各号、厚年 9 条各号）（図表 7 - 1 ）。

1　2015（平成27）年10月から、従来共済組合に加入していた公務員および私立学校教職員も厚生年金に加入している。

図表7-1　被保険者の類型

国民年金第1号被保険者	日本国内に住所を有する20歳以上60歳未満の者であって第2号及び第3号のいずれにも該当しない者
同　第2号被保険者	厚生年金保険の被保険者
同　第3号被保険者	第2号被保険者の被扶養配偶者（主として第2号被保険者の収入により生計を維持する配偶者）のうち20歳以上60歳未満の者
第1号厚生年金被保険者	第2号から第4号までに規定する被保険者以外の厚生年金保険の被保険者
第2号厚生年金被保険者	国家公務員共済組合の組合員
第3号厚生年金被保険者	地方公務員共済組合の組合員
第4号厚生年金被保険者	私立学校教職員共済制度の加入者

（出典）筆者作成

　年金給付には、大別すると老齢・障害・遺族給付の三つの類型があり、ごく大まかにいえば、それぞれ老齢・障害・家計維持者の死亡を契機として支給が開始される。このうち受給総額・受給権者数の多くを占めるのが老齢年金（通算老齢年金を含む）であり、2022（令和4）年度末現在、国民年金受給総額の92.2％、同受給権者数の93.3％、厚生年金保険（第1号被保険者）受給総額の76.6％、同受給権者数の81.8％を占めている[2]。

2　給付額の算定

　以下では、年金給付の中核ともいえる老齢年金に焦点をあて、給付額の算定方法について確認しておこう。
　老齢基礎年金は定額年金といわれるように、その年金額は、20歳から60歳まで40年（480月）フルに加入した場合、満額が支給される（国年27条。2025（令和7）年4月現在、月額6万9308円）。保険料未納月がある場合、その分減額される。ただし、保険料免除期間も国庫負担相当分が年金額に算定され、全額免除の場合、国庫負担相当分の2分の1が反映される。
　老齢厚生年金は報酬比例年金の性格をもち、平均標準報酬額の1000分の5.481相当額に被保険者期間の月数を乗じた額が年金額となる（厚年43条1

---

[2]　厚生労働省年金局「令和4年度　厚生年金保険・国民年金事業の概況」（2023（令和5）年12月）を基に筆者が計算したもの。

項)。ここでいう平均標準報酬額とは、標準報酬月額（被保険者の報酬月額を一定の等級ごとに設定された標準報酬月額に格付けしたもの。同20条）と標準賞与額（被保険者が賞与を受けた月における150万円を超えない部分。同24条の４）の合計額に別表各号に定める再評価率を乗じた額を当該被保険者期間の月数で除して得た額である。

三　年金受給権の法的性格

　それでは、年金を受給するための法的資格、つまり年金受給権について考えてみよう。年金を受給する権利は、法定の支給要件を充足することによって発生する。老齢基礎年金であれば、保険料納付済期間（保険料を納付した期間）と保険料免除期間（低所得等のため保険料の免除が認められた期間）を合算した期間が10年以上ある者が65歳に達することである（国年26条）。また老齢厚生年金についていえば、厚生年金の被保険者期間（最短１か月でもよい）を有し、老齢基礎年金を受けるのに必要な資格期間を充たすもの（保険料納付済期間と保険料免除期間を合算した期間が10年以上である者）が65歳に達することである（厚年42条）。

　ただし、こうした支給要件を充足するだけで、受給権が具体化するわけではない。厚生労働大臣による裁定（国年16条、厚年33条）と呼ばれる行為があってはじめて基本権たる受給権が具体化するものとされている。そのリーディングケースといわれるのが判例１である。本件は、公的年金とは異なるものの同じく社会保険である労働者災害補償保険法の保険事故が発生したとして、原告が国に対して労災保険給付金の給付請求を行った事案である。最高裁は「労働者災害補償保険法による保険給付は、同法所定の手続により行政機関が保険給付の決定をすることによって給付の内容が具体的に定まり、受給者は、これによって、始めて政府に対し、その保険給付を請求する具体的権利を取得するのであり、従って、それ以前においては、具体的な、一定の保険金給付請求権を有しないとした原判決の解釈は正当であって、独自の見解にたってこれを非難する論旨は採用できない」と判示して、原審を支持し上告を棄却した。

　その後最高裁は、判例２（本村訴訟）において、公的年金をめぐる未支給年金の帰趨について判断を行った。この事案は、亡Ａが国民年金法（1985（昭和60）年改正前）に基づく障害福祉年金および老齢年金の受給資格を有

していたところ、いわゆる併給調整規定に基づいて老齢年金の支給停止措置を受けたため、AがY（国）に対して未支給の老齢年金の支払いを求めて訴えに及んだ事案である。Aが第一審係属中に死亡したため、同人の子X（上告人）が、相続によりまたは同法19条1項の規定によりAの老齢年金請求権を取得し、原告たる地位を当然承継したと主張して訴訟手続の受継の申立てをし、さらに、原審で民事訴訟法による訴訟参加の申立てを行った。原審は、Xの原告たる地位の当然承継を認めず、Aの死亡により本件訴訟は終了したと宣言した第一審判決を維持し、Xによる訴訟参加の申立ても却下したため、Xが上告に及んだ。

最高裁は、未支給年金の相続財産性を否定するとともに、次のように判示して、Aによる社会保険庁長官への請求を経ていないとして、訴訟上の地位の承継も否定した。

国民年金法19「条1項所定の遺族……が所定の遺族に当たるとしてその権利を行使するためには、社会保険庁長官に対する請求をし、同長官の支給の決定を受けることが必要であると解するのが相当である。同法16条は、給付を受ける権利は、受給権者の請求に基づき社会保険庁長官が裁定するものとしているが、これは、画一公平な処理により無用の紛争を防止し、給付の法的確実性を担保するため、その権利の発生要件の存否や金額等につき同長官が公権的に確認するのが相当であるとの見地から、基本権たる受給権について、同長官による裁定を受けて初めて年金の支給が可能となる旨を明らかにしたものである。同法19条1項により遺族が取得するのは支分権たる請求権ではあるが、同法16条の趣旨に照らして考えると、右19条1項にいう請求は裁定の請求に準じて社会保険庁長官に対してすべきものであり……、これに対して同長官が応答することが予定されているものと解される。そして、社会保険庁長官の応答は、請求をした者が請求権を有する所定の遺族に当たるか否かを統一的見地から公権的に確認するものであり、不服申立ての対象を定めた同法101条1項にいう『給付に関する処分』に当たるものと解するのが相当である。したがって、同法19条1項所定の遺族は、社会保険庁長官による未支給年金の支給決定を受けるまでは、死亡した受給権者が有していた未支給年金に係る請求権を確定的に取得したということはできず、同長官に対する支給請求とこれに対する処分を経ないで訴訟上未支給年金を請求することはできないものといわなければならない」。

年金の支給は、支給すべき事由が生じた月の翌月から始め、権利が消滅し

た月で終わる（国年18条1項、厚年36条1項）。偶数月に年6回、前月分までが支払われる（国年18条3項、厚年36条3項）。したがって、受給権者が死亡した場合、そのタイミングによっては支給すべき年金が未払いとなる事態が生じ得る。そこでこうした未支給年金を法所定の遺族に対して支給するための仕組みが定められている（国年19条、厚年37条）。判例2は、これを相続とは別の観点から認められたものであるとして、未支給年金の相続財産該当性を否定した。

そのうえで判例2は上記のように判示し、未支給年金請求権を行使するためには、社会保険庁長官（その後の法改正により、現在では厚生労働大臣。以下同じ）への請求とこれに対する支給決定を必要とするものと解した。その前提として、本判決は、国年法16条に基づく基本権たる年金受給権について、同長官の裁定という行為を経て初めて具体化するとの理解に立っており、このことは、引用してはいないものの先にあげた判例1の立場を踏襲していると考えられる。さらに判例2は、受給権の発生を裁定に委ねている趣旨につき、「画一公平な処理により無用の紛争を防止し、給付の法的確実性を担保するため」であると判示した。ここでは、裁定の行政処分性が当然の前提とされ、その法的性質も、形成行為ではなく「確認」的行政処分であるとの理解に立っている。

こうした理解に基づき、法19条1項に基づく未支給年金の請求も、同16条の趣旨に照らして、裁定請求に準じて社会保険庁長官に対してすべきものであるとの解釈を導き出したのである。

判例2が示唆するように、裁定という手続を経て年金の支給が可能になるという意味合いをより正確に述べると、裁定により発生するのは基本権たる受給権であるのに対し、法19条1項により遺族が取得するのはすでに発生した各月分の支分権たる請求権である。この点につき判例3によれば、「具体的には各月の到来によって当該月分の支分権が生じるというべきであって、未到来の月についての支分権は未発生であり、従って、未到来の月の支分権は財産権又は既得権とはならない」とされている。

ただし、ここでいう財産権とは、国に対して具体的に請求可能な受給権という意味合いである。こうした既発生の支分権でなければ、憲法上の財産権保障（憲29条1項）の対象に一切ならないという意味ではない。後に述べるように、すでに裁定を受けた年金の給付水準の恣意的な切下げが無制限に認められるわけではなく、制度改正の際にも財産権保障をふまえた一定の歯止

めがかけられている。

　なお、必ずしも財産権保障の脈絡ではないものの、まだ裁定に至っていない段階、あるいは裁定を経て基本権が発生しているものの支分権は未発生の段階であっても、年金の受給利益が法的観点から勘案され得る法的紛争は他にもみられる。具体的には、第一に、事業主による厚生年金被保険者資格の届出義務懈怠、あるいは事業主による保険料納付義務懈怠により、得べかりし年金受給相当額の損害が生じたとして、労働者から事業主に対して損害賠償請求訴訟が提起されるケース（大阪高判2011（平23）・4・14賃社1538号17頁など）、第二に、不法行為の被害者の死亡に対し、当該死亡者が年金受給者であった場合、相続権者が得べかりし年金額相当分を逸失利益として請求し得るかが問題になるケース（老齢年金〔最判1993（平5）・9・21集民169号793頁〕、障害年金〔最判1999（平11）・10・22民集53巻7号1211頁〕につき肯定、遺族年金〔最判2000（平12）・11・14民集54巻9号2683頁〕につき否定）がある。

四　年金の持続可能性を確保するための措置

1　年金額のスライド

　老齢年金は、若い頃から保険料を納付し、高齢になって亡くなるまで給付を受ける超長期にわたる仕組みである。したがって、予測できない経済社会の変化や生活水準の向上に対応するため、実質的な価値を維持するための給付水準の保障が求められる。実際には、こうした実質価値の維持という考え方は、金銭給付にかかる他の社会保障制度の一部においてもみられるが（児扶手5条の2など）、年金の場合、以下のように、物価や賃金等の変動率に応じ、年金額の改定を毎年行うスライドの仕組みを講じてきた。

　経済成長の果実は、現役世代の賃金水準に反映され、保険料収入は賃金水準に連動するとの考え方から、新規裁定時には名目手取り賃金変動率に連動して年金額の可処分所得スライドを行う。その一方で、少子高齢化が急速に進展する中で将来世代の負担が過大とならないよう、既裁定者については物価水準の変動のみを反映することとし、消費者物価指数の変動率によってスライドを行う（国年27条の3、厚年43条の3）。厳密にいえば、ここでいう既裁定者に当たるのは、65歳支給を前提とすると65歳に達した年度から3年後の年度以降（すなわち68歳以降）であり、67歳以下が可処分所得スライド

の対象となる。

ただし、こうした原則には例外があり、保険料収入の支え手である現役世代の負担能力が低下している場合（物価＞賃金である年度）、既裁定者の改定率が新規裁定者の改定率を上回らないよう、新規裁定者の賃金変動率に合わせて改定することになっている（例えば、物価変動率＋2％、賃金変動率＋1％であれば、既裁定者も＋1％の改定、物価変動率－0.5％、賃金変動率－2％であれば、既裁定者も－2％の改定となる）。

2　調整期間とマクロ経済スライド

2004（平成16）年改正では、進行する少子高齢化を見据えて、将来にわたって年金制度を持続可能にするための年金財政のフレームワークが導入された。すなわち、給付と負担のあり方の見直しとして、①従来の給付水準維持方式（給付水準を固定し、そのために必要な保険料の引上げを行う仕組み）を改め、保険料水準固定方式（最終的な保険料水準を法定化し、その負担の範囲内で給付を行うことを基本に、情勢の変動に応じて給付水準を調整する仕組み）の導入（5年ごとに財政検証を行う）、②基礎年金の国庫負担割合の2分の1（従来3分の1）への引上げ、③従来の永久均衡方式を改め有限均衡方式への移行（すでに生まれている世代がおおむな年金受給を終えるまでの期間〔100年程度〕に財政均衡を図り、この期間の終了時に給付1年分程度の積立金を保有することとし、徐々に積立金を活用して後世代の給付に充てる）といった方策を講じた。これらに加えて、従来のスライドに加えて、新たな給付調整方式として導入されたのが、④マクロ経済スライドと呼ばれる方式である。

マクロ経済スライドとは、①社会全体の年金制度を支える力の変化（被保険者数の減少）、②平均余命の伸び、の二つの要因による給付費の増加というマクロでみた給付と負担の変動に応じて、自動的にスライド率を調整する仕組みである。詳細は以下の式で示され、基礎年金・厚生年金を問わず適用される（国年27条の4、27条の5、厚年43条の4、43条の5）。

　　新規裁定者＝1人当たり名目手取り賃金の伸び率－スライド調整率
　　既裁定者＝消費者物価指数の伸び率－スライド調整率
　　スライド調整率＝公的年金全体の被保険者数の減少率＋平均余命の伸びを勘案した一定率（0.3％）

この方式による給付額の調整は、最終的な保険料水準によって調達される

図表 7-2　マクロ経済スライドの仕組み
（賃金・物価が上昇した場合）

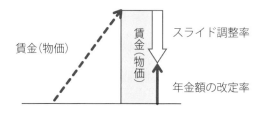

（賃金・物価の伸びが小さいまたはマイナスの場合）

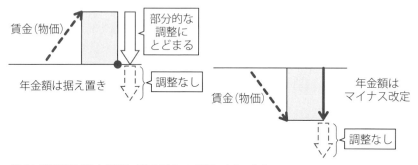

（出典）菊池馨実『社会保障法（第3版）』161頁図2を基に作成

　負担の範囲内で年金財政が安定する見通しが立つまでの間（調整期間）、行われる（国年16条の2、厚年34条）。財産権保障の観点から留意すべきなのは、賃金・物価の上昇が小さい場合、調整は名目額を下限とし、マイナスの伸びである場合、賃金・物価下降分のみ引き下げる点である（図表7-2）。この下限の設定は、憲法の財産権との関係等を勘案して導入されたものとされている[3]。

　ただし、こうした場合、本来発動されるべきマクロ経済スライドが完全には行われず、調整期間が長くなる事態を生じる。後述するように、調整期間が長くなればなるほど、将来的な給付水準が低下することとなる。そこで2016（平成28）年改正により、名目下限額の措置を維持しつつ、賃金・物価上昇の範囲内で前年度までの未調整分を含めて調整することとした（キャリ

---

[3] 第3回社会保障審議会年金部会（2011（平成23）年9月29日）資料2
「マクロ経済スライドについて」6頁。

ーオーバーといわれる）。

3　年金減額と財産権保障

　憲法29条1項で侵してはならないとされる財産権には、年金受給権などの公法上の権利を当然に含んでいる。ただし、同条2項は、「財産権の内容は、公共の福祉に適合するやうに、法律でこれを定める」とし、法律による制約を予定している。

　年金額のスライドは、法律の規定に基づく引下げであり、当然に財産権侵害であるとまでは言い難い。特にマクロ経済スライドは、先に述べたように名目下限額が設定され、実額が引き下げられることはない。

　もっとも、近時、年金額の名目額を引き下げる法改正も行われている。2000（平成12）年ないし2002（平成14）年度の3年度にわたり、物価が下落したにもかかわらず、国会は毎年度、特例法を制定して1.7％分の物価スライドを行わず高い水準に据え置いた（特例水準）。そこで年金の持続可能性の確保に踏み込んだ2004（平成16）年改正では、特例水準が本来の年金額（本来水準）に達するまで特例水準に基づくプラス（増額）のスライドを行わず、物価が下落した場合のみマイナス（減額）のスライドを行う旨の措置を講じた（2004（平成16）年改正法附則7条）。しかし、デフレ経済の状況下、なかなか特例水準の解消には至らず、同水準の解消を条件としていたマクロ経済スライドも発動できない事態が続いたため、2012（平成24）年国年法等改正法により、特例水準を3年間で段階的に解消する（年金額を減額する）こととし、ようやく2015（平成27）年度になってマクロ経済スライドが発動されるに至った（2012（平成24）年改正法による2004（平成16）年改正法7条の2および27条の2）。

　特例水準の解消を契機として、その合憲性などを争う訴訟が全国各地で提起された。結論的にはいずれも特例水準解消の憲法25条および29条違反などを主張する原告（控訴人）側が敗訴している。このうち憲法29条との関連では、高裁段階において、財産権の制約にかかる判断枠組みとして判例4（森林法事件）および判例5（証券取引法事件）にそれぞれ依拠して判断するものがみられた。前者の例として、高松高判2022（令4）・5・26判時2542号5頁は、「法律で一旦定められた財産権の内容を事後の法律で変更しても、それが公共の福祉に適合するようにされたものである限り、これをもって直ちに憲法29条1項に違反する立法ということができないことは明らかである。

そして、その変更が公共の福祉に適合するようにされたものであるかどうかは、一旦定められた法律に基づく財産権の性質、その内容を変更する程度、及びこれを変更することによって保護される公益の性質などを総合的に勘案し、その変更が当該財産権に対する合理的な制約として容認されるべきものであるかどうかによって、判断すべきである」と判示した（同旨・福岡高宮崎支判2022（令4）・11・16LEX/DB25594143）。

これに対し、後者の例として、東京高判2022（令4）・9・21LEX/DB25594431は、「法律で一旦定められた財産権の内容を事後の法律で変更しても、それが公共の福祉に適合するようにされたものである限り、これをもって憲法に違反するものということはできない。そして、当該変更が公共の福祉に適合するようにされたものであるかどうかは、規制の目的、必要性、内容、その規制によって制限される財産権の種類、性質及び制限の程度等を比較考量して判断すべきものである」と判示している。

憲法学説では、判例4および判例5の判断枠組みの捉え方やその射程につき様々な議論がある中で、両者は実質的に異なるものではないとの評価もみられたところ[4]、特例水準解消の事案で最高裁が初の判断を示したのが判例6である。

「特例水準は、それが生じた経緯に照らし、当初から、将来的に解消されることが予定されていたものといえる。このような特例水準による年金額の給付を維持することは、賦課方式（現在の年金受給権者に対して支給される年金給付の財源を、主に現役世代が負担する保険料によって賄う方式）を基本とする制度の下で現役世代に本来の負担を超える負担を強いることとなり、また、現役世代が年金の給付を受けるようになった際の財源を圧迫することにもつながるものと考えられる。そして、平成24年改正法の制定時には、今後、我が国の少子高齢化の進展に伴い、現役世代の保険料や税の負担能力が更に減少する一方で、支給すべき老齢年金の総額が更に増加することが合理的に予測されていたものである。

これらの点に加え、特例水準の解消が、我が国における少子高齢化の進展が見込まれる中で、世代間の公平に配慮しながら前記の財政の均衡を図りつつ年金制度を存続させていくための制度として合理性を有するものとして構築されたマクロ経済スライド制の適用の実現につながるものであることをも

---

[4] 平良小百合『財産権の憲法的基礎』（尚学社、2017年）251、256頁。

ふまえれば、特例水準によって給付の一時的な増額を受けた者について一律に特例水準を解消することは、賦課方式を基本とする我が国の年金制度における世代間の公平を図り、年金制度に対する信頼の低下を防止し、また、年金の財政的基盤の悪化を防ぎ、もって年金制度の持続可能性を確保するとの観点から不合理なものとはいえない。

以上によれば、立法府において上記のような措置をとったことが、著しく合理性を欠き、明らかに裁量権の範囲を逸脱し又はこれを濫用したものであるということはできず、年金受給権に対する不合理な制約であるともいえない」。

このように判示し、判例6は特例水準の解消につき、憲法25条および29条の合憲判断を併せて行い、合憲との結論を導き出した[5]。

こうした判示からすると、憲法25条の規定する内容を実現するための公的年金の支給水準引き下げにおける憲法29条の合憲性判断基準は、著しく合理性を欠くかどうかという相当緩やかなものにならざるを得ないことになろう。

それでは、特例水準とは異なりマクロ経済スライドはどう評価されるのだろうか。その合理性自体は、下級審判決でも認められている（仙台高判2022（令4）・8・23LEX/DB25593454）。ただし、先述したように、この仕組みには名目下限額が設定されており、賃金・物価の上昇が小さい場合、調整は名目額を下限とし、マイナスの伸びである場合、賃金・物価下降分のみ引き下げるとの限界が設定されている。2016年改正により、未調整分を翌年度に持ち越すキャリーオーバーといわれる仕組みが導入されたものの、調整の遅れは将来の受給者（すなわち現役・若者世代）の給付水準のいっそうの低下をもたらすこととなり得る。そこで、マクロ経済スライドの名目下限額を撤廃し、賃金や物価の伸びが低い年度であっても同スライドを実施すべきとの考え方が主張されている。こうした提案につき、どう考えたらよいのだろうか。

この点につき、広島高判2021（令3）・11・5LEX/DB25591506の判示部分が参考になる。同判決では、前述のように国年法4条、厚年法2条の2が年

5　この判決に付された尾島裁判官の補足意見によれば、憲法29条違反の主張に際し、「法廷意見が判示する上記年金受給権の内容等に照らせば、上告人らの主張の実質は、憲法25条違反の主張と大きく変わるところがないので」判例4および判例5の趣旨にも徴したうえ、「同条違反の主張と併せて判断すれば足りる」と説示している点が示唆的である。

金額の改定（政策スライド）を予定しており、「年金額が社会経済情勢等の変動により改定されることは国年法等が予定していることである。そのため、年金額がその後いかなる事情が生じても減額されないとの権利性を有するものではない。マクロ経済スライドは、現役人口の減少（保険料負担力の低下）と平均余命の伸び（給付の増大）というマクロの指標に応じて、給付水準を自動的に調整する仕組みであり、最終的な保険料水準による負担の範囲内で年金給付を行うことができる程度に年金財政が均衡することで長期的な見通しが立つまでの間適用されるものであるところ……、これは、少子高齢化といった社会経済情勢の変動を背景に、世代間の公平を図り、持続可能な公的年金制度を構築するために行われたものであるし、その内容は、社会経済情勢等の変動に応じて世代間のバランスを図りながら年金額を改定するに過ぎず、その根拠となった統計資料等が明らかに不合理であることを認めるに足る証拠はない」と説示している。

　こうした観点からすれば、急激な給付切下げが信頼保護ないし期待的利益の観点から問題になる場合がある（したがって、段階的な改定や経過措置などが求められる場合がある）としても、名目的な支給額に対する権利性を絶対的なものとして捉えることは困難と言わざるを得ないだろう。先の判例6の判示からも、著しく合理性を欠くと判断されない限り実額の切下げであっても合憲とされるという結論になりそうである。

　ただし、見方を変えると、判例6の判示は、マクロ経済スライドの名目下限額の設定など、財産権保障の観点から法改正に慎重な立場を採ってきた従来の立法府の姿勢と比較した場合、事実上支給額引下げにあたってのハードルを下げる（引下げを容易にする）要因になることも考えられる。

五　本章での学びと事例への回答

1．年金受給権の法的性格はどのように理解されているのか？

　年金受給権は厚生労働大臣による裁定と呼ばれる行為（行政処分）によって、基本権たる受給権が具体化するとともに、各月分の到来によって支分権たる受給権が発生する。ただし、裁定に至らない段階でも、年金の受給利益が法的に勘案される場合がある。

2．年金制度を将来にわたって持続可能にするため、どのような措置が講じられ

ているのか？

　年金には、その実質価値を維持するため、物価や賃金の変動率に応じ、年金額の改定を行うスライドの仕組みがある。さらに少子高齢化に対応するため、マクロ経済スライドの仕組みを導入することにより、給付水準を将来にわたって調整し、年金の持続可能性を図るための方策が講じられた。

3．年金の減額は法的に許されるのか。名目下限額を超える減額はどうか？

　公的年金は財産権保障（憲29条1項）の保障対象となるものの、著しく合理性を欠く場合でない限りにおいて、既受給者への減額も直ちに憲法違反となるわけではない。

事例への回答

　公的年金を受給する権利は法的保護の対象となり得る。したがって、著しく合理性を欠くような減額措置は憲法29条1項に照らして違憲となり得る。ただし、いわゆる特例水準の解消による年金支給額（実額）の引下げは合憲とされている。マクロ経済スライドによる支給水準の抑制も、少子高齢化に対処し制度の持続可能性を高めるための措置として認められる。マクロ経済スライドによる名目下限額を超えた減額も、同様に許容される余地がある。

　ただし、合憲であることと、あるべき適切な政策選択とは、切り分けて考える必要がある。とりわけ厚生年金よりも基礎年金における給付水準低下の影響が大きいと見込まれ、基礎年金への依存度が高い受給者（相対的な低年金者）への影響が懸念されている中では、マクロ経済スライドの名目下限額撤廃を行うことで公的年金の持続可能性を図るという選択肢以外にも、高齢期の所得保障をより充実させる方向での改革が選択肢となり得よう[6]。

6　この点で、2025（令和7）年改正に向けた議論の中で、基礎年金と厚生年金での終了時期に大きなズレを生じているマクロ経済スライドの調整期間の一致（基礎年金のマクロ経済スライドの早期終了）が提案され、その帰趨が注目される。

第2部

各 論

8 障害年金における障害等級認定と所得保障の必要性

常森裕介

所得保障制度において障害の有無と所得保障の必要性はどのように結びつけられるのか？

> Xは発達障害の診断を受け、2級の判定を得て障害基礎年金および障害厚生年金を受給している。Xは、他人とコミュニケーションをとることが苦手であり、パートタイム雇用での就職、離職を繰り返してきた。身のまわりのことを行うにも多くの場合援助が必要であり、外出時は両親に付き添ってもらうことが多い。テレワークが普及する中、Xはデータ入力の仕事を始め、半年以上継続している。また業務の指示もオンラインであるため、上記の仕事において人間関係のトラブルは発生していない。
>
> Xが、障害基礎年金および障害厚生年金の更新時に診断書の提出をしたところ、3級に該当するとして障害基礎年金の支給停止処分を受けた。Xはどのような主張が可能だろうか。

1. 障害年金はどのような人々を給付対象としているか？
2. 障害年金における障害等級はどのような基準で評価されるか？
3. 障害年金は障害者の所得保障として十分機能しているか？

■ キーワード

所得保障、障害基礎年金、障害厚生年金、初診日、精神障害、知的障害、発達障害、日常生活、障害者の就労

■ 主要判例

判例1・学生無年金訴訟（初診日要件）：最判2008（平20）・10・10集民229号75頁［社会保障判例百選（第6版）39事件］

判例2・障害基礎年金支給停止処分取消等請求事件（アスペルガー症候群）：東京地判2018（平30）・4・24判タ1465号119頁

判例3・障害基礎年金不支給処分取消請求事件（知的障害）：東京地判2018（平30）・3・14判時2387号3頁

判例4・障害年金不支給決定取消請求事件（双極性障害）：東京地判2017（平29）・1・24LEX/DB25545672

一　事例を読む視点

　働いて収入を得て、生活を営む過程で障害を負ったとき、仕事や生活に与える影響は人により多様である。障害を抱えながら働き続けられることもあれば[1]、就労を断念せざるを得ない、あるいは日常生活を営むことさえ困難になることもある。社会保障制度は、障害福祉サービスを提供することにより障害者の日常生活を支えるとともに、障害年金により所得保障を行っている[2]。

　日本の公的年金制度は、老齢、障害、（家計維持者の）死亡という複数のリスクに対し、それぞれ老齢基礎年金および厚生年金、障害基礎年金および障害厚生年金、遺族基礎年金および遺族厚生年金を通じて給付を行う。障害年金は公的年金制度の一部であり、被保険者資格や給付水準において、老齢年金や遺族年金と共通する部分をもつ。しかし、一定の年齢（65歳）に達したことをもって支給される老齢年金や、死亡を契機とする遺族年金と比較し、障害の認定は複雑かつ多様である。また、「障害」は症状が固定したことを一つの基準とするものの、実際には状態が変化するものであることにも留意しなければならない。他方で、障害年金の等級は障害基礎年金で二段階、障害厚生年金で三段階であり、障害の多様性が給付水準に与える影響は限定的である。すなわち社会保険給付として画一的な基準に基づく給付にならざるをえない半面、個々の障害の多様性に対応しなければならない点に、等級判定をめぐる法的紛争が生じる余地がある。

1　本章事例のXは、障害を抱えながら一般就労を継続している。障害者の就労には障害者の日常生活及び社会生活を総合的に支援するための法律（障害者総合支援法）に基づく就労（同5条13項、14項）だけでなく、障害者の雇用の促進等に関する法律（障害者雇用促進法）に基づく一般就労がある。また企業は障害者雇用促進法に基づき、一定の割合で障害者を雇用することを求められる（同法37条以下）。障害者の就労については菊池馨実ほか編著『障害法（第2版）』（成文堂、2021年）145～174頁〔小西啓文・中川純執筆〕を参照。

2　障害基礎年金および障害厚生年金の他にも、障害者に対する所得保障として、特別児童扶養手当等の支給に関する法律に基づく各手当がある。また、生活保護法に基づく障害者加算も障害者に対する所得保障として位置付けられる。菊池ほか編著・前掲書（注1）212～214頁〔福島豪・永野仁美執筆〕。

障害を負うことと、所得保障の必要性が生じることがどのように結びつくのかという点も重要である。公的年金の目的が老齢、障害、死亡により所得が減少あるいは喪失することに対して所得保障を行うことだとすれば、障害年金の支給原因は障害を負ったことそのものではなく、障害を負って、例えば働くことができなくなったことにより、所得が減少、喪失したことだといえる[3]。そうであれば、障害を負っても働いて所得を得られる人は、障害年金を受給することはできないのだろうか。現行の障害年金は働いているか否か、あるいは所得があるか否かではなく、あくまで障害の程度に応じて支給の可否を決める。確かに、働けるかどうかは就労環境に左右されることも多く判定が難しい。また所得の多寡により支給の可否を決めることは拠出に基づき定型的な給付を行う公的年金制度の設計と齟齬をきたす可能性がある。他方で、働いて所得を得られる人とそうではない人に同じく年金が支給されることが、障害による所得の減少、喪失を給付原因とする障害年金の趣旨目的に適うのか疑問も残る。

　以下では、障害年金の仕組みを確認しながら、障害認定が争われた事例を素材として、障害と就労、所得保障の関係について考えてみよう。

二　障害年金はどのような人々を給付対象としているか？

　障害年金は障害基礎年金と障害厚生年金から成る。障害基礎年金は、国民年金の被保険者を対象に定額の給付および子がいる場合加算を行うのに対し（国年30条、33条、33条の2）、障害厚生年金は厚生年金の被保険者を対象に報酬比例の給付および配偶者の加給年金の給付を行う（厚年50条、50条の2）。また障害基礎年金は1級、2級のみである（国年30条2項）のに対し、障害厚生年金は1級、2級、3級に区分される（厚年47条2項）。このように被保険者の違い等から給付内容が異なる一方、受給要件は共通している。第一に、障害の原因となる疾病や負傷に医師の診察を受けていること（初診日要件）、第二に、初診日の前日の時点で被保険者であること、第三に、保険料納付済期間（と免除期間を合算した期間）が被保険者期間の3分の2以上あることである（国年30条1項、厚年47条1項）。ただし当該初診日の属

---

[3]　福島豪「障害年金における障害等級」年金と経済42巻2号（2023年）31、35頁。

図表 8-1　障害年金制度の概要（2025年）

	障害基礎年金	障害厚生年金	条文	
保険者	国	国	国年3条、厚年2条	老齢年金と同様
被保険者	20歳以上60歳未満の者で、2号被保険者、3号被保険者でない者（1号被保険者）	適用事業所に使用される者（2号被保険者）	国年7条、厚年9条	
給付	1級　2級の1.25倍 2級　月額69,308円	1級　2級の1.25倍 2級　老齢厚生年金と同額	国年33条、厚年50条	
保険料	老齢年金と同様			

（出典）菊池馨実『社会保障法（第3版）』（有斐閣、2022年）152頁以下、170頁以下、日本年金機構 HP を基に筆者作成

する月の前々月までの直近1年間に保険料未納期間（保険料納付済期間および保険料免除期間以外の期間）がなければ保険料納付にかかる要件を充たす（国民年金法1985（昭和60）年改正〔昭和60年法律34号〕附則20条）。

　特に初診日要件は、障害年金の受給要件の特徴でもある。判例1は、「初診日」とは「その疾病又は負傷及びこれらに起因する疾病について初めて医師等の診療を受けた日」だということが文理上明らかであるとして、統合失調症において発症から医師の診察を受けるに至るまでの期間が長期化することから初診日要件を柔軟に解釈しうる旨判示した控訴審判決を取り消した[4]。

　では、障害等級はどのように決まるのだろうか。障害基礎年金および障害厚生年金は、各級の障害の状態を施行令および別表に委ねている（国年30条1項、国年令4条の6、厚年47条2項、厚年令3条の8）。1級、2級については障害基礎年金と障害厚生年金で共通の等級表が用いられ、3級の等級表は障害厚生年金のみに用いられる。等級表をみると、その多くが失われた身体的な機能の程度によって対象となる障害を定義し、1級と2級を区別していることがわかる。これら身体的機能に着目した基準を用いることのでき

---

[4] なお判例1は、本書第1章で紹介した学生無年金訴訟・最判2007（平19）・9・28民集61巻6号2345頁［社会保障判例百選（第6版）5事件］と同じく、年金未加入の状態で在学中に障害を負った者が原告となった事例であるものの、前者が初診日要件の解釈を争い、後者が立法の不作為の違憲性を争った点で異なるため、障害年金の認定に関する内容が中心となる本章では判例1のみ取り上げる。

る場合には、専門的な評価において多様性が認められるとしても、定型的に障害を認定することになじみやすい。

これに対し、身体的機能のみで障害を評価しない場合もある。例えば、図表 8-2 にあるように、1級には「身体の機能の障害又は長期にわたる安静を必要とする病状が前各号と同程度以上と認められる状態であって、日常生活の用を弁ずることを不能ならしめる程度のもの」（1級9号）とある。また2級には「身体の機能の障害又は長期にわたる安静を必要とする病状が前各号と同程度以上と認められる状態であって、日常生活が著しい制限を受けるか、又は日常生活に著しい制限を加えることを必要とする程度のもの」（2級15号）とある。

上記基準における「日常生活の用を弁ずることを不能ならしめる」あるいは「日常生活が著しい制限を受ける」といった状態はどのように評価されるのだろうか。機能障害や疾病が日常生活にどのような影響を与えるのかということは、障害や疾病の程度だけでなく、個々の障害者がどのような日常生活を送っているかにより決まる。ただし、社会保険制度に基づく給付であるため、個々の障害者の多様な生活を調査し、日常生活ができない、あるいは著しい制限を受けるか否かを個別に評価することは想定されていない。そのため一般的な「日常生活」を想定し、定型的に把握された障害や疾病と組み合わせて、不能あるいは著しく制限されるかという点について評価することになる。

そのため、障害等級表に該当するか否かを評価するために、障害認定基準が用いられる。例えば発達障害の場合には「発達障害があり、社会性やコミュニケーション能力が乏しく、かつ、不適応な行動がみられるため、日常生活への適応にあたって援助が必要なもの」が2級に該当する場合として例示されるとともに「日常生活能力等の判定に当たっては、身体的機能及び精神的機能を考慮の上、社会的な適応性の程度によって判断するよう努める」ことへの留意が求められる[5]。

このような障害等級表および障害認定基準に基づく障害等級の判定には次の点で課題がある。一つは判定そのものが困難となる局面である。特に内部障害や精神障害が日常生活に及ぼす影響は多様であり、認定基準を当てはめるだけで認定することは難しい。またそもそもどのような日常生活を想定す

---

[5] 「障害認定基準」（2022（令和4）年4月1日改正）61～62頁。

図表 8 - 2　障害等級の評価

1級の9	身体の機能の障害又は長期にわたる安静を必要とする病状が前各号と同程度以上と認められる状態であって、日常生活の用を弁ずることを不能ならしめる程度のもの
2級の15	身体の機能の障害又は長期にわたる安静を必要とする病状が前各号と同程度以上と認められる状態であって、日常生活が著しい制限を受けるか、又は日常生活に著しい制限を加えることを必要とする程度のもの
3級の12	身体の機能に、労働が著しい制限を受けるか、又は労働に著しい制限を加えることを必要とする程度の障害を残すもの
3級の13	精神又は神経系統に、労働が著しい制限を受けるか、又は労働に著しい制限を加えることを必要とする程度の障害を残すもの

(出典)「国民年金法施行令別表　厚生年金保険法施行令別表第1及び第2」より抜粋

るのかという問題も残される[6]。もう一つは、日常生活能力との関係で障害等級を認定することの妥当性である。そもそも障害年金の目的が、障害により所得の減少が生じた場合に所得保障を行うことだとすれば、日常生活能力を基準とする評価が上記障害年金の趣旨目的に適うのかという点が問題となる[7]。なお、3級の等級表は労働に対する制限等を基準としているものの、「身体の機能に、労働が著しい制限を受けるか、又は労働に著しい制限を加えることを必要とする程度の障害を残すもの」（3級12号）といった基準に基づく判定が困難であるという点で、日常生活と関連付けた場合と同様の課題を残す（厚生年金保険法施行令別表参照）。

これら制度の概要と課題をふまえて、障害年金の等級判定をめぐる裁判例をみてみよう。

三　障害年金における障害等級はどのような基準で評価されるか？

障害年金の等級判定において紛争が生じやすい分野として、精神障害、知

6　「日常生活能力」とは「日常生活動作能力」（例えば椅子に座る等）を指すとされている。「日常生活能力」の定義や限界付けについて、安部敬太「障害年金の等級認定の歴史的変遷」日本年金学会誌38号（2019年）70〜71頁。
7　日常生活能力と労働能力の関係について、福島・前掲論文（注3）33〜34頁。

的障害、発達障害をあげることができる。以下の裁判例でみられるように、これらの分野では、個体差が大きいだけでなく、周囲の環境が障害の状態に与える影響も十分考慮する必要があるため、障害等級の判定が困難な局面が生じる。

判例2は、アスペルガー症候群による障害をもつ原告が、障害等級2級の認定を受けていたが、3級相当になったとして、障害基礎年金の支給を停止する旨の処分を受け、同処分の取消を求めたものである。同判決は認定基準において「アスペルガー症候群……を含む発達障害の場合について、社会行動やコミュニケーション能力の障害により対人関係や意思疎通を円滑に行うことができないことに特に着目すべきものとされ、『社会性やコミュニケーション能力が乏しく、かつ、不適応な行動がみられるため、日常生活への適応にあたって援助が必要なもの』と認められる場合には障害等級2級に相当するものと例示されている」ことをあげ、原告について「社会性やコミュニケーション能力が乏しいことにより、通勤以外の外出、社会生活に必要な諸手続、職場での意思疎通など、日常生活において対人関係が必要となる様々な面での制約が生じている」と指摘し、強迫観念等により上記制約が一層困難なものとなり、日常生活の様々な場面で両親の援助や指導が必要であることから、障害等級2級に該当するとして、取消請求を認容した。

判例2の事案の特徴として、対人トラブルを抱えつつ、ひとり暮らしをしながら就労を続けていたことがあげられる。しかし、判例2は、労働能力に着目する3級と日常生活能力に着目する2級では基本的視点を異にすると述べたうえで、アスペルガー症候群を含む発達障害の障害等級認定において、社会性やコミュニケーション能力に特に着目すべきものとされている点を指摘する。判例2は次のように述べ、認定基準を考慮している。「発達障害を有する者について障害等級の認定をするに当たり、食事や身のまわりのことなど日常生活上の基本的な行為に援助を要するか否かを考慮に入れることが妨げられるものではないが……発達障害の特性上、知能指数が高いため日常生活上の基本的な行為には援助を要しないとしても、社会性やコミュニケーション能力が乏しく不適応な行動がみられるために日常生活への適応に当たって援助を要し、その結果、日常生活が著しい制限を受けるものと評価される余地はあるといえるから、このような発達障害の特性を十分に踏まえた上で障害等級の認定をすべきものである」。すなわち判例2は、認定基準に沿って、類型化された障害の特性を重視することで、定型的な障害等級判定の

中で個々人の特性と生活への影響を考慮している。

　判例2の上記判示をみると、障害等級表と認定基準を根拠としつつ、それらが示す基準はあくまで例示であるとの認識の下、特定の時点の就労や生活状況だけでなく、個々の障害者の成育歴やキャリアも含めて総合的な判断を行っている。障害者がどのように成長発達してきたのか、あるいは教育や就業経験を積み重ねてきたのかという点に関する事実の認定は、障害者がどのように周囲と関わり、そのことにより障害の状態がどのように変化したのかという評価に影響を及ぼす。

　判例3も、認定基準に沿って、知的障害をもつ原告が2級に該当すると結論付けた。同判決は、被告側が知能指数を考慮すると2級には該当しない旨主張したことに対し「障害認定基準によれば、知的障害に係る障害等級の認定については、知能指数のみに着眼することなく、日常生活の様々な場面における援助の必要度を勘案して総合的に判断すべきであり、知的障害が軽度であるからといって、直ちに障害等級2級に該当しないとすべきものでは」ないと述べる。

　知能指数は、障害者の能力を身体的機能に基づいて客観的に把握するための指標の一つにすぎない。同判決のいう援助の必要度は、家族や職場、その他障害者を支える周囲の人々の関係の中で具体化、可視化されるものである。すなわち、障害等級の判定において、数値化可能な指標にのみ着目するのではなく、日常生活の中で何ができるのかに着目するためには、個々の障害者の具体的な生活を詳細にみる必要があるといえる。

　ただし、訴訟であれば多様な事実を検証し事実認定を行うことができる一方、現行制度の基準をみればわかるように、個々の障害者の日常生活上の能力を一つの基準で評価することは容易ではない。また、数値化を含めた客観的な指標を設定するのが難しい日常生活上の能力の評価において、どのように公平性を担保するかという点も問題となる。

　個々の障害者を取り巻く環境を具体的に検討するという点では、労働能力に対する評価も同様である。判例4は、双極性障害をもつ原告が、障害厚生年金の不支給処分を受けたことに対して、障害等級3級に該当するとして、不支給決定の取消しを求めた事案である。原告が、休職中ではあったものの厚生年金の被保険者資格を維持し、1時間かけて通勤しエンジニアとして就労していた等の記載から「本件障害認定日の時点において、原告の労働が制限を受けていなかった可能性をうかがわせる事実が存在することは確かであ

る」と述べたうえで、次のように判示し、原告の請求を認容した。

「認定基準においても……そううつ病は、本来、症状の著明な時期と症状の消失する時期を繰り返すものであるから、現症のみによって認定することは不十分であり、症状の経過及びそれによる日常生活活動等の状態を十分考慮するものとされているところ」（休職と復職を繰り返す間に欠勤や遅刻を重ねていたことから）「原告の勤務状況からは、本件傷病により原告の労働が制限を受けるものであったことがうかがわれる」。

同判決は、認定基準をふまえ、3級における労働の制限の有無および程度を評価する際、そううつ病の特性をふまえ認定時点の症状だけでは不十分であると判示しただけでなく、労働の制限の評価において日常生活の状態を考慮している。もちろん、労働の制限を評価するにあたり、雇用契約上の地位や賃金額、職務内容は重要であるものの、障害の程度、日常生活、労働といった複数の要素を勘案していることがわかる。このように障害等級判定において、就労を日常生活の一部と捉えるのか、日常生活とは別の活動とみるかという点が課題として残されている。

四　障害年金は障害者の所得保障として十分機能しているか？

本章であげた判例は、いずれも障害認定基準を参照しながら、障害それ自体だけでなく日常生活上どの程度援助を必要とするか、あるいはどのような職業上のキャリアを形成してきたかという点も含めて障害等級の評価を行っている。

判例1の多数意見は、初診日を要件とした理由について次のように述べる。
「国民年金事業を管掌する政府において個々の傷病につき発症日を的確に認定するに足りる資料を有しないことにかんがみ、医学的見地から裁定機関の認定判断の客観性を担保するとともに、その認定判断が画一的かつ公平なものとなるよう、当該傷病につき医師等の診療を受けた日をもって障害基礎年金の支給に係る規定の適用範囲を画することとした」。

ここで述べられている目的のうち、客観性を担保し、認定判断が画一的かつ公平なものとなることは、初診日要件だけでなく、障害年金あるいは公的年金全体に当てはまる内容である[8]。障害等級表だけでなく認定基準を用いて障害等級の判定を行う仕組みは、画一的かつ公平な評価を担保するためのものだといえる。本章であげた各判例も、これらの基準に沿って評価するこ

とで、上記の仕組みを肯定している。

　一方、障害の現れ方は多様であるため、障害の評価において画一的な評価を貫徹できない場合がある。判例1では前述の制度目的および文理解釈から「初診日」をはじめて医師の診察を受けた日だと結論付けた。しかし、判例1の今井反対意見は次のように述べる。
「一般の疾病については、発病すれば何らかの自覚症状があり、発病後遠くない時期に医師の診療を受けるのが通例であるのに対し、統合失調症の場合には、患者に病識の欠如があるのがこの疾病の特色であること、発病当初は統合失調症に特有の症状は現れにくく、ある程度の期間が経過した後に特有の症状が現れることから、患者はもちろん、周囲の者からも発病したことが認識し難く、場合によっては医師でも正確な診断は困難な場合があること等の疾病の性質から、類型的に見て、発病後速やかに医師の診療を受けることが期待し難いため、一般の疾病と違い、発病したからといって、早期に医師の診療を受けるという実態は少なく、医師の診療を受けるのは、発病後ある程度の期間をおいてからであることが通例である」[9]。

　上記判示では、統合失調症という精神障害の特徴に着目することで、「初診日」の解釈について、初めて医師の診療を受けた日であるという以外の解釈の可能性を示している。確かに、多数意見が述べるように、「初診日」を発症日と解釈することにはやや無理があるともいえる。ただし、ここで重要なのは「初診日」という一見すると一義的な解釈が可能であると思われる要件でさえ複数の有力な解釈が存在し、その背景には障害という概念そのものの多義性があるということである。

　障害年金は、老齢年金や遺族年金と同様、社会保険給付として要件充足の有無を公平に判断することが求められ、その方法として画一的な基準による判定を用いている。ただし、その基準で用いられる語（例えば「日常生活」）の解釈は多義的にならざるを得ず、障害等級の判定においては、文言解釈と

8　判例1の判断の背景について片桐は「膨大な処理件数をかかえる年金実務の遂行のために、解釈の余地のない一義的、機械的な基準の必要性を指摘することができる」と述べる。片桐由喜「判批」（判例1）岩村正彦編『社会保障判例百選（第5版）』（有斐閣、2016年）73頁。

9　なお今井反対意見は、判例1で問題となったのが20歳前障害を対象とする給付であることから、20歳以上を対象とする給付と異なり社会福祉原理がはたらくという重要な指摘も行っている。

しての法解釈の技術だけでなく、障害や障害者の生活に対する理解が必要となる。法解釈において、ニーズを抱える人々の生活を具体的にイメージすることが重要であるというのは、例えば本書第9章で取り扱う遺族年金の配偶者性や生計維持要件の解釈も含めて、多くの社会保障給付について当てはまる。

五　本章での学びと事例への回答

1．障害年金はどのような人々を給付対象としているか？

　障害年金は社会保険給付であるため、被保険者であることおよび保険料を拠出していることが基本的な要件となる。また医師の診察を受けた日を基準とする初診日要件と初診日要件に関する先例の解釈も、障害年金の定型性を支えている。

2．障害年金における障害等級はどのような基準で評価されるか？

　日常生活上の能力や就労に関する能力については障害等級表や障害認定基準といった評価基準が存在し、判例でも行政基準が重要な考慮要素の一つとなる。他方で、評価基準そのものだけでなくその運用が画一的、硬直的になる可能性をふまえると、障害特性や障害の状態の変化、障害者を取り巻く環境も含めた総合的な評価が求められる。特に精神障害、知的障害、発達障害といった領域では、個々の障害者の生活環境の検討が欠かせない。

3．障害年金は障害者の所得保障として十分機能しているか？

　障害年金が、障害者の所得保障ニーズを充足するためには、共通の基準を用いて公平性を担保するだけでなく、基準の解釈において、障害の特性や障害者の生活を十分考慮することが必要になる。先例における「初診日」という文言の解釈をめぐる議論は、この問題を考える契機となる。

事例への回答

　Xが従前2級と判定されていたのは「身体の機能の障害又は長期にわたる安静を必要とする病状が前各号と同程度以上と認められる状態であって、日常生活が著しい制限を受けるか、又は日常生活に著しい制限を加えることを必要とする程度のもの」（2級15号）に該当するとされていたためだと考え

られる。そのため、更新時のXの状態が「日常生活が著しい制限を受ける」ものであるかどうかが問題となる。

　本事例の中でXは身のまわりのことを行う際に援助が必要であり、対人コミュニケーションが困難であることや、外出時に付き添いが必要である点も含めて日常生活に制約を受けているといえる。

　また、Xの就労の状況をどのように評価するかという点も問題となる。労働への制約を受けるか否かは3級該当性判断では検討対象となるものの、2級では直接的な評価の対象とはならない。そのため、Xがオンラインでやり取りする形態で就労を継続していることを、日常生活に対する制約の有無という文脈に位置付けて評価する必要がある。

　以上をふまえると、オンラインで就労をしている点は、日常生活で制約を受けていないと評価することも可能であるものの、他人とのコミュニケーションが困難であることや身のまわりの援助が必要であること、外出時に付き添いが必要であることと併せて考えると、日常生活全体で大きな制約を受けているため2級に該当すると考えることは可能であると考えられる。

9 遺族年金と配偶者性

常森裕介

遺族年金の給付対象である遺族のうち、主な対象である「配偶者」は、どのような観点から認定されるのだろうか？

> Xは、20年前に夫であるAが家を出てから、離婚することができないまま、別居し生活していた。AからはXの口座に1年に一、二度数万円の振り込みがあり、Xは生活費の援助だと理解し受け取っていた。XはAの死亡後、Aには同居していた女性Cがおり、Cが、自分は「配偶者」に当たるとして遺族厚生年金の申請をしたことを知った。
>
> Xは、Aとは離婚しておらず、Xの家計は上記振込に依存していたから、遺族厚生年金の受給資格があると主張している。
>
> Xの主張は認められるだろうか。

1. 遺族年金の受給要件はどのように定められているのか？
2. 遺族年金の「配偶者」該当性はどのように判断されるのか？
3. 「生計維持要件」充足の有無はどのように判断されるのか？

■ キーワード
　遺族厚生年金、配偶者性、生計維持要件、収入要件、生計同一要件、重婚的内縁関係、近親婚、DV

■ 主要判例
　判例1・遺族年金却下取消請求事件（重婚的内縁関係）：最判1983（昭58）・4・14民集37巻3号270頁［社会保障判例百選（第6版）41事件］
　判例2・遺族共済年金不支給処分取消請求事件（重婚的内縁関係）：最判2005（平17）・4・21集民216号597頁
　判例3・退職金等請求事件（事実上の離婚状態）：最判2021（令3）・3・25民集75巻3号913頁［社会保障判例百選（第6版）53事件］
　判例4・遺族厚生年金不支給処分取消請求事件（近親間の内縁関係）：最判2007（平19）・3・8民集61巻2号518頁［社会保障判例百選（第6版）42事件］
　判例5・遺族厚生年金不支給処分等取消請求事件（DV）：東京地判2019（令1）・12・19判時2470号32頁［社会保障判例百選（第6版）40事件］

一　事例を読む視点

　世帯の家計を支えていた稼ぎ手が亡くなったとき、残された遺族は困窮状態に陥るリスクを抱えることになる。そのため、社会保障制度では稼ぎ手の死亡に伴う遺族の生活保障を目的として、遺族に対して給付を行う。遺族年金は、国民年金、厚生年金の他、労災保険等複数の制度に組み込まれた給付である。これらは社会保険であるため、被保険者である家計維持者の死亡を保険事故として、遺族に給付を行う制度だと説明できる。遺族年金は、老齢年金や障害年金と異なり、被保険者自身が受給者ではない点に一つの特徴がある。

　遺族年金の受給者たる「遺族」は複数存在し得る。配偶者や子、あるいは親も一般的な意味では遺族である。上記いずれの制度も、これら遺族に順位をつけ、上位に位置する者が受給要件を充たさない場合には、下位の者が受給する仕組みを採用する。例えば遺族厚生年金の場合には配偶者および子が最も優先順位が高い。この順位はひとまず、被保険者が死亡することで生活保障の必要性が高い順と理解することができる。ただし、受給者は一人である点に注意が必要である。配偶者が受給し、子とともに遺族年金により生活することで子もまた間接的な受益者となるものの、あくまで受給するのは配偶者である。このように受給者を一人に決めなければならない点に、法的紛争の余地が生じる。

　特に問題となるのは配偶者である。「配偶者」を法律婚の配偶者に限定するのであれば、問題が生じる余地は少ない。しかし、例えば遺族厚生年金は「事実上婚姻関係と同様の事情にある者」すなわち事実婚の配偶者も遺族年金における配偶者となり得ると規定している（厚年3条2項）。そのため、法律婚の配偶者と事実婚の配偶者のいずれが遺族年金を受給できるのかをめぐって紛争が生じうる[1]。また遺族厚生年金の受給のためには、生計維持要件を充たす必要がある。生計維持要件は収入要件と生計同一要件から成り、収入要件が一定程度客観的に定められる一方、生計同一要件は生活や家族のあり方が多様であるがゆえに、しばしば紛争の原因となる[2]。

　本章では、配偶者性をめぐる判例を素材として、遺族年金が遺族の生活保障においてどのような役割を果たしているのか、また遺族年金についてどのような制度設計が求められるのか考える。

二　遺族年金の受給要件はどのように定められているのか？

　本章で主として取り扱うのは厚生年金保険法に基づく遺族厚生年金である[3]。遺族厚生年金は家計維持者の死亡を保険事故として設計された現金給付である。遺族厚生年金における遺族とは、死亡した被保険者の配偶者、子、父母、孫または祖父母であり、配偶者および子が優先的に受給権を得る。厚生年金保険法は、上記いずれかの立場にあるだけでなく、「被保険者又は被保険者であつた者の死亡の当時……その者によって生計を維持したもの」（59条1項）であることを受給要件とする。すなわち、同法に基づく「遺族」として遺族厚生年金を受給するためには、上記の立場にあるだけでなく生計維持要件を充足する必要がある。

　遺族の類型のうち、その該当性が争われる余地が大きいのが配偶者である。厚生年金保険法は「この法律において、『配偶者』、『夫』及び『妻』には、婚姻の届出をしていないが、事実上婚姻関係と同様の事情にある者を含むものとする」（3条2項）と規定する。「事実上婚姻関係と同様の事情にある者」すなわち事実婚のパートナーも「配偶者」等として遺族厚生年金を受給できるということである。ただし「事実上婚姻関係と同様の事情にある」か

1　重婚的内縁関係の場合、法律婚の配偶者の生計維持要件充足が認められなければ、事実婚のパートナーも含めて両者ともに受給権を得られないこととなる。そのため、法律婚の配偶者と事実婚のパートナーとの間で権利を分配すべきとの主張もなされている。笠木映里ほか『社会保障法』（有斐閣、2018年）142頁〔嵩さやか執筆〕。一方で、両者の間の権利の分配については、婚姻法秩序との関係、支給額が低額になる可能性があること、裁定の難しさといった点で困難があると指摘される。柴田洋二郎「判批」（判例1）岩村正彦編『社会保障判例百選（第5版）』（有斐閣、2016年）75頁。これらは本章では扱いきれない立法政策上の問題であるものの、本章であげる判例が提起する法解釈をふまえて考えてみてほしい。

2　収入要件を含めて、生計維持要件をめぐる裁判例の動向について菊池馨実「判批」（判例5）社会保障研究6巻3号（2021年）310～312頁、配偶者性判断と生計維持要件充足の判断の関係について、黒田有志弥「判批」（東京地判2016（平28）・2・26判時2306号48頁）社会保障研究2巻1号（2017年）114～115頁。

3　遺族基礎年金は国民年金の家計維持者たる被保険者の死亡により給付され（国年37条）、例えば定額給付である点（同38条）、子のある配偶者若しくは子が受給者となる点（同37条の2）で遺族厚生年金と異なる。

否かを決めるのは容易ではなく、後述する判例のように重婚的内縁関係や民法が定める婚姻の規範に抵触する可能性がある場合など、個々の事例により判断要素も異なる。

　生計維持要件は、収入要件と生計同一要件から成る。収入要件は年収850万円未満が基準となる[4]。生計同一要件は、配偶者および子の場合、住民票上世帯を同一にしている、あるいは住民票上世帯を異にするが、住民票上住所が同一である場合は要件を充足する。問題は住民票上住所が異なっている場合である。

　運用基準によれば、住民票上住所が異なっていても「現に起居を共にし、消費生活上の家計を一つにしていると認められるとき」あるいは「単身赴任、就学又は病気療養等の止むを得ない事情により住所が住民票上異なっているが」、「生活費、療養費等の経済的な援助が行われていること」「定期的に音信、訪問が行われていること」といった事情が認められ、これらの事情が消滅したときは起居をともにし、消費生活上の家計を一つにしていると認められるときには生計同一要件を充たしていると認められる[5]。

　生計維持要件充足の有無は、必ずしも定型的に判断されるわけではない。起居をともにするとは、具体的にどのような生活のあり方を指すのか、経済的な援助や音信、訪問はどのような方法を用いたとしても上記要件を充たすことになるのか。生計同一要件が対象とする共同生活や家計管理の形態は多様であり、個々の事例に沿って判断するしかない。他方で、社会保険給付であることから、画一的、客観的な評価が求められる。

三　遺族年金の「配偶者」該当性はどのように判断されるのか？

1　遺族の生活保障と配偶者性

　前述のように、厚生年金保険法は「事実上婚姻関係と同様の事情にある者」に遺族厚生年金の受給権を認めている。同時に、法律婚であっても夫婦間の関係が形がい化している場合には、受給権を得る配偶者とみなされない場合もある。判例1は、厚生年金保険法と同様の規定をもつ農林漁業団体職

4　「生計維持関係等の認定基準及び認定の取扱いについて」（2011（平23）・3・23年発0323第1号）。
5　前掲（注4）2011（平23）年通知。

員共済組合法に基づく配偶者該当性が問題となった事案である。判例1は、次のように述べる。

　（農林漁業団体職員共済組合法24条1項は）「必ずしも民法上の配偶者の概念と同一のものとみなければならないものではなく、本件共済組合法の有する社会保障法的理念ないし目的に照らし、これに適合した解釈をほどこす余地があると解されること」、遺族給付は「家族の生活を保障する目的で給付されるものであつて、これにより遺族の生活の安定と福祉の向上を図り、ひいて業務の能率的運営に資することを目的とする社会保障的性格を有する公的給付であることなどを勘案すると、右遺族の範囲は組合員等の実態に即し、現実的な観点から理解すべきであって、遺族に属する配偶者についても、組合員等との関係において、互いに協力して社会通念上夫婦としての共同生活を現実に営んでいた者をいうものと解するのが相当であり、戸籍上届出のある配偶者であっても、その婚姻関係が実体を失って形骸化し、かつ、その状態が固定化して近い将来解消される見込のないとき、すなわち、事実上の離婚状態にある場合には、もはや右遺族給付を受けるべき配偶者に該当しないものというべきである」。

　判例1は、上記遺族給付における配偶者の概念は民法上の配偶者の概念と同じでなくともよいことを前提に、法律婚の配偶者が受給権者たる配偶者に当たるかという点を中心に判断する。言い換えれば、重婚的内縁関係において第一義的には法律婚との関係で配偶者該当性判断を行うということである。

　では、どのような基準で上記遺族給付の受給者たる配偶者を決めるのか。判例1は、制度の目的や理念に着目する。判例1は、共済組合法が社会保障法的理念ないし目的をもつこと、また遺族給付が家族の生活保障を目的とし、社会保障的性格を有すると指摘する。判例1のいう「社会保障法的理念」や「社会保障的性格」の意味は必ずしも明らかではないものの、「遺族の生活の安定と福祉の向上」すなわち経済的な意味での生活保障だと理解することができる。上記遺族給付の目的が生活保障であるとすると、生活保障のニーズが最も大きい者、言い換えれば組合員たる被保険者が死亡することで生活困難に陥る可能性が最も高い者が遺族給付を受給すべきということになる。そして、生活保障ニーズが最も大きい者とは、被保険者に生計を依存していた者、具体的には「互いに協力して社会通念上夫婦としての共同生活を現実に営んでいた者」である。

　ただし判例1は内縁の配偶者と法律婚の配偶者の比較ではなく、法律婚の

配偶者が「その婚姻関係が実体を失って形骸化し、かつ、その状態が固定化して近い将来解消される見込のないとき、すなわち、事実上の離婚状態にある場合」に当たるかどうかという判断枠組みを示した。この判断枠組みは先ほど述べたとおり、重婚的内縁関係において、法律婚の配偶者が受給権者たる配偶者に当たるかどうかという点を中心に置くものである。

判例1は上記判断枠組みを示したうえで、婚姻関係解消に関する両当事者の意思や両者の間でやり取りされていた金銭の性質について評価し、婚姻関係が実態を失って形骸化し、かつその状態が固定化したという高裁判決の結論を是認した。判例1は当てはめにおいては、内縁の配偶者との関係への言及もみられるものの、内縁の配偶者との関係は、法律婚の配偶者との関係を評価するための一要素と位置付けることができる。判例1にみられる配偶者性にかかる判断枠組みは、その後の判例でも踏襲されており、判例3は、中小企業退職金共済法に基づく退職金を受け取ることのできる遺族について、判例1を参照し、配偶者性を判断している。

2　重婚的内縁関係

判例2も、重婚的内縁関係において、事実婚のパートナーが私立学校教職員共済法に基づく遺族共済年金の受給者たる配偶者に当たるかが問題となった事例である。判例2は、法律婚の配偶者については、長期にわたる別居や生活費の分担等をあげたうえで「実体を失って修復の余地がないまでに形がい化していた」と述べ、事実婚のパートナーとの関係については、同パートナーが死亡した被保険者の収入により生計を維持していたこと等を指摘し「婚姻の届出をしていないが事実上婚姻関係と同様の事情にある者というべきである」と判示した。

判例2は、重婚的内縁関係における配偶者性の評価において、法律婚の配偶者が遺族共済年金の受給者たる配偶者に当たるかということと、事実婚のパートナーが受給者たる配偶者に当たるかということを別々に評価し、法律婚の配偶者は上記年金における「配偶者」に当たらず、事実婚のパートナーがこれに当たるとした高裁判決を是認した。重婚的内縁関係においては、法律婚と事実婚の双方の生活が事実上互いに影響する（例えば事実婚のパートナーの存在が法律婚の形骸化の原因となる）ことがあったとしても、遺族年金の受給の可否を決める際には、あくまで各々の関係について別の評価基準で評価することになる[6]。

また判例3も、前述のように判例1の判断枠組みを参照し、「民法上の配偶者は、その婚姻関係が実体を失って形骸化し、かつ、その状態が固定化して近い将来解消される見込みのない場合、すなわち事実上の離婚状態にある場合」には配偶者に当たらないとしたうえで、「このことは、民法上の配偶者のほかに事実上婚姻関係と同様の事情にあった者が存するか否かによって左右されるものではない」と付言する。つまり、事実婚の配偶者に対する言及や評価がなされたとしても、あくまで中心的な評価の対象は法律婚の配偶者だとみることができる。ただし、判例2において、事実婚のパートナーがどのような場合に婚姻関係と同様の事情にある者と評価されるのか明確ではない部分も残る。

3　近親婚

　判例4は、叔父との間で事実婚状態にあった者の配偶者該当性が争われた事案である。叔父と姪（3親等内の傍系血族間）は民法上婚姻することはできず、このような関係にある者同士の事実婚であっても、厚生年金保険法にいう婚姻関係と同様の事情にある者といえるかが問題となった。判例4は以下のように判断枠組みを示す。「遺族の生活の安定と福祉の向上に寄与するという法の目的にかんがみ、遺族厚生年金の受給権者である配偶者について、必ずしも民法上の配偶者の概念と同一のものとしなければならないものではなく、被保険者等との関係において、互いに協力して社会通念上夫婦としての共同生活を現実に営んでいた者にこれを支給することが、遺族厚生年金の社会保障的な性格や法の上記目的にも適合すると考えられたことによるものと解される」。

　このように社会保障的性格に着目し、民法上の配偶者の概念と必ずしも同一のものとしなければならないわけではない旨の判示は、根拠法は異なるものの、判例1とも重なる。

6　判例1も重婚的内縁関係の事例ではあるものの「判旨が重婚的内縁関係に言及していないのは、法律婚の妻が原告のため、その遺族年金の受給権者たりうる配偶者性を否定すれば足り、重婚的内縁関係の存在について言及する必要はなかったためと考えられる」と指摘される。柴田・前掲「判批」（注1）75頁。また以下紹介する判例3は法律上の配偶者と子のいずれに支給すべきかが問題となった事案である。島村暁代「判批」（判例3）ジュリ1566号（2022年）167頁。

ただし、判例4は厚生年金が政府が管掌する公的年金制度であり、強制徴収の保険料および国庫負担から成ることから「民法の定める婚姻法秩序に反するような内縁関係にある者まで、一般的に遺族厚生年金の支給を受けることができる配偶者に当たると解することはできない」と述べる。

　また、判例4は、近親者間の内縁関係は、時の経過等により消滅あるいは減退するものではなく、近親婚が禁止されるのはそもそも社会倫理的配慮および優生学的配慮という公益的要請によるものであるから、「一般的に反倫理性、反公益性の大きい関係」だということを確認する。

　そのうえで、判例4は次のように述べる。「殊に、直系血族間、二親等の傍系血族間の内縁関係は、我が国の現在の婚姻法秩序又は社会通念を前提とする限り、反倫理性、反公益性が極めて大きいと考えられるのであって、いかにその当事者が社会通念上夫婦としての共同生活を営んでいたとしても、法3条2項によって保護される配偶者には当たらないものと解される。そして、三親等の傍系血族間の内縁関係も、このような反倫理性、反公益性という観点からみれば、基本的にはこれと変わりがないものというべきである」。

　判例4は叔父と姪のような三親等の傍系血族間の内縁関係も「基本的には」変わりがないと述べるものの、同時に直系血族間、二親等の傍系血族間の内縁関係は反倫理性、反公益性が極めて大きいとして、三親等の傍系血族間の内縁関係と区別している。つまり判例4は、直系血族間の内縁関係等と比較したとき、叔父と姪のような三親等の傍系血族間の内縁関係は相対的に、反倫理性、反公益性が小さいことを暗に示していると読むこともできる。なお横尾和子裁判官は判例4において次のような反対意見を付す。「民法734条1項は、三親等の傍系血族間の婚姻について何らの留保も置かず禁止しているのであり、各婚姻関係間において、反倫理性、反公益性の大小を論ずることには躊躇せざるを得ない」。横尾反対意見のように、民法の原則および文言解釈に沿って考えると、判例4の事例の特殊性に鑑みてもなお、配偶者性を否定するという結論もありうるところである[7]。

　加えて、判例4は「社会的、時代的背景の下に形成された三親等の傍系血族間の内縁関係については、それが形成されるに至った経緯、周囲や地域社会の受け止め方、共同生活期間の長短、子の有無、夫婦生活の安定性等に照らし、反倫理性、反公益性が婚姻法秩序維持等の観点から問題とする必要がない程度に著しく低いと認められる場合には、上記近親者間における婚姻を禁止すべき公益的要請よりも遺族の生活の安定と福祉の向上に寄与すると

いう法の目的を優先させるべき特段の事情があるものというべき」であり「このような事情が認められる場合、その内縁関係が民法により婚姻が禁止される近親者間におけるものであるという一事をもって遺族厚生年金の受給権を否定することは許されず……『婚姻の届出をしていないが、事実上婚姻関係と同様の事情にある者』に該当すると解するのが相当」とした。

判例4は、遺族年金における配偶者性判断においては特殊な事例だといえる。しかし、社会保障法（厚生年金保険法）と民法の定める婚姻法秩序の関係や、生活保障の必要性が認められる事実婚とはどのようなものなのかを問う事例だといえる。

四 「生計維持要件」充足の有無はどのように判断されるのか？

ここまで配偶者該当性に関する判例をみてきたが、配偶者に該当するとしても、遺族年金を受給できないこともある。二で説明した生計維持要件は、実質的な生活保障の必要性を判定するうえで重要な役割を果たす。判例5は生計維持要件について次のように述べる。「被保険者等と生計を同じくし、かつ一定の収入以下である配偶者は、通常、被保険者等の収入によって生計を維持していたものと推認することができることを前提に、被保険者等の収入の具体的金額や、それが当該配偶者の生計を維持する上でどの程度の割合を占めていたか等を問わず、生活保障の必要性があるものとして生計維持要件該当性を認める趣旨である」、「当該配偶者が被保険者等と住民票上の世帯又は住所を同一にしている場合については、実際に同居しているか、消費生活上の家計を一つにしているか等を特に審査することなく、生計同一要件を充たすものと認定することとしているが、これは、被保険者等と住民票上の世帯又は住所を同一にしている配偶者は被保険者等と生計を同じくするものと推認し得るとしたものであると解される」。すなわち生計維持要件（収入要件と生計同一要件）は、客観的に生活保障の必要性を評価しうる基準である一方、それにより詳細な家計の状態を把握できるわけではなく、生活保障

---

7 判例4が三親等内の傍系血族間の婚姻関係について、反倫理性、反公益性が低いと評価したこと、また配偶者性を肯定したことについて、血族間の内縁関係に関する民法の判例や諸外国の制度から肯定的に評価するものとして、大原利夫「判批」（判例4）西村健一郎・岩村正彦編『社会保障判例百選（第5版）』（有斐閣、2008年）77頁。

の必要性を推認させるにとどまるといえる。

　そのため、特に生計同一要件はしばしば紛争を生じさせる。例えば遺族たる配偶者が、死亡した被保険者と生計を同一にしていたか否かを判断する際、二で示した基準によれば、住所が同一である、あるいは起居をともにしている場合は原則として生計が同一であると認められることになる。問題は住所が異なり、かつ起居をともにしていない場合である。その場合には、住所が異なっている理由が単身赴任等の止むを得ない事情によることに加え、経済的な援助や定期的な音信等の有無が生計同一要件を判断する基準となる。以上は通知で示された基準にすぎないが、以下であげる裁判例もおおむねこの基準に沿って判断している。

　ただし、経済的な援助や音信、訪問のあり方は多様であり、どの程度の経済的援助や音信・訪問が行われていれば生計同一要件を充たすのか、上記基準のみで明らかになっているとはいえない。上記基準では総論部分ただし書きで、基準に従い生計同一関係の認定を行うことが実態と著しくかけ離れたものとなり、かつ社会通念上妥当性を欠くこととなる場合には「この限りではない」と述べられている。基準に沿って認定することができる場合とできない場合について、上記ただし書から明示的に読み取ることができるわけではないものの、上記基準の中でも、生計同一関係の多様性について配慮がなされていることは確認できる[8]。

　判例5は上記基準は経済的な援助や音信・訪問を生計同一要件を判定する基準としているものの「当該配偶者が被保険者等と別居し、住民票上の世帯及び住所も別にしているが生計同一要件を満たすと評価できる典型的な場合について定めたものというべきであり、夫婦の在り方にも様々なものがあり得ることに照らせば、生計同一要件を満たすと評価される場合を認定基準①に定める場合に限定するのは相当ではない」とし、上記総論ただし書きは正当だと述べる。

　上記判示から、通知が示す経済的な援助や音信等に着目した判断基準はあくまで典型的な場合をあげたものであり、生計同一要件が認められるのはこ

---

[8]　なお菊池・前掲「判批」（注2）312頁は、判例5が施行令3条の10の解釈として当該事例を捉え「認定基準の適法性を前提としたうえで、同基準へのあてはめにより結論を導き出すとの論理構成をとった」他の裁判例とは「異なる判断過程を経て、結論を導いたものと評価することができる」と説明する。

のような場合に限定されないこと、そのように解釈すると、先ほど説明したただし書きが正当であるという内容を読み取ることができる。

　判例5は、配偶者が、死亡した被保険者の家庭内暴力（DV）により別居を余儀なくされた事案であり、「別居を開始したことはやむを得ない事情によるものであり、別居が長期間に及んだことも相応の理由に基づくもの」としたうえで、配偶者が持ち出した金銭を生活費に充てていたこと等をもって、生計同一要件を充たすと判断した。住所を異にし、別居していた理由がDV等であることを考慮した判断だといえる。なお、DVを理由とした別居を生計同一要件においてどのように評価するかという点については、別に基準が示されており[9]、DV等を理由とする別居が遺族の生活保障に大きな影響を与えていることがわかる。

　以上のように、生活保障を目的とする遺族年金において、生計維持要件は生活保障の必要性を実質的に評価する重要な基準である一方、家族のあり方の多様性やDV等家族をめぐる問題も考慮すると、あくまで典型事例を想定した評価にすぎず、個別の事例ごとの判断が求められるといえる。

五　本章での学びと事例への回答

1．遺族年金の受給要件はどのように定められているのか？

　遺族年金を受給するためには、保険料納付等死亡した被保険者自身の要件充足に加えて、遺族が受給要件を充たすことが必要である。特に配偶者の場合には、各根拠法にいう「配偶者」に該当するだけでなく、死亡した被保険者の収入により生計を維持していたことが求められる。生計維持要件は、収入要件と生計同一要件から成り、特に生計同一要件をめぐってしばしば法的紛争が生じる。

2．遺族年金の「配偶者」該当性はどのように判断されるのか？

　遺族年金を受給する「配偶者」は多くの場合法律婚の配偶者がこれに当たるため、客観的に決定できる。しかし、遺族年金の目的が遺族の生活保障に

---

[9]　「DV被害者に係る遺族年金等の生計同一認定要件の判断について」（2021（令3）・9・1年管管発0901第1号）。DVと生計維持要件の関係については、河谷はるみ「DVと遺族年金の生計同一要件」西南学院大学人間科学論集16巻1号（2020年）153〜166頁に詳しい。

あることから、法律婚であっても婚姻関係が形骸化しかつその状態が固定化されている場合には、受給者たる配偶者とはみなされないこともあった。また厚生年金保険法等が、事実上婚姻関係と同様の事情にある者にも受給権を認めていることから、例えば重婚的内縁関係の場合には、法律婚の配偶者に受給権が認められず、事実婚のパートナーに受給権が認められることもある。

3．「生計維持要件」充足の有無はどのように判断されるのか？

生計維持要件には収入要件と生計同一要件があり、特に生計同一要件の充足の有無を判断する際に、家族や家計の多様なあり方をどのように評価するかが問題となった。認定基準によれば、住所が異なり、別居している場合には、経済的援助や音信・訪問の有無等により判断されるが、これらはあくまで典型的な事例を想定しているにすぎない。例えばDVを理由に別居せざるをえなくなった場合には、認定基準ただし書きに基づくと、実態を踏まえた社会通念上妥当な判断が求められることとなる。

事例への回答

判例1ないし判例4を参考にすると、重婚的内縁関係であったという前提に立ち、Xの配偶者性についてはXとAの婚姻関係が形骸化かつその状態が固定化されていたといえるかという点について判断し、その結果Xが配偶者に該当しないとなれば、Cが自ら受給権をもつ配偶者に当たると主張しているため、次にCが事実上婚姻関係と同様の事情にある者か否かを判断することになる。ただし本事例はXの配偶者該当性の有無を問うものであるため、Cの配偶者該当性はひとまず問題にならない。

婚姻関係が形骸化し、かつその状態が固定化しているか否かの判断は、様々な要素を総合考慮して決められる。まずXとA双方の婚姻関係継続（離婚）に対する意思の有無や程度が問題となる。そのことは本事例では詳細に言及されていないが、離婚する意思が双方になかったのであれば、婚姻関係の形骸化を否定する要素となる。また、Aからの経済的援助が継続的に行われていると評価すれば、離婚する意思が希薄であることと併せて、XとAの間の婚姻関係が形骸化していたとは認められず、法律婚の配偶者であるXに受給権が認められることになる。

10 労災保険法における業務上外認定

小西啓文

労働災害の認定判断はどのようになされるのか？

> もともと心臓に持病を抱えていた労働者が、量販店で、持病のない労働者と同様に就労することが求められ、接客などの立ち仕事はもちろん、月に40時間の時間外労働にも従事した結果、とうとう体調に異変を来たしてしまい、この労働者は心不全を引き起こして亡くなってしまった。残された遺族は真っ先に労災を疑い労働基準監督署に労災申請をしたいと考えたが、どうだろうか。
>
> 仮にこの労働者が、心臓の持病でなく、うつ病親和的な性格の持ち主であり、慣れない仕事のせいでうつ病を発症し、これが原因で自殺に至った場合はどうだろうか。
>
> また仮に心臓発作を発症したことを自覚しながらも会社の都合でどうしても病院へ行くことができないまま倒れてしまい、手遅れになった場合はどうだろうか。

1. 業務上外の認定判断はどのような基準でなされるのか？
2. 過労死（あるいは脳・心臓疾患を原因とする死亡）において業務の過重性はどのように評価され、業務上外の認定判断はどのようになされるのか？
3. 過労自殺（あるいは精神障害を原因とする自殺）において業務の過重性はどのように評価され、業務上外の認定判断はどのようになされるのか？
4. 「過重性」の判断は誰を基準になされるべきだろうか？

■ キーワード
業務上外認定、過労死、過労自殺、治療機会の喪失、相対的有力原因説、共働原因説、本人基準説

■ 主要判例
判例1・横浜南労基署長（旭紙業）事件：最判1996（平8）・11・28判時1589号136頁［社会保障判例百選（第6版）55事件］
判例2・地公災基金東京都支部長（町田高校）事件：最判1996（平8）・1・23判時1557号58頁
判例3・労働者災害補償保険金給付請求上告事件：最判1954（昭29）・11・26民

集8巻11号2075頁［社会保障判例百選（第5版）61事件］
判例4・尼崎労基署長（園田競馬場）事件：大阪高判2012（平24）・12・25労判1079号98頁［社会保障判例百選（第5版）49事件］
判例5・福井労基署長事件：名古屋高金沢支判1983（昭58）・9・21労民集34巻5＝6号809頁［社会保障判例百選（第5版）50事件］
判例6・横浜南労基署長（東京海上横浜支店）事件：最判2000（平12）・7・17判時1723号132頁［社会保障判例百選（第6版）59事件］
判例7・国・豊橋労基署長（マツヤデンキ）事件：名古屋高判2010（平22）・4・16労判1006号5頁
判例8・電通事件：最判2000（平12）・3・24民集54巻3号1155頁［社会保障判例百選（第6版）70事件］
判例9・国・静岡労基署長（日研化学）事件：東京地判2007（平19）・10・15労判950号5頁
判例10・休業補償給付不支給処分取消請求事件：鳥取地判2012（平24）・7・6労判1058号39頁［社会保障判例百選（第5版）52事件］
判例11・陸上自衛隊八戸車両整備工場事件：最判1975（昭50）・2・25民集29巻2号143頁［社会保障判例百選（第5版）68事件］
判例12・豊田労基署長（トヨタ自動車）事件：名古屋地判2001（平13）・6・18労判814号64頁

一　事例を読む視点

　労働者が仕事以外で怪我や病気になった、いわゆる私傷病の場合、健康保険法から給付がなされる。それは、健康保険法が1条で労働者等の「業務災害……以外」の保険事故について給付すると規定することからも明らかである。
　それでは「業務災害」すなわち業務上の負傷、疾病、障害または死亡（労災7条1項1号）の場合はどうか、というと、労働者災害補償保険法（以下、「労災保険法」）が各種の給付をすることになる。その給付内容は、労働者の被災前の健康状態に「戻す」（穴埋めする＝補償する）ことを想定したものとなっており、そのような意味では、健康保険法よりも手厚い内容となる可能性がある。
　他方、労働者ではない者、例えば自営業者については、このような業務上外の区別なく、一般には国民健康保険法から給付を受けるにとどまる。
　では、なぜ「労働者」についてだけこのような業務上外で給付を分ける仕組みが採用されているのだろうか[1]。労働者は使用者との関係で従属的な立

場にあるものであり、使用者の下で就労していて起こった業務災害は無過失で療養補償がされる（労基75条以下）。そして、その療養補償責任を保険化したのが労災保険法であり、同じ「怪我」であるとしても、それが発生した経緯によって、原因が私傷病であれば基本的に保険料を労使折半する健康保険から、業務災害であれば使用者のみが保険料負担する労災保険から給付がなされることになる。

理屈をいえば以上のとおりだが、実際にアルバイト（れっきとした「労働者」である）として働いたことがあれば、仮に「今日は調子が悪い（から病院に行きたい）」と思っても、多少無理してでも仕事に行かなければならなかったという経験の一つぐらいあるのではないだろうか（後述する判例2も参照）。そのように無理をするなかで、体調を崩して亡くなってしまったら（「過労死」）、どのような補償がなされるか。また、同じく「過労」が原因でも、自殺という、本人の「意思」による結果である「過労自殺」の事例ではどうか。

二　労災保険法の仕組み

労災保険は、独自の労災補償制度をもつ公務員および暫定任意適用事業などを除き、一人でも労働者を雇うすべての事業に強制的に適用される社会保険制度である（労災3条）。保険者は国であり、政府が事務を管掌する。保険料は使用者のみが支払う。これは以下の理由による。まず、労働基準法（以下、「労基法」）は、民法の過失責任主義を修正し無過失責任の考え方を採用した（労基75条以下）。しかし、大企業から中小零細企業まで企業にも大小様々あり、財政面で補償責任を果たせる者もあればその負担に耐えられない者もある[2]。そこで、労災保険法は保険の技術を用いて、使用者の補償責任を担保しようとしたのである。もっとも、そうすると、使用者からすれば、事故が多く起きる事業とそうでない事業とで同じ負担というのは不公平に映る。そこで、メリット制といって、事故率に応じて保険料率を上下させる仕組みもあわせて採用されている（労保徴12条3項参照）。

このように、労基法と労災保険法では、カバーされる範囲は一緒というのが議論のスタートラインである。だが、時代が下るにつれ、労災保険は、労

1　労働者概念については判例1（横浜南労基署長（旭紙業）事件）を参照のこと。

基法にない給付や労基法の守備範囲を越える保護（年金制度・通勤災害保護制度・特別加入制度）を用意したことで、労基法から「一人歩き」しはじめた、と評価されるに至った[3]。

三　災害性の傷病

　上述のように労災保険において被災労働者は加害企業の「故意」「過失」を立証することは求められないが、労働基準監督署長（労基署長）による「業務上認定」（労災1条参照）があってはじめて給付を受けることができる（労災保険法による保険給付は行政機関が保険給付の決定をすることにより給付の内容が具体的に定まるとした判例3参照）。これについての行政解釈は、「業務起因性」と「業務遂行性」の存否を考えるというものである。すなわち、傷病が、業務遂行中に（業務遂行性）、かつ、業務に起因して（業務起因性）発生すると業務上の傷病として扱われる。

　具体的に業務遂行性が問題になるのは、（1）事業主の支配下にあり、かつ施設管理下にあって業務に従事している場合、（2）事業主の支配下にあり、かつ施設管理下にあるが、業務に従事していない場合、（3）事業主の支配下にはあるが、管理下を離れて業務に従事している場合、である。（1）は会社や工場などで仕事をしている状態のことであり、その典型例としては、

2　一般に被用者保険の保険料は「労使折半」と説明されるが（そういう意味でも労災保険は特異である）、労基法10条は「使用者」について、「事業主又は事業の経営担当者その他その事業の労働者に関する事項について、事業主のために行為をするすべての者をいう」と規定する。当該事業において同法が規制する事項（賃金の支払い、労働時間の管理など）について現実の職責を負うものが「使用者」である（菅野和夫・山川隆一『労働法（第13版）』（弘文堂、2024年）218頁）。保険料の負担について「事業主負担」というべきところでも、本章においては「使用者」という一般的な用語を用いている。

3　労災保険の社会保障化をめぐっては、非常に多くの議論の蓄積がある。その議論の一端は、本沢巳代子・新田秀樹編著『トピック社会保障法（2024第18版）』（信山社、2024年）「労災補償」〔小西啓文執筆〕を参照。なお、労災保険法施行規則別表の障害等級が外貌の著しい醜状障害について、男性12級としながら女性7級（注：年金になる）とすることについて合理的理由のない性別による差別的取扱いにあたるとして憲法14条1項違反を認めた京都地判2010（平22）・5・27判時2093号72頁［社会保障判例百選（第5版）56事件］は給付の面での平等のあり方を論じるものである。

仕事中に機材が爆発（「災害」）し、労働者が怪我を負うというものである。
（2）は例えば休憩時間に構内で遊んでいるときに生じた怪我は労災とはいえない（もっとも、構内の設備の不備による怪我であれば労災となる余地はあろう）。（3）は具体的には出張や社用での外出、運送、配達、営業などのため事業場の外で仕事をする場合であるが、出張の場合は、私用で寄り道したような場合を除き、原則として業務遂行性が認められる。他方で、社外行事（1泊2日の忘年会）に業務遂行性がないとされた判例も（福井労基署長事件）もある[4]。

では、業務起因性と業務遂行性のどちらがより重要かといえば、業務起因性である。業務が原因と即答できれば、それは労災だからである。しかし、災害発生の原因が複合的な場合などもあり、実際にはそう簡単ではない。そこで、仕事中に起きた災害であれば労災と推定するというのが業務遂行性の要件であって、両者は対等な二要件ではない（つまり両方具備することが必須ではない）ことになる。

四　職業性疾病

1　いわゆる過労死について

(1) 労基則「別表第1の2」による推定機能　　実際に、「業務遂行性」があまり意味をもたない労災もあり、非災害性の職業性疾病（職業病）がそれである[5]。職業病のなかでも問題になるのが脳・心臓疾患や精神疾患による自殺の業務起因性である。過労死等防止対策推進法2条は「業務における過重な負荷による脳血管疾患若しくは心臓疾患を原因とする死亡若しくは業務における強い心理的負荷による精神障害を原因とする自殺による死亡又はこれらの脳血管疾患若しくは心臓疾患若しくは精神障害」のことを「過労死

---

[4] 歓送迎会参加後の送迎行為に業務遂行性が認められた同・行橋労基署長（テイクロ九州）事件・最判2016（平28）・7・8判時2321号127頁［社会保障判例百選（第6版）57事件］も参照。

[5] 最近話題になったアスベストの国賠事件（最判2021（令3）・5・17労判1252号5頁、同1259号33頁、同1268号5頁、同1299号5頁およびコメント参照）は、建築現場でアスベスト含有の建材を屋内で扱ってきた労働者が全国で集団訴訟を起こしたものである。最高裁は、これら労働者のみならず、労災保険に特別加入をしている一人親方（＝労働者ではない）に対しても労働大臣（現「厚生労働大臣」）の規制権限不行使の違法を認めた。

等」と定める。かつて『畳の上で死んでも労災は労災』という本があったが[6]、過労死の場合どこで亡くなったかはあまり重要ではない。もちろん職場で倒れれば象徴的な出来事だろうが、たまたま私傷病が悪化しただけ（機会原因）という評価もなされ得る。

　このように業務遂行性の推定機能を使いづらい職業病の類型ではどのように認定をするか。もちろん、法はそういうことに備えて、労基法施行規則（労基則）「別表第１の２」を用意しており、例えば、「二」の物理的因子による疾病の「１」では「紫外線にさらされる業務による前眼部疾患又は皮膚疾患」と規定することで、紫外線にさらされる業務で当該疾患になった場合には業務によるものと推定することとしている。2010年の別表改正では過労死問題や過労自殺問題への対応として８号に「長期間にわたる長時間の業務その他血管病変等を著しく増悪させる業務による脳出血、くも膜下出血、脳梗塞、高血圧性脳症、心筋梗塞、狭心症、心停止（心臓性突然死を含む。）若しくは解離性大動脈瘤又はこれらの疾病に付随する疾病」、９号に「人の生命にかかわる事故への遭遇その他心理的に過度の負担を与える事象を伴う業務による精神及び行動の障害又はこれに付随する疾病」が盛り込まれた。

　(2) 通達の変遷と判例の影響——横浜南労基署長（東京海上横浜支店）事件　　いわゆる過労死が問題になりはじめた昭和30年代の行政通達は「災害主義」を採用していた。災害主義とは、被災者の脳・心臓疾患発症の直前または当日に災害的出来事に遭遇したことを認定の要件とするものである。だが、そもそも災害が介在しないところに職業病の特徴がある。この通達は厳しすぎるとの批判があり、１週間にわたる過重な負荷があった場合に生じた脳・心臓疾患については労災と認める基準が示された。その過重性判断は同僚労働者または同種労働者と比較して行われるが、その後、同僚概念に、被災者と同程度の年齢・経験等を有する者が加筆された。

　ところが、判例６（横浜南労基署長（東京海上横浜支店）事件）において、最高裁が、６か月にわたる長期の過労が自然の経過を越えて基礎疾患（脳動脈瘤）を増悪させくも膜下出血を発症させたとして業務外認定を取り消したことを機に、疲労の蓄積等に関する医学面からの検討結果の取りまとめをふまえた、2001（平13）・12・12基発第1063号（「脳血管疾患及び虚血性心疾患

6　働く人たちの突然死を考える会編『畳の上で死んでも労災は労災』（労働基準調査会、1983年）。

等（負傷に起因するものを除く。）の認定基準について」）が出された。主たる改正点は、①発症直前から前日までの異常な出来事への遭遇、1週間以内の短期の過重業務のほかに、発症前6か月間の長期間の過重業務による疲労の蓄積も考慮することにし、②その際に、疲労蓄積の最重要要因である労働時間の実態に着目し、発症前1か月間に100時間を超える時間外労働が認められる場合と発症前2か月から6か月間に月80時間を超える時間外労働が認められる場合は、業務と発症との関連性が強いと判断する目安が定められた。また③労働時間のほかの業務の過重性判断評価要因として、不規則勤務、交替制・深夜勤務、作業環境、精神的緊張を考慮することになった。さらに④比較対象労働者として、基礎疾患を有するものの日常業務を支障なく行える同僚労働者も加えられた[7]。

　さらに2021年9月に20年ぶりに脳・心疾患の認定基準が改定され、新たに「血管病変等を著しく増悪させる業務による脳血管疾患及び虚血性心疾患の認定基準について」とされた。「同種労働者」の定義変更のほか、長期間の過重業務の評価にあたり、労働時間と労働時間以外の負荷要因を総合評価すること、長期間の過重業務、短期間の過重業務の労働時間以外の負荷要因の見直し、短期間の過重業務、異常な出来事の業務と発症との関連性が強いと判断できる場合の明確化、対象疾病への「重篤な心不全」の追加がなされた。

　このように今日の通達でも、40時間の時間外労働に従事していた冒頭の事例の被災者が過労死したということだと、労災と認定される可能性は低い。もっとも、判例7は、障害（心臓に持病）のある労働者の場合には、労災と認定してよいとした。なぜだろうか。

(3) 相対的有力原因説・共働原因説・「公務に内在する危険の現実化」

　ところで、労災保険の性質（本質）を「補償」（あくまで使用者の補償責任の財源化のための仕組みと考える）とみるか「保障」（「一人歩き」化を積極的にとらえる）とみるかの違いは、業務上外認定の在り方にも影響を及ぼす。それを「補償」と捉えれば、基礎疾患など労働者側の事情は使用者に関わりのないことであって、基礎疾患のある労働者の被災については業務が「相対的有力原因」となっていなければ救済されないことになり、「保障」と

7　青野覚「安全・快適に働く」浜村彰ほか『ベーシック労働法（第9版）』（有斐閣、2023年）183頁、浅倉むつ子「安全・健康に働く権利」浅倉むつ子ほか『労働法（第6版）』（有斐閣、2020年）363頁。

考えれば、そもそも被災者や遺族へより手厚い保護が与えられるべきであって、業務と基礎疾患が「共働原因」となっていればよいとも考えられるからである。とはいえ、この争いに対して判例6は明確な回答を与えない（業務が「自然の経過」を越えて基礎疾患を増悪させたかが判断基準である）。

この点、判例2の地公災基金東京都支部長（町田高校）事件では、地裁が相対的有力原因説を採用し、高裁は一転して共働原因説を採用したが、最高裁は「公務に内在した危険の現実化」という判断基準を用いた[8]。

仮に「業務に内在する危険」を本質的に分析すればよいとすれば、過重性等の他の労働者との比較は不要となるはずである。判例7（国・豊橋労基署長（マツヤデンキ）事件）は、身体障害者であることを前提に業務に従事していたという事案であったが、裁判所は、心臓発作による死亡を労災と認めるにあたり、憲法27条1項や障害者雇用促進法をふまえて、平均的労働者を基準とすれば「障害者は最初から労災保険の適用から除外されたと同じことになる」と判示した。この判示部分はいわゆる「本人基準説」の考え方に近いものと考えられる[9]。先述のように、行政解釈では比較対象労働者を設定し、それとの対比で業務の過重性を判断するところ、本人基準説では、比較対象労働者を設定せずに、文字どおり、当該本人自身を基準として、業務の過重性を判断する。

(4) 治療機会の喪失　　最高裁が「業務に内在する危険」というフレーズ

8　刑法では相当因果関係説の危機が叫ばれるなか、危険現実化説が提唱されている。同説によると①実行行為に「現実に惹起された結果」を発生させる危険があったか（危険創出）を検討したうえで、②そのような危険が結果に実現したか（結果実現過程）を確認・判断する。例えば心臓機能に障害があり、強盗の手段として軽微な外因（手で口を押さえる、布団で鼻口部を圧迫する）で死に至った被害者に対して、相当因果関係説によると、一般人にとって認識不可能であり、行為者も認識していなかったとなると、相当因果関係は否定されるが、危険現実化説では、行為のもつ結果への影響力（寄与度）が重要になる（大塚裕史「応用刑法Ⅰ—総論〔第1講〕法的因果関係（1）—相当因果関係説の危機」（法セミ729号（2015年）74頁）、同「応用刑法Ⅰ—総論〔第2講〕法的因果関係（2）—危険の現実化説の判断構造」（法セミ730号（2015年）110頁）参照）。これを敷衍すれば、判例6での「自然の経過」を越えて業務が基礎疾患を増悪させたか、というのは、要するに「業務」が「自然の経過」を越えさせる作用をすればそれが仮にどんな些細なことであっても「トリガーを引く行為」足りえて、そういう意味では、「自然の経過」を越えさせるような業務が介在すればその後の傷病は「業務上」と判断されることになろう。

を用いたのは、いわゆる「治療機会の喪失」の事案であった。判例2（地公災基金東京支部長（町田高校）事件）の被災者は、保健体育科教諭だったが、新学期の健康診断検査の総括的な責任者として多忙の中で体調不良となり、初日は救急車で病院へ行ったものの、多忙を理由に学校へ戻り、翌日午後再び気分が悪くなり、再度救急車が呼ばれたが死亡した。

　本件で最高裁は左記のとおり「公務に内在する危険」という文言を用いているが、裁判官の執筆した解説[10]によれば、この「判例は、既に何らかの原因で安静を必要とする病状であったにもかかわらず、引き続き公務に従事せざるを得ないような客観的状況の下で公務に従事し、その結果、病状が悪化して死亡するに至った事案においては、その直後の死亡原因となった疾病の発病直前に従事していた公務の内容が特に過重であったか否かにかかわらず、右のような客観的状況に置かれていたことが公務に内在する危険とみることができるとする趣旨である」と説明する（傍点、筆者）。なお、「公務に内在する危険の現実化」（あるいは民間では「業務に内在する危険の現実化」）の判断基準は今日、治療機会の喪失の事案のみならず、過労死・過労自殺の範囲をも超え労災の事案で一般に判例法理として取り上げられている（判例4は第三者の犯罪行為による死亡が業務上とされたケースであるが、裁判所は業務と負傷との間に相当因果関係が必要であるところ、この関係があるというためには、当該災害の発生が業務に内在した危険が現実化したことによるものとみることができることを要するとし、この判断基準を用いている）。

2　いわゆる過労自殺と安全配慮義務

(1) いわゆる過労自殺　　次に、労働者が業務が原因で自殺をしてしまうことはどのように考えられるべきだろうか。まず、自殺というのは自分の意思で（故意に）なされるものであり、災害と死亡との因果関係を切断してしまうという問題がある。また、故意に発生させた事故について、労災保険法

9　なお、笠木映里「労災補償と健康保険と『過労死・過労自殺』」濱口桂一郎編著『福祉と労働・雇用』（ミネルヴァ書房、2013年）は「業務の危険性（過労死・過労自殺にいうところの業務の過重性）は、本来、労働者の個体としての特性とは独立したもの」であり、労働者一般を基準に評価されるべきであるとして、本人基準説をとることに批判的である（128頁）。

10　島岡大雄「行政・労働法34［個別労働関係⑨］」判タ945号（1997年）394頁。

12条の2の2が給付を制限すると規定することも問題となる。

かつて、うつ病（または心因反応）にり患した大規模地下駅の設計技術者の通勤ホームからの投身による両下肢切断を業務上と認めた行政解釈がある（1984（昭59）・2・14基収第330号の2）。この例からもわかるように、心神喪失状態でなされた自殺行為については労災と認めるという認定姿勢がみてとれる。

反対に、覚悟の上での自殺ということだと、まだ心神喪失状態ではかったということで、労災認定されることは難しかった。

だが、労働の過密化により、労働者がうつ病（反応性うつ病）を発症し、自殺してしまうケースがあらわれると（在籍3か月で退職し、1か月後に自殺した保母の遺族が、在職中の過重労働により発症したうつ病が原因として、労災保険給付を申請した加古川労基署長（東加古川幼稚園）事件・東京地判2006（平18）・9・4労判924号32頁参照）、これも労災と認定すべきであるという議論が高まった。

(2) 過労自殺の象徴的事案としての電通事件　ところで、労災保険は定型的な給付をするものであり、慰謝料は含まれない。このため、労働者・遺族が現実に被った損害がすべて填補されるとは限らない。他国のなかには労災保険からの給付を受けると民事賠償の途が閉ざされるという仕組みを採用する例もあるが、日本法は労災保険からの給付に加えて被災者が企業に対して民事訴訟を提起する途を開いている（併存主義）。もっとも、業務起因性が認められたからといって（労災と認められたからといって）、必ずしも使用者の故意過失が認められるとは限らない。「労災保険法の仕組み」で触れたように、「業務上」の認定と「故意過失」の認定は別次元だからである。

そのような労災民訴のケースとして著名なのが電通事件である。

この事件は、新入社員であったAが、深夜残業をこなす日々を送っていたところ、上司がきづくほどの心身の不調を来たし、抱えていた仕事が一段落したタイミングで自殺してしまったという事案である。それまでの激務から解放され、ほっと一息ついたという、「荷下ろし」のタイミングでの自殺は多い。

東京地裁は上司の安全配慮義務不履行の過失を認定し使用者責任（不法行為責任）を認めたが、東京高裁はAのうつ病親和的性格と両親が具体的措置をとらなかった点に過失があるとして過失相殺の類推適用をした。

(3) 安全配慮義務　最高裁は判例11で公務労働の場面でいわゆる安全配慮義務（「国が……公務員の生命及び健康等を危険から保護するよう配慮す

べき義務」）の存在を認めたが、この法理は民間でも妥当する（川義事件・最判1984（昭59）・4・10民集38巻6号557頁参照）。そして今日、それは労働契約法5条で法定化されている。

　この安全配慮義務が過労自殺の場面で争われたのが先の電通事件であった。それ以外にも、システムエンジニアの過労死の事案であるシステムコンサルタント事件（東京高判1999（平11）・7・28労判770号58頁）など、安全配慮義務違反が問われた事案は多い。そしてこのような安全配慮義務は今日、健康配慮義務ひいてはいじめやハラスメントが起きないようにすべき職場環境調整義務[11]へと展開している。もっとも、安全配慮義務はいわゆる手段債務であり、結果債務（結果を保証するもの）ではないとされる。このことから、使用者が安全配慮義務を尽くした際の解雇には合理性があり有効と判断される傾向がある。

　ところで、障害者権利条約の批准にあたり、わが国でも障害者雇用促進法が改正され、いわゆる合理的配慮提供義務が導入された。障害者雇用促進法36条の3は「障害者である労働者の障害の特性に配慮した職務の円滑な遂行に必要な施設の整備、援助を行う者の配置その他の必要な措置」を講じる義務を事業主に課している。安全配慮義務に履行請求が認められるかについても議論があるところであるが、今後、安全配慮義務と合理的配慮の異同が一層議論されることになろう[12]。

　(4) 電通事件最判とその後　　判例8において最高裁は、「労働者が労働日に長時間にわたり業務に従事する状況が継続するなどして、疲労や心理的負荷等が過度に蓄積すると、労働者の心身の健康を損なう危険のあることは、周知のことである」とし、Aのまじめな性格は非難されるべきものでもなく、また、Aは大人であって、両親にAの体調を管理する義務はなかったとして、過失相殺を認めなかった。

　この事件をきっかけの一つとして、「心理的負荷による精神障害等に係る業務上外の判断指針について」（1999（平11）・9・14基発第544号）が定められた。そこでは業務による心理的負荷を重視した総合的判断を目的とする

---

[11] 例えば、滝原啓允「『働きやすい職場環境』の模索」新田秀樹ほか編『現代雇用社会における自由と平等　山田省三先生古稀記念』（信山社、2019年）127頁参照。

[12] 小西啓文「労働契約法と障害者雇用促進法」有田謙司ほか編著『労働契約法論』（成文堂、2024年）439頁。

仕事によるストレス評価のためのチェックリストが示され、例えば、発病前の6か月間に業務が原因の強いストレスが認められ、かつ業務以外の原因がない場合には業務上とする、あるいは、業務による心理的負荷によって精神障害を発症した者が自殺した場合には、故意がなかったものと推定して（「心神喪失」までは問わずとも）業務上と認めるなど、従前よりも緩和された基準になった。さらにその後、この指針は「心理的負荷による精神障害の認定基準について」（2011（平23）・12・26基発1226第1号）に取って代わられた。これは、「精神障害の労災認定の基準に関する専門検討会報告書」の内容をふまえて、従来の評価方法を改めたものであり、生死に関わる重大な業務上の負傷、本人の意思を抑圧して行われたわいせつ行為などのセクシュアル・ハラスメント、発病直前の1か月に160時間を超える時間外労働など「特別な出来事」に該当する事情がある場合にはそれだけで「業務上」と認められることとしたものである（さらに2020（令和2）年にいわゆるパワハラ（後述）が認定されるよう改定されている）[13]。

　冒頭の「事例」の被災者は障害があったこともあり、月40時間の時間外労働にしか従事していなかった。仮に自殺をしたとしても、この認定基準のリストでは過労自殺と認定することは難しい。もっとも、事例の労働者が心臓疾患でなく、何らかの精神的な疾患にり患していたならばどうだろうか。判例12が「同種労働者（職種、職場における地位や年齢、経験等が類似する者で、業務の軽減措置を受けることなく日常業務を遂行できる健康状態にある者）のなかでその性格傾向が最も脆弱である者（ただし、同種労働者の性格傾向の多様さとして通常想定される範囲内の者）」を基準とするのが相当としているのも参考になろう[14]。

　(5) **いわゆるパワーハラスメント**　近時では、いわゆるパワハラの問題

---

[13] 認定基準は、精神障害の有無は環境を原因とするストレスと個体側の脆弱性との相関関係によって決まるとする「ストレス―脆弱性理論」をふまえ判断しているとされる。原俊之「労働災害の予防と補償」青野覚編著『就活生のための労働法入門』（中央経済社、2024年）188頁参照。

[14] 控訴審（名古屋高判平15・7・8労判856号14頁）でも一審判決が支持された。なお、「業務による心理的負荷の強度の評価は、当該労働者がその心理的負荷の原因となった出来事をどのように受け止めたかという基準によって判断すべきとする、いわゆる本人基準説は、原告側で主張されることもあるが、それを認めるケースはない」とする、西村健一郎・朝生万里子『労災補償とメンタルヘルス』（信山社、2014年）も参照（122頁）。

が注目を集めている。その嚆矢は製薬会社の MR（医薬情報担当者）の自殺のケースである判例9（国・静岡労基署長（日研化学）事件）であろう。判例10もパワハラの事案で、「判断指針及び認定基準は、各分野の専門家による専門検討会報告書に基づき、医学的知見に沿って作成されたもので、一定の合理性があることは認められるものの……当該労働者が置かれた具体的な立場や状況等を十分斟酌して適正に心理的負荷の強度を評価するに足るだけの明確な基準」とまではいえない、とした。判例10を扱う学説[15]は、「同種労働者をベースにしつつ、可能な限りその範囲を広げようとする意図が見受けられる」と判例10を分析し、「精神障害者であることを前提として雇用される者の心理的負荷の強度をいかに判断するか」をめぐり「当該労働者」を基準とした判例7が今後「重要な先例となる判断」になるとする。

五　本章での学びと事例への回答

1．業務上外の認定判断はどのような基準でなされるのか？

　労基署長によって業務上外判断がなされ、その際の基準は、行政解釈によると「業務遂行性」と「業務起因性」という二つの判断基準による。もっとも、これらは対等な二要件ではなく、業務遂行性は業務起因性を推定する機能を有するものである。労基署長の判断に対して被災者側が不満であれば、不服申立ての手順を経て、行政訴訟を提起することになる。

2．過労死（あるいは脳・心臓疾患を原因とする死亡）において業務の過重性はどのように評価され、業務上外の認定判断はどのようになされるのか？

　「血管病変等を著しく増悪させる業務による脳血管疾患及び虚血性心疾患等の認定基準について」に基づいてなされる。そのポイントは、四1（2）にあるように、過重業務を「長期間」「短期間」等に分けつつ評価するというものである。

3．過労自殺（あるいは精神障害を原因とする自殺）において業務の過重性はどのように評価され、業務上外の認定判断はどのようになされるのか？

15　永野仁美「判批」（判例10）岩村正彦編『社会保障判例百選（第5版）』（有斐閣、2016年）106頁。

今日、「心理的負荷による精神障害の認定基準について」に基づいてなされる。そのポイントは、四2（4）にあるように、「心神喪失」かを問うのではなく、被災者が遭遇した具体的な出来事に着目し評価するというものである。

4．「過重性」の判断は誰を基準になされるべきだろうか？

「同僚労働者」（それも幅がある）とするか、「本人」を基準とするかで議論があったが、「業務に内在する危険」を検討するのであれば労働者一般であるべきだとする見解がある一方、その業務に従事した本人を基準とすることも、とりわけ障害者枠での雇用のような場合等ではあり得る。

事例への回答

事例は「もともと心臓に持病を抱えていた労働者が、量販店で、持病のない労働者と同様に就労することが求められ、接客などの立ち仕事はもちろん、月に40時間の時間外労働にも従事した結果、とうとう体調に異変を来たしてしまい、この労働者は心不全を引き起こして亡くなってしまった」というものであった。これはいうまでもなく、判例7（国・豊橋労基署長（マツヤデンキ）事件）を題材にしている。この事件を扱う裁判所の考え方は、いわゆる「本人基準説」に近いことを指摘した。

また「仮にこの労働者が、心臓の持病でなく、うつ病親和的な性格の持ち主であり、慣れない仕事のせいでうつ病を発症し、これが原因で自殺に至った場合はどうだろうか」という問いも派生させた。現行の基準をふまえると、時間外労働が短い場合に、業務上と認定されるためには、別途、業務による強い心理的負荷としての「特別な出来事」が求められよう。これらから、自殺であればどうかと考えたときには業務上と認定される可能性は低いが、判例7をベースにしつつ、判例12を参考に考えると、仮に時間外労働が短くても、被災者側に精神障害やうつ病親和的な性格があったならば、心理的負荷の強度について本人を基準として裁判所が判断することも許されよう。

さらに「仮に心臓発作を発症したことを自覚しながらも会社の都合でどうしても病院へ行くことができないまま倒れてしまい、手遅れになった場合はどうだろうか」については、これはいわゆる「治療機会の喪失」の事案であり、判例2の判断によると、そのような治療機会の喪失は「公（業）務に内在する危険」と判断され、被災者が救済されることになろう。

11 雇用保険制度における「失業」

林健太郎

「自発的な失業」について、雇用保険法はどのような対応をしているか？

　X（現在59歳）は大学卒業後からP社との間で無期雇用契約を締結し就業していた。P社は60歳の誕生日前日を定年退職日と定め、以降65歳までの間については同社の継続雇用制度（高年齢者雇用安定法9条1項2号に基づく制度）の下で1年ごとの有期契約を締結して就労できる旨定めていた。ところが、同制度に関する情報を集めてみたところ、60歳以降の賃金の総額が現状の約4割程度にまで低下すること、また、継続雇用労働者はかなり冷遇されており、職場の一角で書類をシュレッダーにかけるだけという仕事内容で、それを不満に辞める者が多いことが明らかになった。Xは、P社に待遇改善を相談したものの受け入れられなかったことを受け、より早期に転職活動を始めるため、定年到達前に「一身上の都合」を理由とする辞表を提出した。

　離職後、Xが雇用保険法上の基本手当を受給すべくQ公共職業安定所に出向いた際、離職理由が自己都合離職にあたるとして60日間の給付制限処分を受けた。そこでXは、当該離職には同法33条1項にいう「正当な理由」があり、基本手当の給付制限処分が違法であるとして審査請求・再審査請求を行ったものの、いずれも棄却裁決を受けたため、その取消しを求めて出訴した。

　Xの請求は認められるだろうか。

1. 雇用保険法上の「雇用される労働者」に当たるか否かはどのように判断されるか？
2. 基本手当の受給権はどのようにして発生するか？
3. 給付制限には当たらない自己都合離職は、どのように判断されるか？

■ **キーワード**

（雇用保険法上の）労働者性／失業の認定／給付制限／（自己都合離職の）正当な理由

■ **主要判例**

判例1・大阪西職安所長（日本インシュアランスサービス）事件：福岡高判

2013（平25）・2・28判時2214号111頁［社会保障判例百選（第6版）72事件］
判例2・不当利得返還請求事件：金沢地判1973（昭48）・4・27労民集24巻6号535頁［社会保障判例百選（第5版）77事件］
判例3・日立製作所神奈川工場・松田公共職業安定所事件：横浜地判1982（昭57）・6・16労判392号35頁
判例4・新宿職安所長（京王交通）事件：東京地判1992（平4）・11・20労判620号50頁［社会保障判例百選（第6版）73事件］
判例5・日本ビューホテル事件：東京地判2018（平30）・11・21労判1197号55頁

一　事例を読む視点

　雇用保険法は、労働者の「失業」について社会保険の仕組みを用いて給付を行う、いわゆる「失業保険制度」をその中核的内容としている。このことは、同法の前身である（同法の施行と同時に1975年4月1日に廃止された）旧・失業保険法から変わっていない（以下、旧・失業保険法下の先例も参照する）。しかし現在、同法は「失業した場合」のみならず、「雇用の継続が困難となる事由が生じた場合」、「職業に関する教育訓練を受けた場合」、そして「労働者が子を養育するための休業をした場合」といった事項を掲げて、「失業」以外の事由にも給付を行う仕組みを備えるに至っている。例えば、本事例が素材とする継続雇用制度を利用した高年齢労働者の雇用継続、また、新たな職業へ移動するためのスキルアップを目的とした職業教育訓練等に関しても、雇用保険法は高年齢者雇用継続給付（同61条）や教育訓練給付（同60条の2）などの各種給付を設けるなどして対応している（図表11-1参照）。
　本事例の中心的問題は、公共職業安定所長の行った自己都合離職であることを理由とする給付制限について、実際には会社都合による離職であり、あるいは、離職には「正当な理由」があると主張してその取消しを求めた、というものである。ひとくちに「自己都合」による退職といっても、単に働くのが嫌になって辞めるという場合だけでなく、劣悪な労働環境で身体を壊すことを恐れての退職、あるいは積極的に転職・スキルアップを狙って退職する場合もある。雇用保険法は「正当な理由がなく自己の都合によつて退職した場合」には一定期間給付を制限することとしており（同33条1項）、「正当な理由」をめぐる判断が「辞める」という選択肢にも影響をもたらす可能性がある。
　以下では、雇用保険法上の給付を受給するためのプロセスにつき理解を深

めることも念頭におきながら、「被保険者」や「失業（の認定）」といった基本概念について取り上げたうえで、給付制限にかかる「正当な理由」概念の意義と限界を考えてみよう。

二　雇用保険法上の「一般被保険者」

　雇用保険法の給付は多岐にわたる（図表11-1参照）。このうち再就職活動期間中の所得保障にかかる「求職者給付」を受給するためには、雇用保険に加入していること、すなわち同法の「被保険者」でなければならない。この「被保険者」にも、その働き方の特性と対応する給付に即して「（一般）被保険者」、「高年齢被保険者」（65歳以上の被保険者）、「短期雇用特例被保険者」（季節的に雇用される者の一部）、「日雇労働被保険者」（日々雇用される者または30日以内の期間を定めて雇用される者の一部）という類型が存在する。ここでは本事例でも問題となっている、基本手当という給付の受給資格（同13条1項参照）にかかる「一般被保険者」を取り上げよう。

　同法の一般被保険者は、「適用事業に雇用される労働者」である者から、すぐ後に述べる適用除外労働者（適用が除外される者）を除いた者である（同4条1項）。「適用事業」は「労働者を雇用する事業」となっているから（同5条）、まずは「雇用される労働者」に該当するかどうかが問題となる。ちなみに、雇用保険制度は、労働者が適用事業に「雇用される」ことで本人の意思に関係なく被保険者となる「強制加入」の制度であるものの、実際には事業主による被保険者資格取得の届出（同7条）と厚生労働大臣の確認（同9条）という手続きを経て、被保険者資格ははじめてその効力を発する（例えば、保険料納付義務を発生させる）ことになる[1]。

　では、雇用保険法における「雇用される労働者」とはどのように判断されるか。この論点は近年注目が集まっている、雇用によらない働き方（フリーランスワーカー等）の増加とそれを受けた各種労働法規に定める「労働者」の判断基準をめぐる議論に密接に関わる。

　下級審判決は、基本的に労働基準法（以下、「労基法」）上の「労働者」性と同様の判断基準[2]、すなわち使用従属性の有無を基礎に判断している[3]。これに対し、比較的最近の事案である判例1は、委任契約に基づき生命保険等

1　山本工務店事件・最判1965（昭40）・6・18判時418号35頁参照。

11　雇用保険制度における「失業」　133

図表11-1　雇用保険制度の全体像（2025年4月時点）

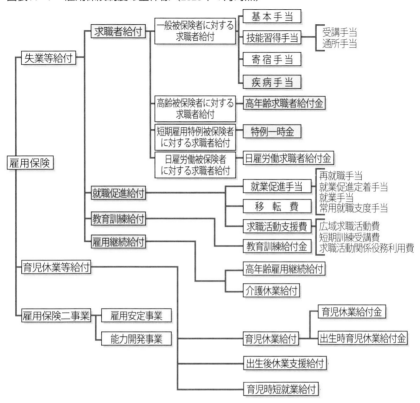

（出典）ハローワークインターネットサービス「雇用保険制度の概要」https://www.hellowork.mhlw.go.jp/insurance/insurance_summary.html（2024年9月27日最終閲覧）を基に作成

2　労働基準法研究会報告「労働基準法の『労働者』の判断基準について」労働省労働基準局編『労働基準法の問題点と対策の方向』（日本労働協会、1986年）52頁以下参照。具体的には①仕事の依頼等に対する諾否の自由、②業務遂行上の指揮監督、③場所的・時間的拘束性、④代替性、⑤報酬の労務対償性の有無により使用従属性を判断するのを基本とし、これによって判断が困難である場合に⑥事業者性の有無、⑦専属性の程度、⑧その他の事情を補強要素として考慮し判断する。
3　所沢職安所長（飯能光機製作所）事件・浦和地判1982（昭57）・9・17労民集33巻5号837頁および同控訴審・東京高判1984（昭59）・2・29労民集35巻1号15頁、池袋職安所長（アンカー工業）事件・東京地判2004（平16）・7・15労判880号100頁、判例1原審判決・福岡地判2012（平24）・3・28賃社1608号52頁。

の契約に関する確認業務等に従事していた者について、原審判決を覆し、「雇用保険法の趣旨」に言及しつつ同法上の「労働者」性を認めた判決として注目された。すなわち同判決は、まず、適用除外に関する条文（雇保6条）を参照しつつ、それが「家計補助的なものに過ぎない」という点で適用除外とされていることを読み取ったうえで、同法上の「労働者」の範囲を考える場合には「事業主から受ける対価によって生計の維持をしている」かどうかが重要な意味をもつ、との解釈を導く。そのうえで、こうした解釈を基礎としつつ、労基法上の労働者をめぐる判断基準を掲げつつも、さらに「上記の雇用保険法の趣旨に照らして、上記の同法上の保護を与えるに相当な関係が存すれば足りる」とした。同判決が「労働者」であることを否定する原審判決を覆していることを加味すると、労務提供の対価によって生計を維持している者であれば、労基法にかかる判断基準によっては「労働者」と言えるか疑わしくとも「雇用される労働者」と認める余地があることを示唆している。

　もっとも同判決は、同法の（「労働者」のうち適用除外労働者を除く）「被保険者」概念の解釈をもって「労働者」概念の解釈論を展開してしまっているなどの点で疑問が寄せられている。そして結局のところ、具体的な事実の当てはめの場面では、基本的には労基法上の労働者をめぐる判断基準に沿って判断しており、上記の解釈論はほとんど意味を発揮していない[4]。したがって、裁判実務の考え方は、なおも雇用保険法上の労働者と労基法上の労働者は基本的に一致し、その判断基準も同一であるという立場を採っていると理解すべきだろう。とはいえ判例1は、そもそもなにゆえ雇用保険法上の労働者が労基法上の労働者の判断基準と一致すると考えられるのかなどの点について、さらに検討の余地があることを示唆する。

三　雇用保険法における「失業」と認定プロセス

　本事例で問題となっている基本手当は、被保険者が、①失業した場合において、②離職の日以前2年間に、被保険者期間が通算して12か月ある者に支給される（雇保13条1項）。これらはそれぞれ、社会保険給付の受給権の発生要件としての①保険事故発生と②保険料納付の要件に当たる。ここでは①

---

[4] 関連文献も含め、林健太郎「判例1解説」岩村正彦ほか編『社会保障判例百選（第6版）』（有斐閣、2025年）146頁参照。

保険事故としての「失業」の意義を検討しよう。

　雇用保険法によれば、「失業」とは、「被保険者が離職し、労働の意思と能力を有するにもかかわらず、職業に就くことができない状態にある」ことと定義され（同4条3項）、ここでいう「離職」は事業主との雇用関係が終了することを指すとされる（同条2項）[5]。この定めをふまえ、判例2（ただし、旧・失業保険法の事案）は、雇用関係が終了した場合には失業給付受給権の問題となる一方、雇用関係が終了する以前（例えば、休職・休業期間中）については当該雇用契約に基づく賃金請求権（民536条2項）の問題となるという区別を示す。かような区別の境界で生じる問題として、例えば、解雇された労働者が当該解雇の効力を争い、その結果、解雇が無効となった場合の処理がある。このような争いが生じた判例2では、解雇が無効となれば、無効な解雇により就労できなかった期間については賃金請求権を行使し得るから、保険者たる国の不当利得返還請求権に基づき、労働者は解雇の効力を争う間に支給された給付の返還を要するとした。もっとも、このような処理は（解雇無効の結果としての）未払賃金が実際に支払われたかに関係なく行われる点で労働者の保護に欠けるため、例えば保険者たる政府が使用者に求償権を行使できるような立法的手当を施すべきとの学説もある[6]。

　より発展的な問題として、労働者が解雇の無効は争わないものの、当該解雇について不法行為法上の違法が認められ損害賠償請求権を取得した場合（民709条）に、賠償額算定において基本手当との損益相殺的調整（賠償額からの控除）を要するかという論点もある[7]。雇用保険法には他の社会保険法に存在する代位や支給停止等の規定はなく（例えば、労災12条の4等。本書第6章四も参照。）、かかる論点の解決は解釈に委ねられる。そして、この点に関する下級審裁判例は割れている[8]。手がかりとすべき判例（最大判1993（平5）・3・24民集47巻4号3039頁）によれば、問題となる給付につき

5　新たに別の事業主に雇用される場合以外にも、労務等の対価として報酬等の経済的利益の取得を期待しうる地位にあれば、自営業や法人の取締役等への就任もこれに当たる（別府職安所長事件・大分地判1961（昭36）・9・29労民集12巻5号905頁）。

6　西村健一郎『社会保障法』（有斐閣、2003年）399頁。

7　労働基準法上の解雇予告手当（同法20条）の支払いについても問題となる。この点も含めて、以下の論点に関するより本格的な考察として、小西康之「失業給付制度と解雇規制の相関性に関する一考察」荒木尚志ほか編『労働法学の展望』（有斐閣、2013年）52～63頁参照。

(a) 不法行為と同一原因による利益性が認められ、かつ、(b) 損害と利益の同質性が認められれば、立法による明文がなくとも「損益相殺的な調整」が行われる必要があるとする。解雇による基本手当受給のケースにおいては(a) は肯定されるから、問題は(b) 損害賠償における逸失利益の補填という性格と雇用保険法上の給付（ここでは基本手当）の性格との「同質性」である。一方で、基本手当支給額が賃金日額を基礎に決定されること（同16条・17条）や失業期間中の生活の維持を給付目的とすることに照らすと、賠償の対象となる損害が逸失利益部分である限りにおいて「同質性」を肯定し得るという考え方も成り立つ[9]。他方で、雇用保険法上の給付には再就職活動の経済的基盤の提供（再就職の促進）をも給付目的に含まれること、そして労災保険法等のような重複調整規定が置かれていないことをふまえると、これを否定する立論も成り立つ。いずれの理解に立つかは、雇用保険法における「労働者の生活及び雇用の安定を図るとともに……就職を促進」するという目的（同1条）をどのように理解するかが一つの論点となろう。

　さて、上記の「失業」の定義によれば、離職した労働者は単に離職しただけでは「失業」とはいえず、再就職の意思とそれに耐えうる健康状態を保持し、それにもかかわらず就職することができていない状態になければならない。これは何を意味するか。

　実は、離職した労働者は、上記の基本手当の要件を充たしただけではその支給を受けることはできない。すなわち、基本手当の支給を受けようとする者は、まず、離職後、公共職業安定所に対して求職の申込みを行うことが求められる（雇保15条2項）。この際、基本手当の受給資格（上記①および②）を充たしているかどうかがチェックされる。次に、受給資格者はその28日後に、再び公共職業安定所に出頭しなければならない[10]。その際、この28

---

[8] もっとも、近年の裁判例には否定説に立つものが目立つ。新潟地判2024（令4）・12・23日 LEX/DB25594477、横浜地判2018（平30）・8・23労判1201号68頁。控除を肯定する裁判例として、フリービット事件・東京地判2007（平19）・2・28労判948号90頁、わいわいランド（解雇）事件・大阪高判2001（平13）・3・6労判818号73頁など。

[9] なお、前掲・1993（平成5）年最大判によれば、控除が認められるのは既払い分および支給の確定した部分に限られ、将来給付分について控除は認められない。つまり、控除される額は事実審の口頭弁論時点において後述する「失業認定」がなされている日に対応する基本手当支給額に限られると考えられる。

日間について、1日ごとに、遡って「失業」状態にあったかどうかの認定が行われる（同条3項。ただし、後述の「待機期間」がある。）。以上を経てようやく「失業の認定」がなされた日について基本手当が支給されるに至る（同条1項）。そして、「失業」状態が続き、受給期間（同20条1項）と所定給付日数（同22条）の限度において、上記プロセスが繰り返されていくことになる。これらのプロセスの法的な意義は次の点にある。

　まず、雇用保険法上の受給資格を充たしている者であっても、離職後（つまり、賃金等の生活の糧を失い所得保障ニーズが生じている状態となっても）すぐに基本手当の支給を受けることはできない（判例3）。これを法的に言えば、求職の申込みとそれを受けた「失業の認定」を経なければ「具体的な」基本手当受給権は発生しない、ということである[11]。また、雇用保険法は基本手当を「失業している日」に支払う、つまり1日ごとに遡って支払うという形式を採用している（同15条1項）。つまり、公共職業安定所長の「失業の認定」は、1日ごとに、同法の「失業」の要件を具備しているかどうかを遡及的に確認する行為ということになる。これらは、労働の意思の有無や就職活動の状況等は事後的にしか確認できないために設けられた仕組みであり、他の社会保険給付とは異なる特徴とも言える[12]。

　さらに雇用保険法は、「失業している日」の最初の7日については基本手当を支給しないこととしている（同21条）。これを「待機期間」といい、その趣旨は「所得補償の必要があるといえる程度の失業状態にあるか否かを確認するためと、また失業給付の濫用を防ぐことのために設けられたもの」と理解される（判例3）。「待機期間」は、「失業」が労働者の任意によって発生させることのできる性格を持つ保険事故であるがゆえに、そのモラルハザード――保険に加入することで、保険事故を引き起こす誘因を高めること――に対処するため設けられている仕組みだと理解できる（失業認定にかかる労働の意思等の確認も同様に解することができよう）。

10　指示された認定日に出頭しなかった場合、「やむを得ない理由」のない限り失業認定を受けることができない（雇保15条4項および雇保則23条1項1号）。認定日の誤認につき、姫路職安所長事件・神戸地判1986（昭61）・5・28労判477号29頁（不支給処分は適法）。
11　「抽象的」と「具体的」との対比も含め、前掲（注10）姫路職安所長事件、横須賀職安所長事件・横浜地判1956（昭31）・1・21労民集7巻1号145頁（旧・失業保険法）。
12　笠木映里ほか『社会保障法』（有斐閣、2018年）433頁〔渡邊絹子執筆〕。

四　「正当な理由」のない自己都合離職に対する給付制限

　すでに言及したように、雇用保険法は「正当な理由」のない「自己都合」の離職について、1～3か月の間、給付制限を設けることとしている（同33条1項）。「正当な理由」の有無は厚生労働大臣の定める基準に従って認定することとされており（同条2項）[13]、積極的な転職意思を持って離職する場合でも「正当な理由」なしとして1か月の給付制限を受けるという帰結をもたらす[14]。自己都合離職の場合、離職時には労働の意思がないか、希薄と考えられる一方、時間の経過とともにこれが回復すれば「失業」として保障の必要性が生じることから、支給を遅らせるという調整的な方法を採用しているというのが行政による説明である[15]。このように「自己都合」の離職について給付制限を課し、かつ、その根拠として自己都合離職直後には労働の意思の欠如あるいは希薄さをあげる行政解釈は、職を転じるための積極的な離職は保険事故としての「失業」として扱うべきではないという理解に立つものである。

　もっとも、雇用保険法は離職に「正当な理由」があれば給付制限は行わないとしている。行政解釈は、「正当な理由」の有無について、「被保険者の状況（健康状態、家庭の事情等）、事業所の状況（労働条件、雇用管理の状況、経営状況等）その他からみて、その退職が真にやむを得ないものであることが客観的に認められる」かどうかによって判断するとしている[16]。そして判

---

[13]　この基準は「雇用保険に関する業務取扱要領」（以下、「要領」）において定められている（https://www.mhlw.go.jp/stf/seisakunitsuite/bunya/koyou_roudou/koyou/koyouhoken/data/toriatsukai_youryou.html）。行政実務の考え方を参照する際には（他の論点も含め）この資料を参照されたい。

[14]　前掲（注13）「要領」52205（5）ハ。このような処置は見直されつつある。2024（令和6）年1月12日付け「雇用保険部会報告」において給付制限を1か月に短縮すべきである旨が提言され、2025（令和7）年4月1日から本文記載のとおりに運用が改められた（同「要領」の改正による）。同時に、自己都合離職後に教育訓練等を自ら受けた者については給付制限を行わない旨も提言され法改正がなされた（2024（令和6）年法律第26号による雇用保険法33条1項ただし書の挿入による）。

[15]　労務行政研究所編『新版　雇用保険法（コンメンタール）』（労務行政、2004年）545頁。

[16]　前掲（注13）「要領」52203参照。

例4も、退職願に「一身上の都合」と記載する一方、公共職業安定所での離職票提出の際に「解雇された」旨申告した者に対する給付制限処分の取消訴訟において、労働者の退職時の意思表示の内容を退職願の記載の形式的な評価ではなく実態を考慮して評価するとともに、「正当な理由」について、当事者の主観的認識によることなく「身体的条件、労働条件または職場環境等により退職することが真にやむを得なかったものであったとの客観的な事実」の有無を評価する（解雇されたとの申告は主観的なものに過ぎず自己都合退職の意思表示をしたものと認められ、真にやむを得なかったものであったとの客観的な事実はないとして結論否定）。

「正当な理由」の有無が争われた裁判例は判例4以外には存在せず、「退職することが真にやむを得なかった」という判断基準がどこまでの事由を包含するのかは今後の事案の蓄積に委ねられる。ここで注目されるのは、行政解釈で例示されている理由の類型化を試みると、①事業所の経営上の事由によるもの、②労働法令違反あるいは不適切な雇用管理によるものだけでなく、③妊娠・出産、負傷・疾病・就労不能等のよるもの、④仕事と家族責任などとの両立困難によるものなども含まれていることである[17]。すなわち行政実務は、離職直後の再就職の意思を実質的に推認させるかどうか（給付制限の根拠の実質的な充足性）を問題にしているわけではなく、離職意思形成の背景事情そのものを評価対象としており、また、特に③・④のように本人（私生活の領域）に関わる理由であっても、社会通念上、雇用継続を困難にするものと客観的に認められる事由について「正当な理由」を認めているのである。このような行政解釈を支える態度は、雇用保険法が「失業」だけでなく「雇用の継続が困難となる事由が生じた場合」にも必要な給付を行うことを法目的としていることをふまえると（同1条）、その限りにおいて肯定できよう。「正当な理由」をめぐる評価は、雇用社会の変化をふまえたうえで雇

---

[17] 具体的に、事業所の倒産・大量の人員整理等、退職勧奨や希望退職者の募集、全日休業による休業手当支払の3か月以上の継続、予見不可能な賃金額の低下、賃金の不十分な支払・遅払の継続、採用条件と労働条件の著しい相違、過重な時間外労働、上司・同僚によるハラスメント・いじめ、事業主の業務内容の法令違反、心身能力の減退、職種転換等に対する労働者の職業生活の継続への配慮の欠如、父母の看護・介護等の家庭事情の急変、配偶者等との別居生活継続困難、通勤不可能事由の発生などを契機とした離職をあげている（前掲（注13）「要領」52203参照。列記の順番は筆者による）。

用保険法における「失業」をどのように考えるべきか、ということを検討する素材ともなり得るといえる。

五　高齢者の継続雇用と高年齢雇用継続給付

　ところで、仮に、事例のＸが実際に継続雇用制度を利用して就業し、4割程度にまで賃金額が低下した場合、雇用保険法上の高年齢雇用継続基本給付金が支給される（同61条）。すなわち同給付金は、被保険者が60歳に達した日以降の賃金額が4分の3以下に低下した場合に、実際に支払われた賃金額の一定割合（同条5項および雇保則101条の4。賃金額の低下割合によって異なり、61％以下に低下した場合には最大値10％〔2025（令和7）年4月以降〕となる）が被保険者に支給される。同法が「雇用継続給付」と銘打っているように（同3章6節）、これは、雇用継続を危ぶませる事態に対してその賃金を給付によって下支えすることで雇用継続を図ることを目的する給付である。このように、雇用保険法は雇用労働をめぐる社会の変化に応じて、「失業」だけではない雇用労働生活の変動に伴う諸事由に対応することもその役割の一つとするに至っている。

　しかしながら、継続雇用制度をめぐっては次のような法的紛争も生じている。すなわち、同制度を設ける企業の多くは同給付および老齢厚生年金の支給額を加味して、60歳以上の労働者の賃金額を60歳到達以前から引き下げるという運用を行なっているところ、その結果として、同制度を利用して有期雇用契約で就労する高年齢労働者と60歳未満の無期契約で働く労働者との間に賃金差が生じる。そこで、このような取扱いが現・短時間労働者及び有期雇用労働者の雇用管理の改善等に関する法律8条（旧・労働契約法20条）の「不合理な待遇の禁止」に抵触しないか[18]、そして本章との関連では、同条の「不合理」性の評価にあたって雇用保険法上の上記給付金の存在がどのように考慮されるかが問題となる。

　これが問われた事案である判例5は、高年齢者雇用安定法が公的年金の支

---

[18]　高年齢雇用継続基本給付金そのものに直接言及していないが、定年後再雇用の有期雇用労働の賃金その他の待遇の「不合理」性が問われた最高裁判決としては、すでに長澤運輸事件・最判2018（平30）・6・1民集72巻2号202頁、名古屋自動車学校（再雇用）事件・最判2023（令5）・7・20裁時1820号1頁がある。

給開始年齢の引上げに対応して継続雇用措置を義務付け、当該措置に関連して定年退職後再雇用労働者の賃金を補填する趣旨で高年齢者雇用継続基本給付金が支給されることをふまえると、給付金の存在は、定年後再雇用労働者の賃金制度「決定の基礎となり得る」から、旧・労働契約法20条が「不合理」性の評価にあたって考慮すると定める「その他の事情」の一要素として考慮される（不合理とは言えない方向での考慮事情となる）との判断を示した。むろん、「不合理」性はその他様々な事情が考慮されて判断されるが、雇用保険法が「失業」以外の様々な事象に対応する給付を設けている結果、かような形でも議論の対象になることも付記しておきたい。

六　本章での学びと事例への回答

1．雇用保険法上の「雇用される労働者」に当たるか否かはどのように判断されるか？

裁判例は基本的に、労基法上の「労働者」性と同様の判断基準、すなわち使用従属性の有無を基礎に判断するという見解を採っている。

2．基本手当の受給権はどのようにして発生するか？

基本手当の（具体的な）受給権は、離職者による求職の申込みとその後の公共職業安定所長による「失業の認定」を経なければ発生しない。

3．給付制限には当たらない自己都合離職は、どのように判断されるか？

雇用保険法は「正当な理由がなく自己の都合によって退職した場合」には給付制限を行うこととしているから（同33条1項）、真に自己都合の離職と評価できるか、そして「正当な理由」の有無が論点となる。そこで、退職願の記載を形式的に評価するのではなくその実態を問うのに加え、「身体的条件、労働条件または職場環境等により退職することが真にやむを得なかったものであったとの客観的な事実」の有無が検討され判断される。

事例への回答

①Xの離職の意思表示は会社都合離職と評価できないか、また、②自己都合離職だとしても、これに「正当な理由」が認められるかが問題となる。少なくともXの主観的理由としては、継続雇用制度を利用すると、賃金額の著

しい低下や不適切な就業環境の下で就労しなければならないことが明らかであるということが背後にある。また、言われている業務内容が事実であれば、P社が意図的に望ましくない就業環境を作り出して退職を促しているようにみえる。

　しかしながら、これらはあくまで背景事情にすぎず、Xは自ら転職を決心して離職を申し出ている。したがって、自己都合離職の意思表示自体は真正なものであろう（①）。これに対し、「正当な理由」該当性はどうか。行政実務では、「賃金が、その者に支払われていた賃金に比べて100分の85未満に低下……ため退職した場合（当該低下の事実が予見困難なものであったものに限る。）」や「上司、同僚等から故意の排斥又は著しい冷遇若しくは嫌がらせを受けたことによって退職した場合」には「正当な理由」が認められるとされる[19]。もっとも、Xは継続雇用制度を利用する前に離職しており、実際に賃金額の低下やその就業環境の下で就労したうえで離職したわけではない。こうした実務に従えば、本件において給付制限処分の取消は認められないと考えられる（②）。

　むろん、行政実務の基準はあくまで行政内部の基準（行政規則）にすぎず、裁判所の判断はこれに必ずしも拘束されるわけではない。自己都合離職であるとの評価はやむを得ないとしても、判例4のいう「労働条件または職場環境等により退職することが真にやむを得なかったものであったとの客観的な事実」として、継続雇用制度の実態がそこで働き続けることを断念させるに足りるものであるということを立証しつつ、「正当な理由」該当性を主張していくことが糸口になろう[20]。

19　前掲（注13）「要領」52203リ・50305ロ（リ）a、52203ヘおよび50305ロ（ニ）a参照。

20　なお、定年前は総合職として事務職に従事していた労働者に対し、それとはまったく異なる清掃等の業務への従事を提案する使用者の対応について、「提示した労働条件が、無年金・無収入の期間の発生を防ぐという趣旨に照らして到底容認できないような低額の給与水準であったり、社会通念に照らし当該労働者にとって到底受け入れ難いような職務内容を提示するなど実質的に継続雇用の機会を与えたとは認められない場合」には高年齢者雇用安定法の趣旨に反して違法となるとしつつ、本件では「社会通念に照らし労働者にとって到底受入れ難いようなものであり、実質的に継続雇用の機会を与えたとは認められない」として、雇用契約上の債務不履行または不法行為に基づく損害賠償請求を認めた事案がある（トヨタ自動車ほか事件・名古屋高判2016（平28）・9・28判時2342号100頁）。

12 公的医療保険制度①（保険診療の仕組み）

浅野公貴

保険診療とはどのような仕組みなのか？

　保険医療機関としての指定を受けた診療所の医師Xは、患者Aに対して、a点滴静注液（本件医薬品）を1回投与した（以下、「本件投与」）。本件医薬品は厚生労働大臣の承認を受けた医薬品であり、本件医薬品の添付文書には本件医薬品の用法・用量として、「通常、成人に1回1袋を30分かけて1日朝夕2回の点滴静注を行う。」と記載されている。

　Xは、Aの治療にかかる診療報酬請求書を作成し、Y（国民健康保険団体連合会）に提出した。Yは、本件投与にかかる診療報酬点数（210点）を不適当または不必要なものとして減点し、本件投与にかかる診療報酬（上記保険点数に1点単価10円および保険給付率70％を乗じたもの＝1470円）を支払わないこととした（以上の扱いを「減点査定」という）。

　Xは、本件投与にかかる減点査定を受けた結果、当該部分の診療報酬を受け取ることができなくなった。Xは、減点査定を不服と考えてこれを争うことにした。

　Xは、誰に、どのような請求をすればよいか。

1．保険診療における当事者の権利義務関係はどのように整理されるか？
2．診療契約はどのような法的性質をもつか？
3．減点査定とは何か。保険医療機関はどのように争うのか？

■ キーワード
　被保険者、保険者、保険医療機関、審査支払機関、保険診療、保険医療機関の指定、療養担当規則、診療報酬点数表、減点査定、取消訴訟、給付訴訟、医療水準

■ 主要判例
　判例1・診療報酬請求控訴事件：大阪高判1983（昭58）・5・27判時1084号25頁［社会保障判例百選（第6版）25事件］
　判例2・取立命令に基づく取立請求（診療報酬）上告事件：最判1973（昭48）・

12・20民集27巻11号1594頁［社会保障判例百選（第6版）22事件］
判例3・行政処分取消請求事件：最判1978（昭53）・4・4集民123号501頁［社会保障判例百選（第6版）23事件］
判例4・診療報酬請求事件：京都地判2000（平12）・1・20判時1730号68頁［社会保障判例百選（第6版）26事件］
判例5・診療報酬請求事件：横浜地判2003（平15）・2・26判時1828号81頁

一　事例を読む視点

　私たちが病気やケガで医療を必要とするとき、マイナンバーカード（マイナ保険証）[1]をもって病院に向かい、医師の診察を受け、その場で治療を受けたり、処方箋を交付されて薬局で医薬品を受け取る。このとき、病院や薬局の窓口でその費用を支払うことになるけれども、ここで支払う費用は、医師の診察・治療や医薬品に関する費用の全額ではなく、その一部にすぎない（私たちが窓口で支払う金銭を「一部負担金」という）。

　では、私たちが受けた医療サービスにかかる費用のうち、一部負担金を除いた残りの費用を誰が支払っているのだろうか。結論を先に述べると、私たち「被保険者」が所属する「保険者」が、残りの費用を支払っている。このことは、法的観点から見ると非常に重要である。なぜならば、私たちが病院で医療サービスを受けるときには、①被保険者と病院との間で法律関係が生じているだけでなく、②病院と保険者との間の法律関係が生じることになるからである（正確にいえば、診療報酬支払機関が関与する複雑な法律関係が生じる。後記二2）。また、私たちが病院から医療サービスを受ける前提として、③被保険者と保険者との間の法律関係も存在している。

　本章では、私たちが医療サービスを受ける場合に、上記のような登場人物

---

[1]　従来は被保険者証（保険証）を提示することとされていた。しかし、2019（令和1）年法改正（令和1年法律第9号）により、マイナンバーカードによる電子資格確認（オンライン資格確認）が導入された（健保63条3項本文）。その後、2023（令和5）年法改正（令和5年法律第48号）により、被保険者証が廃止されることとなった。ただし、現在発行済みの被保険者証は、同改正法施行後1年間有効とみなす経過措置が設けられている。

（法主体）間の法律関係がどのようになっているのかを考えてみよう。そのうえで、冒頭事例のように、保険医療機関の実施した医療サービスが不適切なものであると判断された場合に、どのような法的紛争が生じるのかを考えてみよう。

二 保険診療の登場人物（法主体）と医療サービス実施にかかる法律関係

1 医療保険の基本的な仕組み

　医療保険は、社会保険の仕組みを用いて行われる。医療保険を運営する主体のことを保険者という。医療保険の保険者は、複数存在しており、個々人の働き方や年齢によって加入する医療保険が異なる（本書第5章）。各種医療保険に加入し、保険料納付義務を負う人のことを被保険者という。

　医療保険は、医療サービスそのものを保障することを原則とする（現物給付原則）。保険者は、医療にかかる費用を事後的に被保険者に支払うのではなく、医療サービスそのものを保障する。法律上は現物給付の医療サービスのことを「療養の給付」という（療養の給付の内容に関する詳細については本書第13章を参照）。療養の給付の範囲内で行われる医療サービスの提供を「保険診療」という。

　医療は、医師が専門的知見をふまえて提供すべきものである。すべての保険者が自ら医師を雇用して所属する被保険者のすべてに対して医療サービスを直接提供することは難しい。そのため、国（厚生労働大臣）は、社会保険の仕組みを用いて医療サービスの提供を行う主体を保険医療機関として指定し、保険医療機関が医療サービスの提供を行う。そして、保険医療機関が被保険者に対する医療サービスを実施した場合に、当該医療サービスに要した費用が、保険者から保険医療機関に対して、診療報酬として支払われる。

　このように、現物給付としての医療サービスの提供は、講学上、被保険者・保険者・保険医療機関という3者間の法律関係として説明できる。しかし、現実はより複雑な形をとる。なぜなら、診療報酬の審査支払機関がこの法律関係に登場するからである。審査支払機関は、保険者からの委託を受けて、診療報酬の審査と支払に関する事務を担当する機関であり、社会保険診療報酬支払基金または国民健康保険連合会が該当する。審査支払機関が介在する理由は、個々の保険者が数多く存在する保険医療機関との間で診療報酬

に関する事務を直接やりとりするのは煩雑だからである。以上のように、実際には、保険診療が行われる場合に、被保険者・保険者・保険医療機関・審査支払機関という4者間の法律関係が生じる。

2　4者間の法律関係の内容

以下では、図表に即して4者間の法律関係を説明する（○番号は図表に対応する）。

①被保険者・保険者間　被保険者と保険者の間には、各種の医療保険法に基づき保険関係が生じる[2]。この保険関係に基づいて、それぞれ、保険料支払い義務（被保険者）、療養の給付としての医療サービス保障義務（保険者）を負う。もっとも、上述したとおり、個々の保険者自身が医療サービスを提供するのではなく、保険医療機関が医療サービスの提供を行う。

②被保険者・保険医療機関間　被保険者と保険医療機関の間には、診療契約関係が生じる。これは、被保険者と保険医療機関の間の合意に基づく、診療を目的とする準委任契約である[3]。両者はそれぞれ、一部負担金支払い義務（被保険者）、医療サービス提供義務（保険医療機関）を負う。

ただし、保険診療の場合、当事者は、診療契約の内容を自由に設定することはできず、一定の制約を受ける。保険医療機関は、「保険医療機関及び保険医療養担当規則」（1957（昭32）・4・30厚生省令第15号）（以下「療養担当規則」）に従った形で、「診療報酬の算定方法」（2008（平20）・3・5厚生労働省告示第59号）（以下、「診療報酬点数表」）に含まれる医療サービスしか提供することができない（詳細について本書第13章参照）。

被保険者が保険診療として医療サービスを受けるためには、マイナ保険証を提示しなければならない。なぜなら、医師と患者の間に診療契約関係が生じるのは、保険診療の場合に限られないからである。例えば、保険診療の対象にならない自由診療である美容整形医療の場合も、当事者の間に美容整形

---

[2] 保険者の種類、被保険者資格の発生要件等については、菊池馨実『社会保障法（第3版）』（有斐閣、2022年）392頁以下参照。被用者保険の場合、被保険者に扶養される被扶養者も医療サービスを利用できる。この点について、本書第5章参照。

[3] 東京地判1972（昭47）・1・25判タ277号185頁［社会保障判例百選（第5版）18事件］。ただし、原田啓一郎「療養担当規則に関する一考察」駒法5巻1号（2005年）21〜27頁参照。

図表12-1　保険診療の流れ

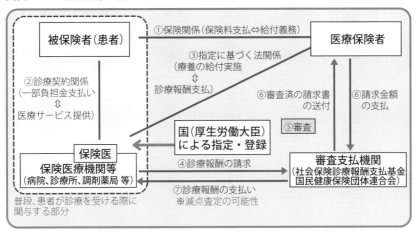

（出典）厚生労働省 HP「我が国の医療保険について」を一部修正

を目的とした準委任契約（診療契約）が生じる。また、ある医療サービスの提供が保険診療として行われるか否かは、対象となる医療サービスの内容が保険診療の範囲に含まれるか否かだけではなく、患者がマイナ保険証を提示して当該医療サービスを受けるか否かに左右される。仮に保険診療の範囲内に含まれる医療サービスが提供される場合であっても、マイナ保険証の提示がない場合には、自由診療として診療契約が締結されたものと扱われる[4]。

③保険医療機関・保険者間　　保険医療機関と保険者の間の法律関係である。医療機関が保険診療を担当するには、国（厚生労働大臣）による保険医療機関としての指定を受けなければならない（健保63条3項、65条1項）。また、保険診療を行う個々の医師は、保険医としての登録が必須となる（同64条）。医療機関は、保険医療機関としての指定を受けることで、被保険者に対する保険診療を実施した場合に診療報酬の支払いを受ける地位を獲得する（同76条1項）。他方で、保険医療機関としての指定を受けるがゆえに、医療サービスの提供に関する様々な制約を課される（同70条および療養担当規則）。具体的には、療養担当規則にしたがった医療サービスの提供を義務付けられ、また、保険診療として認められていない医療サービス（自由診療）の提供を

4　例えば、交通事故の場合である。大阪地判1985（昭60）・6・28判タ565号170頁参照。

制限される。したがって、医師の立場から見ると、保険診療への参加は、自由な医療活動を一定程度制約されることを意味する。一方で、保険者は、保険医療機関が被保険者に対する保険診療を療養担当規則にしたがって適切に実施した場合に、診療報酬を支払う義務を負う（同76条1項、4項）。診療報酬額の算定には、診療報酬点数表が用いられる（同76条2項）。

　上述した、保険者と保険医療機関との間の法律関係を生じさせる指定の法的性質には争いがある。裁判例は、指定を公法上の契約と解する立場[5]と行政処分と解する立場[6]に分かれている。しかし、指定の法的性質を公法上の契約と解しても、行政処分と解しても、指定によって、保険診療実施債務（保険医療機関）と診療報酬支払債務（保険者）を負うと解する点は変わらない。むしろ、重要なことは、保険医療機関としての指定を受けることによって、保険医療機関は、保険診療に参加できる地位を獲得する反面、種々の制約を受けるということである。この制約の中核は、療養担当規則と診療報酬点数表であり、これらから逸脱した形で医療サービスを提供しても、診療報酬を受けとることができないということである。この点について、判例1は、「療養担当規則に準拠して右給付〔*療養の給付〕のなされるべきことが法律上規定されているところであるから、右医療機関は、右委任の趣旨に従った事務処理、すなわち、法及び規則に適合した療養の給付を行った場合に、これにつき診療報酬請求権が発生する」と述べている。すなわち、療養担当規則に適合した形で保険診療を行うことが、診療報酬債権の発生要件となる。

④から⑦審査支払機関の関わり方　　現実には、保険診療の審査および診療報酬の支払い事務は、審査支払機関に委託されている（同76条5項。図表の④〜⑦を参照）。審査支払機関は、保険者からの委託を受けて、保険医療機関から請求される診療報酬の審査・支払に関する事務を行う。この点に関する詳細は、本章三で詳述する。

　以上説明してきたような形で、現物給付としての医療サービス（保険診

5　大阪地判1981（昭56）・3・23訟月27巻9号1607頁［社会保障判例百選（第6版）21事件］。
6　東京高判2013（平25）・6・26判時2225号43頁。最近の学説は、指定取消が行政処分と解されていることなどを理由に、指定も行政処分とみる見解が有力である。例えば、菊池・前掲書（注2）424頁。

療）の保障が行われる。医療保険制度の下では、保険診療の実施を保険医療機関に委ね、保険医療機関に対する一定の制約を課すことで、医療保険としてふさわしい内容の医療サービスを実現しようとしている。

ところで、上述した保険医療機関に対する制約は、現実に医療サービスが行われる前の事前規制としての性格をもつ。そのため、現実に保険医療機関が上記の事前規制を順守しているかどうかを事後的にチェックする仕組みも必要となる。ここで登場してくるのが、診療報酬の審査支払機関であり、冒頭事例で問題となった減点査定である。次節では、この点について考えてみよう。

三　減点査定

1　減点査定の意義と争いの主体

保険診療においては、保険医療機関による医療サービス提供の適切性を事前にチェックする仕組みは置かれていない[7]。保険診療においては、保険医療機関による医療サービス提供の適切性のチェックは、診療報酬支払の場面において事後的に行われる。こうした事後的な保険診療の適切性チェックとして行われるのが、審査支払機関による減点査定である。診療報酬は、1点単価を固定した点数を用いて算定されているので、「減点」査定と呼ばれる。減点査定は、保険医療機関が行った医療サービスの提供に、保険診療として不適切な部分がある場合に、当該不適切な部分に対応する診療報酬を減額して支払う仕組みである。言い換えると、不適切な保険診療には診療報酬が支払われない。

しかし、減点査定が行われる場面であっても、保険医療機関が自らの行った医療サービスの提供に問題がないと考えるならば、保険医療機関としては減点査定に納得がいかないであろう。この場合、保険医療機関はどうしたらよいだろうか。冒頭事例ではまさにこのような状況を取り扱っている。

この問題を考える際には、二で解説した当事者間の法律関係のうち、診療報酬の支払いに関する法律関係を理解する必要がある。健康保険法は、保険

---

[7] 通常、社会保障給付支給の適切性は、行政機関等が申請を事前にチェックすることで担保される。これに対して、疾病や負傷による医療サービスの迅速な保障が求められる医療分野では、こうした事前チェックは行われない。

医療機関から療養の給付に関する費用の請求があった場合に、保険者が審査して支払う旨を定めている（健保76条4項）。同時に、保険者が審査支払機関に審査および支払いの事務を委託することができると定めている（同76条5項）。そのため、保険医療機関が、減点査定を争う主体の候補としては、法律上で診療報酬の支払いをするものとされている保険者か、あるいは当該保険者から審査支払の委託を受けた審査支払機関のいずれかが考えられる。

この点に関する判断を示したのが、審査支払機関が保険医に対する診療報酬支払義務を有するか否かが争点となった判例2である。判例2は、審査支払機関の目的や業務内容等について定める社会保険診療報酬支払基金法の定めを根拠として、審査支払機関が保険者から審査支払の委託を受けたときは、審査支払機関自身が「診療担当者に対し、その請求に係る診療報酬につき、自ら審査したところに従い、自己の名において支払いをする法律上の義務を負う」と判示した。このことから、保険者が診療報酬の支払いを審査支払機関に委託する限り、診療報酬の支払債務は審査支払機関に移転する[8]。したがって、減点査定を受けた保険医療機関は審査支払機関と争うことができる[9]。

2　減点査定の法的性質と争い方

次に、保険医療機関は、審査支払機関に対して、どのような形で争うことができるだろうか。この問題を考える際には、減点査定の法的性質を確認する必要がある。

判例3は、保険医が審査支払機関（社会保険診療報酬支払基金）の行った減点査定の法的性質を行政処分と捉えて、抗告訴訟（取消訴訟）を提起した事案である。判例3は、「社会保険診療報酬支払基金が保険医療機関からの診療報酬請求に対して行ういわゆる減点の措置〔＊減点査定のこと〕は、法律上、保険医療機関の診療報酬請求権その他の権利義務になんら不利益な効

---

[8]　島崎謙治「判批」（判例2）岩村正彦編『社会保障判例百選（第5版）』（有斐閣、2016年）49頁。

[9]　ただし、審査支払機関に対する審査支払委託によって、保険者の診療報酬支払債務が消滅するわけではなく、保険者も診療報酬支払債務を免れないとする見解も主張されている（例えば、菊池馨実ほか『社会保障法（第8版）』〔有斐閣、2023年〕171頁）。また、これを肯定する下級審裁判例もある（神戸地判1981（昭56）・6・30判時1011号20頁）。

果を及ぼすものではないから、抗告訴訟の対象となる行政処分にあたらない」と判示して、減点査定が行政処分に該当しないと判断した。

　ここで重要なことは、行政処分に関する争いは抗告訴訟（取消訴訟）でしか争うことができないということである（取消訴訟の排他性）。そのため、ある行為が行政処分に該当するか否かは訴訟形式の選択において決定的な意味を持つ。すなわち、減点査定が行政処分に該当しないということは、減点査定を抗告訴訟（取消訴訟）で争うことはできないということを意味する。

　なぜ減点査定には処分性がないのだろうか。ある行為が行政処分に該当するかどうかを「処分性がある／ない」と表現するのだが、最高裁（大田区ごみ焼却場事件・最判1964（昭39）・10・29民集18巻8号1809頁）は、処分性がある行為について、「公権力の主体たる国または公共団体が行う行為のうち、その行為によって、直接国民の権利義務を形成しまたはその範囲を確定することが法律上認められているものをいう」と判示している。これを基礎にして、一般に処分性の判断基準としては、①公権力性（一方性）、②当該行為による法効果の発生、③個別具体性・直接性に整理される[10]。①は相手方の同意の有無を問わず法効果が生じることを意味する。②は行政組織の外部に対する効果をもつことを意味する（形式面）。また、事実上の効果ではなく、法的効果を持つことを意味する（性質面）。③は特定の相手方に向けられた行為であること、他の行為を媒介としないことを意味する。処分性の判断基準をふまえて、判例3の説示をみると、減点査定が診療報酬請求権に法効果を及ぼさないことを指摘していることから、②の観点から処分性を否定する趣旨であると解される。

　もっとも、判例3の説示は上記のとおり簡潔であり、理由付けに判然としない部分が残る。そこで、同旨の判断を示した判例3控訴審（名古屋高判1977（昭52）・3・28判時865号40頁）を確認してみよう。判例3控訴審は、審査支払機関による「審査は、診療報酬の請求から支払に至る一連の手続の中間段階にあって、適正な診療報酬支払額を確認するため、その前提としてなされる点検措置であり、内部的判断作用であるにすぎない。のみならず、元来診療報酬請求権は、診療行為の対価であって、診療の都度その時点で客観的に発生するものであるから、診療報酬請求が法制上診療機関から基金に

10　処分性に関する詳細に関しては、岡田正則ほか編『判例から考える行政救済法（第2版）』（日本評論社、2019年）18頁以下〔岡田執筆〕を参照。

対して請求される形態をとるとはいえ、その性質自体は私法上の法律関係……と別異に解すべき理由はない点に照らしても、これら一般取引上の債権の点検確認と異なるところがないといわなければならない」と判示している。この判示のうち、減点査定が内部的判断作用にすぎないとする点は、上記②形式面から処分性を否定する理由となる。また、診療報酬請求権が診療の都度生じるとする点は、これを言い換えれば、減点査定がされても診療報酬請求権に法的な影響を与えるわけではないということであるから、上記②性質面から事実上の効果しかないという意味で、処分性を否定する理由となる。したがって、判例3が示すとおり、減点査定に処分性は認められないので、保険医療機関は、減点査定を取消訴訟によって争うことはできない。

では、保険医療機関は、どのような争い方をすることができるだろうか。この点について、判例3控訴審は、「診療報酬請求権が私法上の債権債務関係と別異でないことに徴し、その解決は、給付訴訟によるなど診療報酬請求権の存否を決することによらしめれば足りる」と判示している。したがって、保険医療機関は、自らが行った医療サービスの提供が療養担当規則に適合した適切なものであるから、これによって診療報酬債権が発生しているということを前提として（判例1参照）、診療報酬債権を請求原因とする給付訴訟を提起することができる。

3 減点査定における実質的な争点

次いで、減点査定における実質的な争点がどのような点にあるのかということを考えてみよう。ここで確認しておきたいのは、減点査定がどのような場合に行われるかという点である。療養担当規則等の保険診療上のルールに適合している限り、減点査定が行われることはない。減点査定が行われるのは、こうした保険診療上のルールから"逸脱した"と評価される場合である。

しかし、こうした逸脱の有無が一見して明白ではないケースも存在する。なぜならば、療養担当規則の定めは非常に抽象的な内容を多く含んでいるからである。例えば、「療養上妥当適切なもの」でなければならないこと（療養担当規則2条2項）、投薬が「必要があると認められる場合」に行われること（同20条2号イ）等である。このような療養担当規則の記載の抽象性もあって、審査支払機関が減点査定を行う際には、療養担当規則よりも具体的な基準が拠り所とされることがある。こうした具体的な基準に該当するのは、行政機関が定める薬剤等の標準的用法等を示した「使用基準」等の通知や、

医薬法に基づいて製薬会社が作成する医薬品の用法等を示した「添付文書」[11]等である。これらの基準は、療養担当規則と異なり、保険医に対する直接的な拘束力が法律上定められているわけではない。

これらの基準の存在をふまえて、減点査定が行われる場面をより突き詰めて考えると、療養担当規則上の不確定概念（例えば、療養上の「妥当適切性」や投薬等の「必要性」）を解釈するために設けられた、特定の具体的な基準から逸脱した場面であるということができる。それゆえに、保険医療機関としては、個別のケースで行われた医療サービスの提供が、こうした具体的な基準からは逸脱しているとしても、なお療養担当規則等の保険診療上のルールに適合していることを示すことで、審査支払機関の評価を覆す余地がある[12]。

判例4は、「抗生物質の使用基準」（1962（昭37）・9・24保発第42号）から逸脱した形で抗生物質が利用されていたケースで減点査定が行われた事案である。判例4は、結論として減点査定を適法としているし、保険医療機関が原則として抗生物質の使用基準に従うことを義務付けられていると述べるものの、「保険医療機関等が遵守すべきものとされる準則等が一般の医療水準と乖離するような状況があれば、それは健康の保持・増進を目的とする国保法の精神に悖る結果を招来するものといわなければならない。その限りにおいて、『抗生物質の使用基準』の明文の規定に厳格には一致しない診療行為であっても、右基準の許容範囲として、保険診療と評価することが許される場合もあるというべきである」と判示している。この判示は、使用基準に厳格に一致しない診療行為も、一般の医療水準と評価される限りで、療養担当規則に適合する余地を認めている。ただし、判例4は、こうしたケースに該当しうる場合について、「記載された用法と異なる用法で使用する場合には、療養担当規則等との適合性、すなわち、記載された用法と異なる用法が、必要不可欠であることの十分な根拠があり、予定された用法と同等の効果を持ち、副作用などの点において記載された用法と実質的に同一であることが

---

11 医薬品医療機器法の2019（令和1）年改正（令和1年法律第63号）によって、2021（令和3）年8月1日以降は、医療用医薬品の添付文書は原則として電子化された。これにより、従来の「添付文書等記載事項」が「注意事項等情報」（医薬52条1項、68条の2第1項）と改められた。ただし、当該医薬品の適切な使用のための情報提供がなされる点は変わらない。

12 笠木映里ほか『社会保障法』（有斐閣、2018年）205〜206頁〔笠木執筆〕。

一般的に明らかであることを厳密に立証する必要がある」とも判示している。このことから、使用基準等から逸脱した診療行為が療養担当規則に適合すると評価されるためのハードルは相当に高いものということができる。

　判例5は、医薬品の添付文書から逸脱した投薬がなされたとして減点査定が行われた事案である。判例5は、添付文書の記載が個別具体的な薬剤投与の際の基準となるものであるから、添付文書の記載にしたがった投薬が適切な療養の給付の実施（療養担当規則に適合した医療サービスの実施）であるとしながらも、「さまざまに異なる症状や身体条件の患者を扱う医療行為の性質上、このような添付文書の記載も、薬剤の用法、用量等を一義的・固定的な基準で定めるのではなく、使用する医師に一定の裁量的判断の余地を残した記載となっている場合も多く、また、ときには添付文書の記載自体が必ずしも明確でないために異なった解釈が生じうることもあるが、このような場合には、実際の臨床の場における標準的な取扱いや医学的知見も参酌しながら、当該薬剤の投与が添付文書の記載する用法、用量等の基準に従った適正な療養の給付といえるか否かを判断することとならざるを得ない」と判示した。この判示には、添付文書の記載内容に不明確性が残る場合には、「実際の臨床の場における標準的な取扱いや医学的知見」といった添付文書の記載以外も考慮される可能性が示されている。実際に、判例5は、本件で問題となった医薬品の添付文書の記載内容からは直ちに対象となるか明らかでない患者に対して行われた当該医薬品の投与に関して、「透析治療に携わる多数の医師の見解」および「日本透析医会の作成した保険診療マニュアル」の内容をふまえて、こうした患者に対する当該医薬品の投与が添付文書の範囲内であると判断した。

　以上のように、保険診療上のルール（主として療養担当規則の定める内容）が抽象的であるゆえに、これよりも具体的に定められた基準等（使用基準や添付文書）から、保険医により行われた診療が逸脱する場合であっても、診療当時の医療水準に合致している限りで、当該診療が療養担当規則に適合していると評価される余地は否定されない。もっとも、こうした主張を裁判所に認めてもらうのは容易ではない。確かに、裁判所は、具体的な基準（使用基準や添付文書）に厳格に適合しているか否かだけで、療養担当規則適合性を判断しているわけではなく、一定程度個々のケースの特殊性を考慮したうえで、その時々で標準的とされる医療水準と合致しているか否かという観点から、療養担当規則への適合性を審査しようとしている（判例4、判例

5)。しかし同時に、裁判所は、保険医療機関がこの点にかかる厳格な立証をすることを求めているのである（判例4）。

四　本章での学びと事例への回答

1．保険診療における当事者の権利義務関係はどのように整理されるか？

　保険診療においては、被保険者（患者）、保険者、保険医療機関、審査支払機関という4者間で法律関係が形成される。①被保険者・保険者間では医療保険各法に基づく保険関係が成立する。②被保険者・保険医療機関間では診療契約関係が成立する。③保険者・保険医療機関間では療養の給付の実施委託と診療報酬の支払関係が成立する。ただし、実際の診療報酬の審査支払は、④保険医療機関・審査支払機関間の法関係として成立する。

2．診療契約はどのような法的性質を持つか？

　被保険者と保険医療機関の間の診療契約は、傷病の治療を目的とした私法上の契約関係（準委任契約）である。ただし、一般的な私法上の原則である契約自由の原則は妥当せず、療養担当規則や診療報酬点数表など、保険診療上のルールによる制約がある。

3．減点査定とは何か。保険医療機関はどのように争うのか？

　減点査定は、不適切な保険診療が行われた場合に、当該部分に対する診療報酬を減額する仕組みである。減点査定は、保険診療の適切性を事後的にチェックする機能を果たす。

　保険医療機関は、減点査定を争うために、自身が行った医療サービスの提供によって生じた診療報酬債権を請求原因とした給付訴訟を提起することができる。減点査定を行政処分と捉えて抗告訴訟（取消訴訟）を提起することはできない。

事例への回答

　Xは、Yを相手に、自らが患者Aに対して行った診療が療養担当規則にしたがった適切なものであるから、当該診療について診療報酬債権があるとして、Aの所属する保険者から審査支払委託を受けたYに対して、減点査定による減額部分の診療報酬の給付訴訟を提起することができる。

冒頭事例で注目しておきたいのは、Xが本件医薬品を「1回」しか投与していないところ、添付文書に記載された本件医薬品の用法用量で「1日朝夕2回」とされていることである。この添付文書の記載は、明確に使用回数が定められており、一義的かつ明白な記載である。そうすると、添付文書の記載に不明確性や医師の裁量の余地があるとは言い難い（判例5参照）。確かに、添付文書の「通常」という文言から、例外を認める余地があるという主張はあり得るかもしれない。しかし、この場合でも、投与回数を1回とすることが、診療当時の医療水準となっていることをX側が厳格に立証しなければならない（判例4、判例5参照）。

したがって、こうした事情が存在しない限りにおいて、冒頭事例のようなケースでXの主張が認められるのは困難といえるだろう（本章の事例は、札幌地判2020（令2）・2・21裁判所ウェブサイトを参考にしたものである）。

13 公的医療保険制度② (保険診療の範囲)

浅野公貴

保険診療の範囲はどのように決められているのか？

XはステージⅣの末期がんに罹患している。Xの主治医Aによれば、現在の医療保険で利用可能な治療方法（保険診療）では、Xの末期がんに対する痛みの緩和を目的とした対症療法をすることしかできない。

Xは、自身と同じ末期がんの患者が新しい治療方法Z_1による治療を受けたことや、アメリカでXと同じ末期がん患者が医薬品Z_2を用いた治療を受けたことをニュースで知った。そこで、Xは、主治医Aに、Z_1やZ_2を用いた治療を行うことを相談した。しかし、主治医Aによれば、Z_1は患者申出療養というもので、保険診療の範囲外であり、1000万円程度の追加負担が生じる。さらに、Z_2を用いた治療は、本来保険診療の対象となる部分も含めて、治療費用（約1億円）がXの全額自己負担となる。

Xにとってこれらの費用負担は簡単ではないけれども、病状が回復する可能性があるならば、治療をあきらめたくない。Xが、Z_1やZ_2を利用することはできるだろうか。

1. 保険診療の範囲はどのように決められているのか？
2. 混合診療禁止原則とは何か？
3. 新しい医療サービスを利用するためにはどうしたらよいか？

■ キーワード
保険診療、自由診療、混合診療禁止原則、混合診療保険給付外の原則、保険外併用療養費、評価療養、患者申出療養

■ 主要判例
判例1・家族療養費不支給処分取消請求事件：大阪地判2004（平16）・12・21判タ1181号193頁［社会保障判例百選（第4版）30事件］
判例2・混合診療訴訟第一審：東京地判2007（平19）・11・7民集65巻7号3047頁［社会保障判例百選（第4版）31事件］
判例3・混合診療訴訟上告審：最判2011（平23）・10・25民集65巻7号2923頁［社会保障判例百選（第6版）30事件］

一　事例を読む視点

　本書第12章で確認したように、患者は、診療報酬点数表に収載された医療サービスや薬価基準に収載された医薬品等により、保険医療機関で療養担当規則に沿った治療を受ける。このとき、診療報酬点数表や薬価基準は、医療保険で利用可能な医療サービス（保険診療）の給付範囲として機能している。私たちが利用できる医療サービスは、この保険診療に含まれる医療サービスに限定される。

　これにとどまらず、医療保険では、保険診療に含まれない医療サービスに対する制限的な考え方が採用されている。すなわち、保険医療機関が混合診療（保険診療と併せて保険外診療である自由診療を行うこと）を行うことは、原則として禁止されている（混合診療禁止原則）。混合診療が行われると、本来保険診療に含まれる医療サービスについても、医療保険からの給付が行われない（混合診療保険給付外の原則）。これらの原則は、冒頭事例のXがZ_1やZ_2を利用できなかったり、高額な費用が生じる原因となっている。

　一方で、医学は発展を続けており、新しい治療方法が続々と登場している。現在の保険診療の範囲もこうした医学の発展を取り込む形で拡充されてきた。とはいえ、新しく登場してきた治療方法のすべてが保険診療として採用されるとは限らない。治療方法の有効性・安全性が問題になるのはもちろんのこと、有効性・安全性が確認されたとしても、当該医療サービスを医療保険でカバーするべきかどうかは議論の余地があるからである。

　本章では、保険診療の範囲がどのように決定されているかを確認したうえで、冒頭事例のように、保険診療の範囲外にある医療サービスを利用できるかについても考えてみよう。

二　保険診療の範囲を定める仕組み

1　医療保険の目的に基づく制約

　医療保険は、疾病、負傷、出産または死亡に関する保険給付を行う（健保1条）。このうち、本章が対象とする「保険診療の範囲」に関連するのは、「疾病」および「負傷」に対して現物給付として提供される医療サービスである。

そもそも医療それ自体が対象とするものは、疾病や負傷に対する医療サービスに限られない。例えば、美容整形を目的として行われる手術は、医療サービスには該当するけれども、保険診療の対象にはならない。なぜなら、美容整形は、疾病や負傷の治療を目的としているのではなく、人の外見に関する主観的満足度の向上を目的とするからである。また、健康診断に代表される疾病の予防的医療も、原則として保険診療の対象にならない。なぜなら、健康診断は、通常は心身の異常を前提としないで行われるものであり、疾病や負傷の治療を目的としたものではなく、個人の健康の保持増進のために行われるにすぎないからである。後述する判例1は、保険診療「の対象となるのは、被保険者の疾病又は負傷の治療上必要な範囲内のものに限られ、単に疾病又は負傷の予防や美容を目的とするにすぎない診療等は、その対象とはなり得ないものと解するのが相当である」と述べて、このことを確認している。また、美容整形や予防的医療には、そもそも治療を必要とする前提である疾病や負傷が存在しないということもできる。

さらに、妊娠・出産に関連して行われる医療サービスも、異常分娩に対する治療を必要とする場合を除いて、保険診療の対象にはならない。妊娠・出産という出来事は、保険という仕組みが前提とする偶発性に欠けること、および提供される医療サービスの内容や質に対するニーズの多様性に配慮したことを理由とする。それゆえに、保険診療としては行われないけれども、医療保険の給付対象には含まれている（出産育児一時金[1]）。

以上をふまえて、以下では、疾病および負傷に対して現物給付として提供される医療サービス（保険診療）の範囲について考えてみよう。

2　「療養の給付」（保険診療）に関する法律の定め

まず、法律において保険診療の範囲がどのように定められているのかを確認しよう。健康保険法は、保険給付の種類を列挙している。このうち、現物給付としての医療サービス（保険診療）にあたるものが「療養の給付」である。療養の給付の内容としては、診察、薬剤または治療材料の支給、処置や手術等の治療、在宅医療、入院医療等が列挙される。

1　2024（令和6）年9月現在、保険適用も視野に入れた議論が政府内（厚生労働省保険局「妊娠・出産・産後における妊産婦等の支援策等に関する検討会」）で行われている。

一方で、入院中の食事療養や生活療養、差額ベッド代などの選定療養、将来的に保険診療の対象とすべきか否かを評価するための高度の医療技術を用いた一部の療養等（評価療養、患者申出療養）については、療養の給付に含まれないことが明示的に定められている。

しかし、こうした法律上の諸規定からは、具体的にどの医療サービスが保険診療の範囲に含まれるのかは明らかにならない。

3　行政立法による保険診療の範囲の具体化

(1) 保険診療の範囲の具体化　健康保険法は、保険診療の範囲に含まれる医療サービスの具体的内容に関して、「保険医療機関及び保険医療養担当規則」（1957（昭32）・4・30厚生省令第15号）（療養担当規則）、「診療報酬の算定方法」（2008（平20）・3・5厚生労働省告示第59号）（診療報酬点数表）という、法の委任を受けて定められる行政立法に委ねている。

このうち、診療報酬点数表は、保険診療の内容と価格を一覧表の形で列挙する。保険診療の範囲に含まれる医薬品に関しては、「使用薬剤の薬価（薬価基準）」（2008（平20）・3・5厚生労働省告示第60号）が、医薬品の内容と価格を一覧表の形で列挙する。

療養担当規則は、療養の給付の担当方針や保険医の診療方針等を定める。療養担当規則で定められる内容は、厚生労働大臣が定めるもの以外の特殊療法の禁止や厚生労働大臣の定める医薬品以外の処方禁止等のように、保険診療の範囲に密接に関連する定めを含む。

保険医は、法律の委任を受けた療養担当規則に拘束されるので、評価療養や患者申出療養のような例外を除いて、保険診療として特殊な療法（診療報酬点数表に収載されていないもの）を実施することはできないし、厚生労働大臣が定める医薬品以外の医薬品（薬価基準に収載されていないもの）を処方することはできない。

このように、保険診療の範囲は、療養担当規則、診療報酬点数表等によって具体化されている。とりわけ、診療報酬点数表は、給付範囲の一覧表として機能しており、保険診療として提供されうる医療サービスの内容と価格を定めている。したがって、診療報酬点数表に収載されていない医療サービスの提供は、そもそも診療報酬算定の対象にならない。

(2) 療養の給付と療養費の支給の関係　（1）で見たように、法律上、保険診療の範囲は、療養の給付の実施主体である保険医療機関等に対する医

療サービス提供および診療報酬請求に対する規律を通じて具体化される。このことは、保険診療の範囲を具体化する療養担当規則や診療報酬点数表といった行政立法が、保険医療機関等を対象にしたものであることを意味する。それゆえ、こうした保険医療機関等に対する規律が、被保険者との関係でいかなる法的効果を持つかという点が問題になりうる。この問題が顕在化したのが判例1である。

　判例1は、原告（健康保険の被保険者）が、被告（社会保険事務所長）に対し、てんかん患者である原告の被扶養者Aの装着する頭部保護帽の購入費用について、療養費の支給を請求したところ、不支給決定を受けたため、その取消しを求めた事案である。療養費とは、療養の給付の実施が困難な場合等に療養の給付に代わって支給される金銭給付である。療養費の支給は、被保険者がいったん医療機関に治療にかかる費用を支払ったことを前提に、被保険者の申請に基づいて行われる（健保則66条1項）。そして、保険者が、法で定められた療養費の支給要件を充たすか否かを判断して、被保険者に療養費を支給する（健保87条1項）。そのため、療養の給付と異なり、保険医療機関に支払われる診療報酬の審査支払プロセスは介在しないので、療養費の対象となる給付が療養担当規則等に適合することを求める法律上の規律は存在しないことになる。この事案では、当時の診療報酬点数表に収載されていない頭部保護帽の費用が療養費の支給対象になるか否かが争われた。

　被告は、てんかん患者に対する頭部保護帽の使用について当時の診療報酬点数表に収載されておらず、保険診療として評価されていないと主張した。判例1は、確かに当時の診療報酬点数表には収載されていないけれども、「本件頭部保護帽がAのてんかんの治療上必要と認められるか否かの問題が、保険医療機関又は保険薬局が療養の給付に関し保険者に請求することができる費用の額を算定するために定められた上記告示〔*診療報酬点数表のこと〕の内容によって左右されるものとは解されない」と判示して被告の主張を退け、原告の請求を認容した。

　この判示は、上述した保険医療機関等に対する規律の被保険者に対する法的効果という観点から注目される。なぜならば、この判示は、療養費の請求という場面ではあるものの、保険医療機関等に対する規律の効力が、直ちに被保険者を拘束するとは限らないことを示唆しているからである。この判示は、療養の給付と療養費の支給に関する法律上の構造の違い、すなわち、療養費の支給について、療養担当規則に適合していることを求める法律上の規

律が存在しないことを前提とする。しかし、このような判例1の考え方は、療養の給付の範囲と療養費支給の範囲を区別する事態を生じさせる。学説は、療養費の支給は療養の給付に「代えて」行われるものなので、両者の範囲は基本的に同様と解すべきと指摘する[2]。

4　新しい医療サービスの保険診療への採用

　医学は常に発展を続けていることから、保険診療の内容もその発展を反映するのが望ましい。医学の発展を保険診療の内容に反映させていくためには、診療報酬点数表の内容が、その時々の医学の発展に合わせてアップデートされることが必要である。それゆえ、診療報酬点数表は、定期的な見直しが行われる。診療報酬点数表の見直しのことを改定という。

　厚生労働大臣が、診療報酬点数表を改定するときは、中央社会保険医療協議会（中医協）に諮問する。中医協は、医療側委員・保険者側委員・公益委員の三者で構成される組織であり、診療報酬の改定を中心とした医療政策に関する厚生労働大臣の諮問機関である。厚生労働大臣の判断は、実質的には中医協の判断に依拠して行われる。

　ここまでの説明をふまえると、冒頭事例で出てきた治療方法Z_1や医薬品[3] Z_2が保険診療の範囲に含まれていないということは、診療報酬点数表や薬価基準に列挙されていないということを意味する。すなわち、Z_1やZ_2は、まだ保険診療の対象になっていない新しい医療サービスと位置付けられる。それ故に、Xは、診療報酬点数表や薬価基準の改定によって、これらが保険診療に採用されるのを待つことになりそうだ。しかし、この回答はXの期待に応えるものではない。次節以下では、混合診療や患者申出療養について検討してみよう。

---

[2] 笠木映里「判批」（判例1）西村健一郎・岩村正彦編『社会保障判例百選（第4版）』（有斐閣、2008年）63頁。

[3] 医薬品が医療保険の給付範囲に含まれるためには、薬価基準に収載される前段階として、医薬品医療機器法上の承認（医薬14条）を受けなければならない。この点について、島村暁代「医学研究に関わる法規制と公的医療保険」社会保障法研究10号（2019年）130～142頁参照。

三　混合診療禁止原則とその緩和

1　混合診療禁止原則と保険外併用療養費

　混合診療とは、保険診療と、保険診療の範囲外である自由診療を併用する（これらを同時に行う）ことである。混合診療は原則として禁止されている（混合診療禁止原則）。また、混合診療が行われると、本来の保険診療部分についても保険給付が行われない（混合診療保険給付外の原則）。

　しかし、医療保険は、この原則に一定の例外を定めている。すなわち、評価療養、患者申出療養、選定療養に該当する場合には、例外的に混合診療が認められる。評価療養等と保険診療が併用される場合には、当該保険診療部分について、保険外併用療養費（健保86条1項）が支給される。保険外併用療養費の支給によって、本来の保険診療部分は保険給付が行われ、評価療養等に該当する部分は全額自己負担で利用することが可能になる。評価療養等の定義および対象については図表13-1を確認してほしい。

　上記三つのうち、評価療養および患者申出療養は、保険診療の範囲に採用するか否かを評価するために行われるものである（図表13-1の評価療養、患者申出療養の定義を参照）。したがって、混合診療が例外的に緩和されるという点にも意義を認めることができるだけでなく、将来的な保険適用につながる可能性があるという意義も認められる。

2　混合診療最判

　混合診療禁止原則・混合診療保険給付外の原則は、法文上明白な形で定められているとは言い難い（条文上は「混合診療」の文言、これを「禁止する」旨の文言は存在しない）[4]。そのため、健康保険法の解釈として混合診療保険給付外の原則を導くことができるかが争われた。また、この事案では、混合診療保険給付外の原則が憲法に違反しないか否かも争われた。事案は以下のとおりである。

4　加えて、保険外併用療養費について定める健康保険法86条1項は、「被保険者が、……評価療養、患者申出療養又は選定療養を受けたときは、その療養に要した費用について、保険外併用療養費を支給する」と定めている。日本語表現としてみれば、同条にいう「その療養」が指しているのは、「評価療養、患者申出療養又は選定療養」と読む余地もある。

図表13-1 「評価療養・患者申出療養・選定療養の概要」

	評価療養	患者申出療養	選定療養
定義	厚生労働大臣が定める高度の医療技術を用いた療養その他の療養であって、療養の給付の対象とすべきものであるか否かについて、適正な医療の効率的な提供を図る観点から評価を行うことが必要な療養（患者申出療養を除く）として厚生労働大臣が定めるもの。	高度の医療技術を用いた療養であって、当該療養を受けようとする者の申出に基づき、療養の給付の対象とすべきものであるか否かについて、適正な医療の効率的な提供を図る観点から評価を行うことが必要な療養として厚生労働大臣が定めるもの。	被保険者の選定に係る特別の病室の提供その他の厚生労働大臣が定める療養。
対象	先進医療 治験、薬機法承認後かつ保険適用前の医薬品等、一部の医薬品等の適応外使用。（* 先進医療は根拠規定②第二及び第三で列挙される。）	* 根拠規定②第四において、個別に列挙されるもの。	差額ベッド代、歯科の金歯等、大病院の初診代金など。
保険診療への採用評価	○	○	×
根拠規定	①厚生労働大臣の定める評価療養、患者申出療養及び選定療養（平成18年9月12日厚生労働省告示第495号）②厚生労働大臣の定める先進医療及び患者申出療養並びに施設基準（平成20年3月27日厚生労働省告示第129号）		

（出典）筆者作成

　原告（患者）が保険医療機関で腎臓がんの治療のために保険診療（インターフェロン療法）と自由診療（LAK療法）を併用して治療を受けていたところ、原告の主治医は、原告に対する治療が混合診療に該当するため、今後は当該治療を行わないこととした。原告は、当該治療を継続することを希望し、被告（国）に対し、公法上の法律関係に関する確認の訴え[5]として、上記混合診療を受けた場合でも保険診療部分であるインターフェロン療法について健康保険法に基づく療養の給付を受けることができる地位を有することの確認を求めた。

5　公法上の法律関係に関する確認の訴え（当事者訴訟）については、岡田正則ほか編『判例から考える行政救済法（第2版）』（日本評論社、2019年）160頁以下〔杉原執筆〕を参照。

(1) 健康保険法は混合診療保険給付外の原則を定めているか　判例2は、健康保険法の条文および療養担当規則や診療報酬点数表等をふまえて、混合診療保険給付外の原則を定めている「と解釈すべき手がかりは、何ら見出すことができない」と判示した。また、保険外併用療養費の前身である特定療養費制度について定める旧法86条についても、「個別的にみれば……保険診療の対象となるとされることに争いのないインターフェロン療法が、旧法86条あるいは関連する法規範の条項によって、保険給付の対象から排除されることを示すものは一切見あたらないと言わざるを得ない」と判示した。すなわち、判例2は、条文の文言解釈を重視して、混合診療保険給付外の原則を健康保険法の条文から読み取ることはできないという判断をした。

これに対して、同事案の最高裁判決である判例3は、以下のように判示し、健康保険法の解釈として混合診療保険給付外の原則が導かれることを肯定した。「保険医が特殊な療法又は新しい療法等を行うこと及び所定の医薬品以外の薬物を患者に施用し又は処方すること……が原則として禁止される中で、先進医療に係る混合診療については、保険医療における安全性及び有効性を脅かし、患者側に不当な負担を生じさせる医療行為が行われること自体を抑止する趣旨を徹底するとともに、医療の公平性や財源等を含めた健康保険制度全体の運用の在り方を考慮して、保険医療機関等の届出や提供される医療の内容などの評価療養の要件に該当するものとして行われた場合にのみ、上記の各禁止を例外的に解除し、基本的に被保険者の受ける療養全体のうちの保険診療相当部分について実質的に療養の給付と同内容の保険給付を金銭で支給することを想定して、法86条所定の保険外併用療養費に係る制度が創設されたものと解されるのであって、このような制度の趣旨及び目的や法体系全体の整合性等の観点からすれば、法は、先進医療に係る混合診療のうち先進医療が評価療養の要件に該当しないため保険外併用療養費の支給要件を満たさないものに関しては、被保険者の受けた療養全体のうちの保険診療相当部分についても保険給付を一切行わないものとする混合診療保険給付外の原則を採ることを前提として、保険外併用療養費の支給要件や算定方法等に関する法86条等の規定を定めたものというべきであり、規定の文言上その趣旨が必ずしも明瞭に示されているとはいい難い面はあるものの、同条等について上記の原則の趣旨に沿った解釈を導くことができるものということができる」。

この判示で、判例3が指摘するのは、①立法の経緯をふまえた保険外併用

療養費制度およびその前身である特定療養費制度の趣旨・目的、②判例2とは異なる健康保険法86条の解釈[6]である。これらは、法文の文言のみを重視するのではなく、法制度の趣旨目的をふまえた医療保険制度全体の構造を重視した解釈を示したものである。

(2) 混合診療保険給付外の原則の憲法適合性　判例3は、混合診療保険給付外の原則の憲法適合性（憲14条1項、13条、25条）を肯定した。すなわち、「健康保険により提供する医療の内容については、提供する医療の質（安全性及び有効性等）の確保や財源面からの制約等の観点から、その範囲を合理的に制限することはやむを得ない」ので、混合診療保険給付外の原則には一定の合理性が認められる。「混合診療保険給付外の原則を内容とする法の解釈は、不合理な差別を来すものとも、患者の治療選択の自由を不当に侵害するものともいえず、また、社会保障制度の一環として立法された健康保険制度の保険給付の在り方として著しく合理性を欠くものということもできない」と判示した。このような判例3の憲法適合性に関する判断は、混合診療保険給付外の原則の合理性を率直に肯定するものであって、あまり踏み込んだ検討はなされていない。

一方で、判例3寺田意見は、混合診療保険給付外の原則の憲法適合性について、法廷意見よりも踏み込んだ判断を示している。すなわち、法廷意見の結論を支持しつつも、混合診療保険給付外の原則の下では、推奨療法（全面的に保険給付が認められる療法）、随意療法（全面的に保険給付が認められる療法ではないが、推奨療法と併用する場合に、推奨療法に相当する保険給付が否定されることがない療法）、忌避療法（全面的に保険給付が認められる療法でなく、推奨療法と併用すると、推奨療法に相当する保険給付も否定される療法）という区別があるとしたうえで、「推奨療法から分かたれた残りの療法の中で、どれを随意療法とし、どれを忌避療法とするかについては、できる限り決定権者の裁量を排し、この仕組みが目的とするところに沿った明確な基準、方法により決定ができる仕組みが求められる」と述べた。こうした観点から、保険外併用療養費の仕組みを検討すると、随意療法に相当す

---

[6] 判例3は、脚注4で指摘したようにも読むことができる健保86条1項にいう「その療養」に関して、診療報酬の算定方法などをふまえて、「『その療養』……は、評価療養又は選定療養に相当する診療部分だけでなく、これと併せて被保険者に提供された保険診療相当部分をも含めた療養全体を指」す、と判示した。

る対象が、「どのような基準でどのような手続により決められるのかは旧法及び法の上では不明確で、厚生労働大臣の大幅な裁量に委ねられているといわざるを得ない」と問題提起をしている。寺田意見は、結論としては、LAK療法（自由診療）の医学的評価をふまえて、法廷意見と同様に合憲判断をしているけれども、問題となっている治療方法の医学的な位置付けなどの個別事情をふまえて、混合診療保険給付外の原則の憲法適合性審査をより踏み込んだ形で行う可能性を示唆している[7]。

以上のように、最高裁が混合診療禁止原則・混合診療保険給付外の原則を肯定したことをふまえると、冒頭事例のXがZ_2を利用することは困難であろう（患者申出療養の対象になり得るZ_1については四で検討する）。また、Z_2と併用される保険診療部分の費用負担を医療保険に求めることもできない。ただし、判例3寺田意見を前提にすれば、個別事情を考慮した判断を行う余地が完全に否定されてはいないとみる余地もある。

四　新しい医療サービスの利用可能性（患者申出療養を例に）

1　評価療養および患者申出療養の意義

新しい医療サービスを保険診療として利用するためには、これが保険収載されるのを待つことが基本となる。

一方で、評価療養および患者申出療養を新しい医療サービスへの利用可能性を開く制度として捉えることもできる。これらは、当該診療部分については医療保険からの給付が行われないけれども、本来の保険診療部分を医療保険がカバーするという意義をもつ。加えて、評価療養および患者申出療養は、将来的な保険収載の可否を評価するための仕組みなので、将来的に保険診療に採用される可能性がある。冒頭事例Xの希望は評価療養や患者申出療養によって満たされる可能性がある。以下では、患者申出療養を取り上げて、新しい医療サービスの利用可能性を考えてみよう。

2　患者申出療養による新しい医療サービスの利用可能性
(1)　患者申出療養の概要と位置付け　　患者申出療養は、評価療養（先進

---

[7] 太田匡彦「判批」（判例3）岩村正彦編『社会保障判例百選（第5版）』（有斐閣、2016年）61頁参照。

医療）と同じく、保険診療の範囲に含まれていない高度の医療技術を用いた新しい医療サービスが対象となる（前掲・図表13-1参照）。患者申出療養は、未承認薬等に対する患者のニーズに応えるために、また、将来的に保険適用につなげるためのデータ、科学的根拠の集積を目的として創設された。

患者申出療養の対象として想定されているのは、先進医療の対象にならない医療や医薬品医療機器法上の未承認薬などである（図表13-2参照）。その具体的対象は、「厚生労働大臣の定める先進医療及び患者申出療養並びに施設基準」（2008（平20）・3・27厚生労働省告示第129号）で列挙されている。

患者申出療養の最大の特徴は、患者の申出に基づいて一連のプロセスが開始される点である。また、従来よりも迅速な審査が予定される。患者申出療養の実施が認められた場合には、保険診療部分について、保険外併用療養費が支給される。

図表13-2に示すとおり、患者申出療養は、保険診療の範囲に含まれていない医療サービスを利用する可能性を従来よりも拡大する可能性を持っている。医療サービスの安全性・有効性を確認するためのプロセスの一つである医薬品医療機器法上の承認をまだ受けていない治療方法等も対象となることから、安全性・有効性の面で未確立なものを対象とする制度でもある。

(2) 患者申出療養のプロセス　患者申出療養の利用プロセスは、患者申出療養がはじめて実施される場合と、前例がある場合で異なる。

患者申出療養がはじめて実施される場合（冒頭事例 Z_2）には、①かかりつけ医師への相談、②臨床研究中核病院等との相談・調整、③患者から国への申出、④患者申出療養評価会議による審査、⑤厚生労働大臣による告示、⑥患者申出療養の実施、というプロセスとなる。このプロセスは、厚生労働大臣が申出を受理した日から起算して原則6週間以内に行われる。

すでに患者申出療養として実施された前例がある場合（冒頭事例 Z1）には、①かかりつけ医師への相談、②身近な医療機関との相談・調整、③患者から臨床研究中核病院への申出、④臨床研究中核病院による審査と地方厚生局長への届出、⑤身近な医療機関での患者申出療養の実施、というプロセスとなる。両者を比較すると、前例がある場合には、すでに医療技術自体が厚生労働大臣告示の対象になっているので、国による審査が省略されること、患者申出の名宛人および審査主体が臨床研究中核病院となること、身近な医療機関で患者申出療養を受けられること、審査期間が短いこと（原則2週間）といった特徴がある。

13 公的医療保険制度②(保険診療の範囲)　169

図表13-2　「患者申出療養の対象となる医療のイメージ」

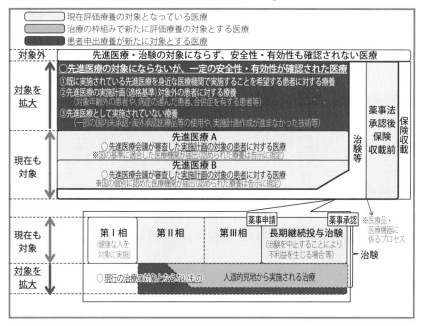

(出典)　厚労省 HP「患者申出療養を含む保険外併用療養費制度についての PDF」

　冒頭事例のXは、患者申出療養を利用することができれば、Z_1やZ_2にかかる費用負担は免れないものの、自身の希望する医療サービスを部分的に医療保険による給付(保険外併用療養費)を受けながら利用することができる。

五　本章での学びと事例への回答

１．保険診療の範囲はどのように決められているのか？
　保険診療の範囲は、法律の委任を受けて厚生労働大臣が定める行政立法が定めている。具体的には、診療報酬点数表および薬価基準が、保険診療として利用可能な医療サービスを一覧表の形で定めている。

２．混合診療禁止原則とは何か？
　混合診療禁止原則とは、医療保険制度が保険診療と自由診療を併用することを原則として禁止していることである。混合診療が行われた場合、本来の

保険診療部分についても給付が行われない（混合診療保険給付外の原則）。ただし、評価療養・患者申出療養・選定療養と保険診療を併用することは例外的に認められている。

3．新しい医療サービスを利用するためにはどうしたらよいだろうか？

保険診療として新しい医療サービスを利用するためには、原則として保険収載を待たなければならない。それ以外の選択肢としては、評価療養・患者申出療養として、新しい医療サービスを利用する可能性がある（ただし、評価療養・患者申出療養の費用は全額自己負担となる）。さらに、もっぱら自由診療として新しい医療サービスを利用する可能性もゼロではない（ただし、本来の保険診療部分も含めて治療にかかる費用が全額自己負担となる）。

事例への回答

最後に、冒頭事例のXができることを考えてみよう。

第一に、Xの病気の治療にとって有効な新しい医療サービスが保険診療の対象となるのを待つことである。当該医療サービスが保険診療の対象になれば、Xの経済的負担は一部負担金に限定される。また、一部負担金による負担は高額療養費による上限がある。

第二に、患者申出療養として、治療方法 Z_1 を利用することである。Z_1 は、すでに患者申出療養としての治療実績があるので、迅速な手続きで利用の可否を判断される。ただし、Xが Z_1 を確実に利用できるとは限らないし、1000万円の追加費用負担は避けられない。また、医薬品 Z_2 を用いた治療を患者申出療養として利用する可能性もある。Z_2 は患者申出療養としての治療実績がないので、Z_1 の場合よりも多くの時間がかかるし（おそらくコストも高額になりそうだ）、申出が認められるかはわからない。

第三に、もっぱら自由診療として、Z_1 や Z_2、あるいは他の新しい医療サービスを利用することである。この場合、治療にかかる費用は、本来の保険診療部分も含めて全額自己負担となる（混合診療保険給付外の原則）。

このほか、Z_1 や Z_2 などXにとって有効な可能性のある特定の治療方法が保険診療の範囲に含まれていないこと自体を訴訟で争う可能性もゼロではない。この場合、判例2、判例3で活用された当事者訴訟を提起することになるだろう。しかし、判例3の法廷意見に鑑みると、この訴訟で原告が勝訴するのは非常に難しいだろう。

14 公的医療保険制度③（医療供給体制）

菊池馨実

医療機関への規制を通じて、医療供給体制はどのようにコントロールされているのだろうか？

> 医療法人Xは、T県内に病院の開設を計画し、県知事Yに対し病院開設の許可申請を行った。YはXが地元医師会と折り合いがよくないことから、病院開設を中止する勧告を出したものの、Xが従わなかったことから最終的に開設許可を行った。Xは勧告を受けた際、Yから保険医療機関の指定を拒否されることになると示唆されたことから、勧告の取消訴訟を提起した。Xの訴えは適法といえるだろうか。
>
> 実は、Xが最初に病院開設の許可申請を行う前、Xの病院が開設される予定の二次医療圏では、既存病床数が基準病床数を下回っていた。しかし、YがXに対し、地元医師会とよく話し合うようにと口頭で指導を行い、申請書を受け取らないというやり取りを何度も繰り返しているうちに、他の医療機関が相次いで病院開設の許可および保険医療機関の指定を受けたため、病床数が基準病床数を上回ってしまった。その時点でようやくXは、病院開設許可を受けることができたという事情がある。Yの対応にはどのような法的問題があるだろうか。
>
> また仮に、上記のような経緯が一切なく、Xが病院開設の許可申請を行った時点ですでに既存病床数が基準病床数を上回っていた場合、Xが保険医療機関の指定が受けられないことは法的に問題ないのだろうか。

1. 医療計画は病床規制によりどのように医療機関の配置を規制しているのか？
2. 病床規制は「営業の自由」を保障する憲法22条1項に照らして合憲といえるのか？
3. 医療提供体制を確保するため、他にどのような手法がとられているのか？

■ キーワード
　自由開業医制、医療計画、病床規制、営業の自由、地域医療構想

■ **主要判例**

判例1・病院開設中止勧告取消請求事件：最判2005（平17）・7・15民集59巻6号1661頁［社会保障判例百選（第6版）20事件］

判例2・勧告取消等請求控訴事件（差戻控訴審）：名古屋高金沢支判2008（平20）・7・23判タ1281号181頁

判例3・病院開設中止勧告取消請求事件：最判2005（平17）・10・25集民218号91頁

判例4・保険医療機関指定拒否処分取消請求事件：最判2005（平17）・9・8判時1920号29頁［社会保障判例百選（第6版）10事件］

判例5・医薬品一般販売業不許可処分取消請求事件：最大判1975（昭50）・4・30民集29巻4号572頁

一　事例を読む視点

　本書第12章、第13章で学んだように、日本の医療は基本的に医療保険の仕組みを通じて提供されている。しかし、医療は年金と異なり、金銭を提供すればそれで完結するわけではない。資格を有する医師その他の医療従事者が、病院等の医療機関において行う医療サービスの提供が不可欠である。このうち、医療従事者の資格を規律するのが医師法や保健師助産師看護師法などの法律であり、医療機関等を規律するのが医療法である。

　医療保険を通じた保険診療の価格や給付範囲は、診療報酬制度により相当程度政府によりコントロールされている。これに対し、医療機関は民間が中心であり（これを自由開業医制という）、当然に公的なコントロールが及ぶわけではない。そこで医療法では、医療計画の策定等を通じて、医療機関の病床（ベッド）数ひいては医療費の抑制を図ろうとしてきた。

　本章では、こうした医療機関に対する法規制を確認した後、医療機関の病床数の抑制をねらいとした仕組みから派生する法的問題につき検討してみよう。最後に、医療提供体制を規律することをねらいとした最近の法制度について触れておきたい。

二　医療法と医療計画・病床規制

　医療法は1948（昭和23）年に制定され、医療提供施設を規制の下において

いる。その中核として位置付けられるのが病院である。病院とは、医師または歯科医師が、公衆または特定多数人のため医業または歯科医業を行う場所であって、20人以上の患者を入院させるための施設を有するものをいう（医療1条の5第1項）。これに対し、患者を入院させるための施設を有しないものまたは19人以下の患者を入院させるための施設を有するものを診療所と呼んでいる（同条2項）。

　病院と診療所に対する法規制は異なっており、病院の方が厳格な規制の下におかれている。例えば、病院の開設は原則として開設地の都道府県知事の許可を受けなければならない（開設許可。同7条1項）のに対し、診療所の開設は、病床を設けなければ所在地の都道府県知事への届出で足りる（同8条）。病院の開設にあたっては、法定人員および施設、諸記録等にかかる開設要件を充足することが求められる（同21条）。

　日本では国民皆保険政策のもと、国民が基本的にいずれかの公的医療保障制度の適用下におかれる一方、一で述べたように医療サービスの供給は民間医療機関が中心的な役割を果たしてきた。しかしながら、高齢社会の進展の中で国民に適正な医療を確保するため、医療資源の効率的活用に配慮しつつ医療供給体制のシステム化を図るとの趣旨から、1985（昭和60）年医療法改正により、厚生労働大臣が医療提供体制の確保を図るための基本方針を定めるものとし（同30条の3第1項）、併せて都道府県に対し医療計画の策定義務を負わせた（同30条の4第1項）[1]。医療計画の必要的記載事項が列挙され、その中で病院等の病床の整備を図るべき地域的単位として区分する区域（二次医療圏）の設定に関する事項、そして二次医療圏の区域ごとに設定される基準病床数に関する事項が規定された（同条2項17号）。ここでいう二次医療圏とは、日常的な保健医療が行われ、概ね市町村単位で設定される一次医療圏、先進的な技術を必要とする特殊な医療が行われ、概ね都道府県単位（北海道は6圏域）で設定される三次医療圏の中間に位置し、専門的な診断や治療（例えばがんや心臓疾患の治療）を提供する区域として設定されている（図表14-1の愛知県の例を参照）。この二次医療圏の区域ごとに基準病床数を設定することで、既存病床数がこれを上回る地域での病院開設等の申請があった場合、知事は都道府県医療審議会の意見を聴いて、開設等の取りや

---

[1] 医療計画制度の創設と改正経緯、課題などにつき、玉川淳「医療計画と医療提供体制」社会保障法研究17号（2023年）3頁以下。

図表14-1　愛知県の２次医療圏

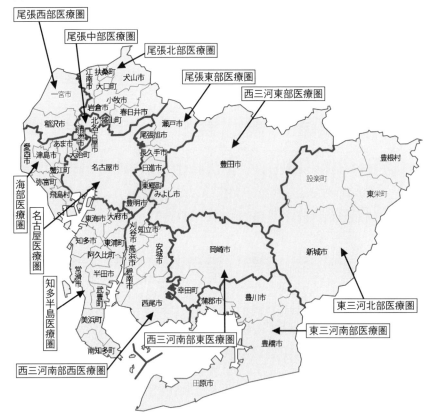

（出典）愛知県地域保健医療計画より

めの勧告ができるものとされている（同30条の11）。実際には、後述するように基準病床数を上回っている地域では病院開設や病床の増床ができない扱いになっており、これを病床規制という。

　こうした病床規制の根拠としては、医師誘発需要仮説ないし供給誘発需要仮説があげられてきた。医療においては供給者（医師）と需要者（患者）との間に医療に関する情報格差があり（これを情報の非対称性という）、供給が需要を誘発するものと考えられたのである（医師に「検査の数値からすると、入院して手術が必要ですね」と言われて、拒否できる患者はほとんどいないだろう）。病床数を規制することにより、高齢化や医療の高度化による

医療費の高騰を抑制することが目指されたのである。

三　病院の開設許可と保険医療機関の指定

　先に述べたように、既存病床数が基準病床数を上回る地域では、都道府県知事は病院等の開設等の取りやめの勧告ができる。ただし、勧告に従わない場合であっても、そのことを理由に病院開設の不許可等の不利益処分が課されることはなく、他の開設要件を充足する限り、最終的には開設許可がなされる。その意味では、勧告はそれ自体法的効力をもつもの（すなわち法規命令）ではなく、勧告を受けたものが任意にこれに従うことを期待してなされる（それ自体法的効果をもたない）行為（行政指導[2]）にすぎないといえる。

　しかしながら、たとえ病院の開設許可がなされたとしても、実態としてなお開業することは難しい。国民皆保険体制のもと、国民は基本的にいずれかの医療保険制度に加入しており、病院としてはこの医療保険を使っての診療（保険診療）を行えるようにするための手続を別途踏んでおく必要があるからである。そのための必要な手続が、厚生労働大臣による保険医療機関の指定である（健保65条）。この点に関し、実務上、病床規制に反して開設取りやめの勧告に従わない場合、開設は許可するものの保険医療機関の指定申請を拒否するとの取扱いがなされてきた。当初は通達により定められていたものの、その後法律上明文化され、現在では医療法30条の11の規定による知事の勧告を受けてこれに従わない場合には、その申請にかかる病床の全部または一部を除いて保険医療機関の指定を行うことができる旨の規定をおき、一部指定も可能とされている（同65条4項2号）。

四　医療提供者の病院開設等における法的保障

1　適正手続の保障

　以上のように、民間医療機関が診療活動を行うためには、医療法上の病院の開設許可と、健康保険法上の保険医療機関の指定という二段階のプロセスを経る必要がある。ただし、医療法上の知事の勧告を受けた時点で、保険医療機関の指定を事実上受けられないという帰結もほぼ明らかといえる。他方、

---

[2]　塩野宏『行政法Ⅰ（第6版補訂版）』（有斐閣、2024年）227頁。

知事の勧告に従わなくとも開設許可が受けられる以上、勧告の法的効果を争うことは難しいようにもみられる。しかし、医療機関としては、わざわざ保険医療機関の指定申請を行い、指定拒否処分（これ自体行政処分にあたる。本書第12章参照）の取消訴訟を提起するというのも、非常に迂遠である。

そこで、勧告を処分とみなしてその取消訴訟の適否が争われた最高裁判決が判例1である。本件は、開設取りやめの勧告に従わない場合、保険医療機関の指定申請を拒否するとの取扱いがまだ通達によってなされていた時代の事案である。最高裁は以下のように判示した。

「医療法及び健康保険法の規定の内容やその運用の実情に照らすと、医療法30条の7の規定に基づく病院開設中止の勧告は、医療法上は当該勧告を受けた者が任意にこれに従うことを期待してされる行政指導として定められているけれども、当該勧告を受けた者に対し、これに従わない場合には、相当程度の確実さをもって、病院を開設しても保険医療機関の指定を受けることができなくなるという結果をもたらすものということができる。そして、いわゆる国民皆保険制度が採用されている我が国においては、健康保険、国民健康保険等を利用しないで病院で受診する者はほとんどなく、保険医療機関の指定を受けずに診療行為を行う病院がほとんど存在しないことは公知の事実であるから、保険医療機関の指定を受けることができない場合には、実際上病院の開設自体を断念せざるを得ないことになる。このような医療法30条の7の規定に基づく病院開設中止の勧告の保険医療機関の指定に及ぼす効果及び病院経営における保険医療機関の指定の持つ意義を併せ考えると、この勧告は、行政事件訴訟法3条2項にいう『行政庁の処分その他公権力の行使に当たる行為』に当たると解するのが相当である。後に保険医療機関の指定拒否処分の効力を抗告訴訟によって争うことができるとしても、そのことは上記の結論を左右するものではない」。

このように判例1は、行政指導がそれ自体法的効力のない事実行為であるとしても、一連の行政過程の一部を構成していることに鑑みて、勧告の行政処分性を認めた最高裁判決として知られている。なお本判決は、判示の最後の部分で示唆しているように、保険医療機関の指定拒否処分の効力それ自体を争う方法も排除していない点に注意する必要がある（2参照）。

実は、判例1は本章冒頭の事例にあげた事案を背景として提起された訴訟であった。最高裁は、勧告の取消を求める訴えを不適法として却下した原審の判断を破棄し、第一審を取り消して富山地裁に差し戻した。そこで改めて

勧告の取消が争われたのが判例2にあげた高裁判決である。同判決は、その主要部分において原審である富山地裁判決（富山地判2007（平19）・8・29判タ1279号146頁）を引用し、以下のように判示して行政手続法7条違反を認め、Xの請求を認容した。行政手続法7条は、行政庁は、申請が行政庁の事務所に到達したときは、遅滞なく当該申請の審査を開始しなければならず、法令に定められた申請の形式上の要件に適合しない申請については、速やかに、申請者に対し補正を求め、または当該申請により求められた許認可等を拒否しなければならない旨定めた規定である。

「（行政手続法7）条は、同法制定前の行政実務において、許認可等に係る申請が許認可の権限を有する行政庁に提出されても、行政庁がこれを適法あるいは適式なものと認めて『受理』しない限り審査義務が生じないものとの理解に立って、当該申請書を返戻することにより審査を拒否するなどの恣意的な行政運営がされていたことをふまえ、このような行政運営を否定し、到達した申請書に係る申請に対する行政庁の審査、応答義務を明確にするために設けられた規定である。したがって、行政庁は、申請書が行政庁の事務所に到達したときには、そのときから当該申請書による申請について審査し、応答する義務を負うのであって、申請者の同意がないにもかかわらず、これを申請として取り扱わず、当該申請書を返戻することは同条に違反し許されない」。

「Yは、Xの申請書を行政手続法7条に違反して6回にわたり返戻して、申請に対する審査、応答すべき義務を怠りながら、他方、その間に、他の病院開設等予定者との間で、いまだ開設許可等の正式な申請がされていないにもかかわらず、事前協議あるいは高岡地域医療推進対策協議会において病床配分を決め、Xに対しては、Xの意見聴取等の機会もなく、平成8年5月30日に開催された上記協議会（第1回協議会）において病床配分をしないこととし、以降、病院開設申請の取下げを勧告してきたものであり、本件勧告の前提となった平成9年9月11日に開催された上記協議会（第2回協議会）においても、厚生部医務課の担当者がX以外の他の病院開設等予定者に連絡して計画書の提出を促し、これらの者から正式な申請がされていないにもかかわらず、病床配分を決定し、Xに対しては、Xの意見聴取等の機会もなく、病床配分をしないこととしたものであって、本件勧告に至るまでの上記の経緯にかんがみると、Yは、本件勧告を行うに当たり、Xを公平・公正に取り扱っていたものといえず、本件勧告にはその手続において瑕疵があったも

というべきである」。

「Yが行政手続法7条に従って遅滞なく審査、応答していれば、Xの本件申請に対して中止勧告がされることはなく、このような手続的瑕疵が結果に影響を及ぼす場合に当たるから、同手続的瑕疵は本件勧告の取消原因となる」。

以上のように、2で述べる病床規制そのものの実体的な適法性とは別に、手続的な瑕疵によっても、県の対応が違法となり得ることが示されている。

社会保障法では、給付や負担を基礎付ける権利義務関係が行政処分の性格をもつ行政庁の決定によって規律されることが多い。このことに関連して、行政手続について遵守されるべき基本的ルールを定める行政手続法の適用が原則として及ぶ。社会保障給付の多くは申請主義を採用していることから、同法第2章（申請に対する処分）に規定する審査応答義務（行手7条。判例1）のほか、審査基準の定立（同5条。大阪地判2002（平14）・6・28賃社1327号53頁〔保育所入所保留処分が同法5条3項等に反し違法とされ国賠請求が認容された例〕）、理由提示義務（同8条。東京高判2001（平13）・6・14訟月48巻9号2268頁〔医師国家試験予備試験受験資格認定に対する拒否処分が同法5条および8条に違反するとして取り消された例〕）などに照らして行政庁の対応が違法とされた裁判例がある。

なお、判例1・判例2と同種事案である判例3の差戻控訴審である東京高判2008（平20）・5・14裁判所ウェブサイトによれば、知事の実施した事前協議に合理性が認められ、手続的にも透明性、公正性が確保されており、また、知事が事前協議を実施したことによって、これを実施しなかった場合に比較して、本件勧告の内容が控訴人に不利益なものになったとも認められないなどとして、行手法7条違反を認めず控訴を棄却した。

2 「営業の自由」と実体的保障

判例3では、藤田裁判官が補足意見を付し、興味深い説示を行っている。要するに、取消訴訟は行政行為の公定力（行政行為が違法であったとしても、当該処分を当然無効とする場合を除いては、権限ある行政機関や裁判所によって適法に取り消されない限り、有効なものとして扱われるという効力）の排除を目的とする訴訟であるとすれば、医療法30条の7による勧告自体を直接に争うことなく、後に保険医療機関の指定拒否処分の効力を抗告訴訟で争うこととした場合、この後の訴訟においてはもはや勧告の違法性を主張することはできないことになるのかと問題提起したうえで、この点につき肯定的

な（すなわち主張できない旨の）見解を示したようにみられる。しかし、先に紹介した判例1の判旨に示唆されているように、最高裁の法廷意見は保険医療機関の指定拒否処分の効力を抗告訴訟により争う途も認めている[3]。実際、判例4はこの点が正面から争われた事案で、最高裁は同処分の適法性につき実体的な判断を行った。ただし、結論的には以下のように述べ、処分を適法としている。その際、違法を問う際の争点となったのが憲法22条1項において保障される「営業の自由」との関係である。

「医療法30条の7の規定に基づき病院の開設を中止すべき旨の勧告を受けたにもかかわらずこれに従わずに開設された病院について、健康保険法43条ノ3第2項にいう『其ノ他保険医療機関若ハ保険薬局トシテ著シク不適当ト認ムルモノナルトキ』に当たるとして同項により保険医療機関の指定を拒否することは、公共の福祉に適合する目的のために行われる必要かつ合理的な措置ということができるのであって、これをもって職業の自由に対する不当な制約であるということはできない。したがって、同項を上記のとおり解すること及び同項を適用してされた本件処分は、憲法22条1項に違反するものではない。以上は、最高裁昭和45年（あ）第23号同47年11月22日大法廷判決・刑集26巻9号586頁の趣旨に徴して明らかである。これと同旨の原審の判断は正当として是認することができる」。

ここにいう1972（昭和47）年大法廷判決は、小売商業調整特別措置法違反が争われた刑事事件の事案であり、同法所定の小売市場の許可制は、国が社会経済の調和的発展を企図するという観点から中小企業保護政策としてとられたものであり、目的において一応合理性があり、規制手段・態様も著しく不合理であることが明白ではないとし、緩やかな合憲性審査基準を用いて憲法22条1項に違反しないと判示した。

これに対し、憲法22条1項との関連で、本件と同様医療分野で想起されるのが判例5である。薬事法（現・薬機法）のいわゆる距離制限規定の合憲性が争われた事案において、最高裁は以下のように判示し、薬局開設許可基準の一つとして地域的制限を定めた規定が憲法22条1項に違反し無効であるとした。

「規制措置が憲法22条1項にいう公共の福祉のために要求されるものとし

---

[3] この点で、処分性の定式から隔たるところが大きいとされる。塩野宏『行政法Ⅱ（第5版）』（有斐閣、2010年）114頁。

て是認されるかどうかは、これを一律に論ずることができず、具体的な規制措置について、規制の目的、必要性、内容、これによって制限される職業の自由の性質、内容及び制限の程度を検討し、これらを比較考量したうえで慎重に決定されなければならない」。

「一般に許可制は、単なる職業活動の内容及び態様に対する規制を超えて、狭義における職業の選択の自由そのものに制約を課するもので、職業の自由に対する強力な制限であるから、その合憲性を肯定しうるためには、原則として、重要な公共の利益のために必要かつ合理的な措置であることを要し、また、それが社会政策ないしは経済政策上の積極的な目的のための措置ではなく、自由な職業活動が社会公共に対してもたらす弊害を防止するための消極的、警察的措置である場合には、許可制に比べて職業の自由に対するよりゆるやかな制限である職業活動の内容及び態様に対する規制によっては右の目的を十分に達成することができないと認められることを要するもの、というべきである。そして、この要件は、許可制そのものについてのみならず、その内容についても要求されるのであつて、許可制の採用自体が是認される場合であっても、個々の許可条件については、更に個別的に右の要件に照らしてその適否を判断しなければならないのである」。

「右の適正配置規制は、主として国民の生命及び健康に対する危険の防止という消極的、警察的目的のための規制措置であり、そこで考えられている薬局等の過当競争及びその経営の不安定化の防止も、それ自体が目的ではなく、あくまでも不良医薬品の供給の防止のための手段であるにすぎないものと認められる。すなわち、小企業の多い薬局等の経営の保護というような社会政策的ないしは経済政策的目的は右の適正配置規制の意図するところではな」い（この点において、前記1972（昭和47）年大法廷判決における規制とは趣を異にする）。

以上のように判示したうえで、薬局の開設等の許可基準の一つとして地域的制限を定めた薬事法の規定は、不良医薬品の供給の防止等の目的のために必要かつ合理的な規制を定めたものということができないから、憲法22条1項に違反し、無効であるとした。

判例5では、薬局の適正配置規制の目的が、国民の生命・健康に対する危険の防止という消極・警察目的であるとの理解に立っている。これに対し、判例3での最高裁の理解（原審の判断を引用した部分）によれば、病床規制の目的は、「医療の分野においては、供給が需要を生む傾向があり、人口当

たりの病床数が増加すると1人当たりの入院費も増大するという相関関係があるという」先に紹介した医師誘発需要仮説を前提としたうえで、「良質かつ適切な医療を効率的に提供するという観点から定められた医療計画に照らし過剰な数となる病床を有する病院を保険医療機関に指定すると、不必要または過剰な医療費が発生し、医療保険の運営の効率化を阻害する事態を生じさせるおそれがあるという」点に求められ、こうした事情に照らして、本件処分の適法性を導いた原審の判断を適法としている。つまり、医療費の適正化による保険運営の効率化という社会政策的目的に着目して、前記1972（昭和47）年大法廷判決の示した緩やかな合憲性判断基準を採用したものと考えられる。

五　地域医療構想と病床機能報告制度

　以上のように、判例により合憲性が確認された病床規制であるが、基準病床数を上回る病床の設置を規制するにとどまり、既存の病床数が基準病床数を上回っているような場合にそれをコントロールする仕組みではなく、また後述するように、病院・施設療養から地域・在宅療養への移行へという近時の医療政策の流れに資する仕組みでもないため、最近では病床の機能を転換することをねらいとした新たな政策手法が取り入れられている。2014（平成26）年医療介護総合確保推進法により導入された病床機能報告制度である。

　この制度のもとで、一般病床または療養病床を有する病院または診療所の管理者は、病床の機能区分（高度急性期機能・急性期機能・回復期機能・慢性期機能。医療則30条の33の2）に従い、基準日における病床の機能（基準日病床機能）、基準日から一定期間が経過した日における病床の機能（基準日後病床機能）の予定、入院患者に提供する医療の内容等の情報を都道府県知事に報告しなければならないこととし（医療30条の13第1項）、都道府県は、医療計画において、地域医療構想（構想区域における病床の機能区分ごとの将来の病床の必要量等に基づく、当該構想区域における将来の医療提供体制に関する構想）に関する事項、地域医療構想の達成に向けた病床の機能の分化および連携の推進に関する事項、病床の機能に関する情報の提供の推進に関する事項を定めるものとしている（同30条の4第2項7号〜9号）。この構想区域の設定について想定されているのは、やはり二次医療圏である。

　日本の医療は入院を通じての療養に重きをおいてきたため、欧米各国と比

べて長期入院の傾向が顕著であった。しかし、医療機関は医師をはじめとする医療専門職の配置が手厚く介護施設等に比べて費用がかかることに加えて、本来治療を目的とする病院は生活の場としてふさわしいとはいえないことから、介護施設や長年住み慣れた在宅での療養へと政策目標がシフトしている（高齢者介護の領域では「地域包括ケアシステム」として施策展開されている）。したがって、今後病院は急性期機能を中心に担い、慢性期機能を担う病院の役割は縮小していくことが求められるものの、これまでの傾向を反映して、依然として慢性期機能を担う病院が多く、こうした病院機能のシフトが課題となっている。

　そこで、具体的な方策として、都道府県は、医療関係者、医療保険者その他の関係者との協議の場を設け、関係者との連携を図りつつ、医療計画において定める将来の病床数の必要量を達成するための方策等について協議を行うこととし（同30条の14第1項）、また都道府県知事に対し、基準日病床機能と基準日後病床機能とが異なる場合等における、基準日病床機能を基準日後病床機能に変更しないこと等の要請（同30条の15第7項）、地域医療構想の達成の推進に必要な事項についての措置をとることの要請（同30条の16第2項）、これらの要請に従わない場合における勧告および公表、地域医療支援病院または特定機能病院の承認取消（同29条3項・4項、30条の17、30条の18）といった権限を付与する規定をおいている。つまり協議・勧告（この勧告も、地域医療支援病院等でない限り行政指導にとどまると解される）・公表といったソフトロー的な手段にとどまる。こうした手法により、慢性期機能を担う病院の減少がみられるなど、病院の営業の自由とのバランスを図りながら、日本の医療供給体制のあり方は大きく変容しつつあるといえよう[4]。

---

[4] 2023（令和5）年医療法改正により、かかりつけ医機能報告制度が設けられ、慢性疾患を有する高齢者等を地域で支えるために必要なかかりつけ医機能（①日常的な診療の総合的・継続的実施、②在宅医療の提供、③介護サービス等との連携など）について、各医療機関から都道府県知事に報告する仕組みを創設した。さらに2025（令和7）年医療法改正法案によれば、地域医療構想を病床のみならず、入院・外来・在宅医療、介護との連携を含む医療提供体制全体の構想とし、医療機関機能報告制度を設けることとした。また医師偏在是正を図るため、外来医師過多区域の無床診療所への事前届出制、要請・勧告・公表、保険医療機関の指定期間の短縮といった措置を導入することとした。

六　本章での学びと事例への回答

1．医療計画は病床規制によりどのように医療機関の配置を規制しているのか？

　二次医療圏の区域ごとに基準病床数を設定し、これを上回る地域では病院開設や病床の増床ができない扱いになっている。医療法では知事の開設等取りやめの勧告ができるにとどまり、最終的には健康保険法上の保険医療機関の指定拒否という手法が規定されている。

2．病床規制は「営業の自由」を保障する憲法22条１項に照らして合憲といえるのか？

　病床規制にかかる保険医療機関の指定拒否は、職業の自由に対する不当な制約とはいえず、憲法22条１項に違反するものではない。

3．医療提供体制を確保するため、他にどのような手法がとられているのか？

　病院療養から在宅医療への移行に伴い、病床機能報告制度を通じた協議・勧告・公表といったソフトロー的な手段が用いられるようになっている。

事例への回答

　知事の勧告は、これに従わない場合、相当程度の確実さをもって保険医療機関の取消という結果がもたらされ、国民皆保険体制にある日本では病院経営が事実上成り立たないことから、勧告の処分性が認められ、Xの提起した取消訴訟は適法である。ただし、これにより保険医療機関指定拒否処分取消訴訟の途が絶たれるわけではない。

　病院開設許可申請にあたっては、申請に対する審査・応答義務を定める行政手続法７条の適用があり、同取消訴訟にあたって手続的瑕疵の違法が問われ得る。本件でも、口頭指導を重ねて申請書を受け取らなかったYの対応が違法とされる可能性がある。

　病床規制自体、憲法22条１項の規定する営業の自由を侵害し、違憲・無効となるわけではない。

15 介護サービスと介護保険

川久保寛

介護保険の介護サービスはどのような仕組みで提供されるのか？

> Xは、介護保険法にいう指定居宅介護支援事業所および指定居宅サービス事業所を運営するNPO法人である。設立当初からAが両事業所の管理者として届出がされていたが、Aは事業所から約10キロ離れた幼稚園の事務長を務めており、Xの理事であるBの配偶者でもあった。
>
> Xを所管するY₁市は、定期的に行う調査でこうした状況を察知し、Xの指定に関わる権限を持つY₂県とともに改めてXに調査を行い、設立当初から現在に至る約2年にわたってAがXで勤務した実態がないことを把握した。一方で、Xが運営する両事業所は、これまでトラブルがなく、Y₁市に利用者からの苦情が寄せられたことはない。
>
> Y₁市およびY₂県が取り得る措置にはどのようなものがあるか。

1. 介護保険の給付はどのような仕組みを通じて利用できるか？
2. 介護保険における指定の意義とは何か？
3. 介護サービス契約にはどのような意義と課題があるのか？

■ **キーワード**
　要介護認定、介護支援専門員（ケアマネジャー・ケアマネ）、指定取消、減点査定、報酬・加算金返還請求

■ **主要判例**
　判例1・不指定処分取消等請求事件：名古屋高金沢支判2009（平21）・7・15LEX/DB25441731［社会保障判例百選（第5版）108事件］
　判例2・居宅介護サービス費請求事件：高松高判2004（平16）・6・24判タ1222号300頁［社会保障判例百選（第5版）111事件］
　判例3・処分取消請求事件：佐賀地判2015（平27）・10・23判時2298号39頁［笠木ほか307頁］
　判例4・損害賠償（住民訴訟）請求事件：最判2011（平23）・7・14裁時1535号9頁［社会保障判例百選（第6版）110事件］

一　事例を読む視点

　本章で取り扱う介護保険は、高齢者を主な対象者とする社会保険制度であり、介護サービスの利用によって生じた費用の一部を給付する[1]。2000（平成12）年から施行されている介護保険は、それまで老人福祉法に基づく措置制度によって提供されていた介護サービスの利用を転換した画期的な制度である[2]。

　介護保険には、高齢者が利用することや、高齢者の心身の状況が加齢に伴って変化していくことから、要介護認定や要介護度、介護支援専門員（ケアマネジャー。以下、「ケアマネ」）、介護サービス計画書（以下、「ケアプラン」）など固有の仕組みがある。介護保険の利用には、これらの仕組みを活用することが求められる。また、介護サービスを提供する事業者には、介護保険法に基づく指定や指定に関わる規制が及ぶ。指定や指定に関わる規制は医療保険に類似するが、介護保険の対象者が高齢者であることや、介護サービスが長期にわたって継続して利用される可能性が高いことから、より規制の必要性が高いともいえる。そこで、本章では、医療保険と比較しながら、介護保険固有の仕組みと実際の利用手続を理解したうえで、介護サービス事業者に対する規制を中心に学ぶ。

二　介護保険の利用手続

　介護保険は社会保険であり、その利用にあたって、まず被保険者資格と保険料納付が求められる（本書第5章参照）。介護保険を利用できる者は、65歳以上の住民である第1号被保険者と、40歳以上65歳未満の医療保険の加入者である第2号被保険者のみである（介保9条。以下、断りがない限り同法をさす）[3]。第1号被保険者は、ほとんどの場合年金から天引きする特別徴収によって、第2号被保険者は、医療保険の保険料に上乗せする形で、それぞれ収入に応じて賦課される保険料を支払う。そのうえで、介護保険を利用す

1　介護保険は、第2号被保険者として高齢者以外も対象にする（詳しくは二参照）。本章では、高齢者である第1号被保険者を中心に検討する。
2　介護保険導入による変化について、倉田聡『これからの社会福祉と法』（創成社、2001年）69頁以下参照。

るためには、被保険者が要介護状態または要支援状態（以下、「要介護状態等」）にあることが必要である。以下では、要介護状態にある被保険者（要介護者）に対する保険給付である介護給付を中心に説明する[4]。

1 要介護認定と要介護度

　介護保険法では、被保険者の要介護状態等を確認するために要介護認定を行う（27条以下）。要介護認定は、被保険者の申請によって手続が始まり、被保険者は自らの健康状況や身体状況を示す主治医意見書を保険者に提出して、調査員による訪問調査を受ける。訪問調査では、要介護状態等を測定する項目が評価され、専用のPCソフトにその評価を入力すると、対象者の介護にかかる時間と仮の判定（一次判定）が出力される。介護認定審査会は、一次判定と主治医意見書をもとに判定（二次判定）を行う。保険者である市町村は、介護認定審査会の二次判定に基づいて要介護認定を行う[5]。このように、介護保険では、要介護認定という一連の手続を経て、要介護状態等にあると認められなければ利用できない。

　また、要介護状態等は要介護度によって示される。要介護度は、要支援1・2と要介護1から5までの計7段階である（7条1項・2項）[6]。そして、要介護度に応じて、介護保険から受けられる給付の上限額（支給限度額）が決められている（43条2項、55条2項）[7]。つまり、介護保険では、医療保険のように治癒ないし症状が固定するまで利用できるのではなく、要介護度に

3　生活保護の被保護者は、医療扶助が支給されるため医療保険の加入者ではなく、そのために40歳以上であっても介護保険の第2号被保険者ではない。被保護者は、65歳になるまで介護扶助の支給を受けて介護サービスを利用し、65歳になると介護保険第1号被保険者として、生活扶助から保険料を負担して介護保険を利用できるようになる。

4　要支援状態の被保険者（要支援者）は、保険給付として予防給付を給付される（介保52条以下）。また、主に要支援者を対象とする介護予防・日常生活総合支援事業は、市町村ごとに様々な取組みが行われている。

5　市町村には特別区を含む。また、複数の市町村で広域連合を構成し、保険者機能を担わせる市町村がある。

6　具体的には、要介護認定等に係る介護認定審査会による審査及び判定の基準等に関する省令（いわゆる認定省令）1条から3条が介護にかかる時間から要介護度を定める。

7　具体的には、いわゆる報酬告示（「指定居宅サービス等に要する費用の額の算定に関する基準」（2000（平成12）・2・10厚生省告示第19号）が定める。

よって異なる支給限度額まで保険給付を利用できる。

　要介護状態等は一定ではなく、被保険者の加齢や心身の状況の変化、積極的なリハビリなどによって変わり得る。そのため、要介護認定には期限が付されており（28条1項）、定期的に更新することで、要介護状態等を確認する。原則として6か月間であるが、被保険者の要介護状態によっては、12か月や36か月に延ばすことができる（介保則38条）。また、被保険者は、介護サービスの利用時に一部負担を支払わなければならない。原則は1割であり、所得に応じて2割もしくは3割の一部負担を求められる（居宅サービスについて41条4項）。利用者が上限額を越えて介護サービスを利用する場合、超えた分は全額自己負担しなければならない。このほか、介護保険法に定めのないサービスと組み合わせて利用することも可能であり、介護保険の利用は、混合診療禁止原則がある医療保険と比べると、保険給付と保険外給付の組み合わせについて柔軟であるということができる。

　このように、介護保険の利用には、手続として市町村による要介護認定が必要であり、要介護状態等にあることが要件となっている。そして、次に述べるように、ケアマネがケアプランの作成をはじめとして介護サービスを利用する被保険者を支援する。

2　ケアマネによる被保険者の支援とケアプラン

　介護保険は、ケアマネによる被保険者の支援を予定しており、在宅の要介護者に対するケアマネの支援（居宅介護支援）は保険給付として行われる（8条24項）。ケアマネの支援は、法律上必須ではないが、一部負担なしで利用できる給付であって、実務では利用が前提となっている。そのため、要介護状態にある被保険者は、まずケアマネを選定して契約を締結し、ケアマネの支援を受けながら介護サービス事業者の選定や契約を行うことになる[8]。具体的に、ケアマネは、ケアプランの策定を通じて、要介護者が利用する介護サービス事業者の選定や介護サービス事業者との契約などに関わる。ケアマネは介護保険の専門家であり、介護サービスを適切に組み合わせて被保険者の生活を支えたり、被保険者やその家族が介護保険を利用する際に感じる

---

[8]　要支援状態にある被保険者は、地域包括支援センターによる同様の支援を受ける。地域包括支援センターは在宅の高齢者を支援する専門機関であり、市町村と連携しながら、社会福祉士や主任ケアマネなどの専門職を配置して支援を行う。

疑問や不安を解消したりする。また、ケアマネが所属する居宅介護支援事業所は、被保険者に代わって要介護認定の更新を行うことができ（27条１項）、被保険者の権利行使にも重要な役割を果たしている。

　そして、ケアマネが被保険者と相談しながら策定するケアプランは、いわば介護サービスの一覧表であり、定期的に見直すことで被保険者を支え続ける機能がある。すなわち、介護保険法は、ケアマネに被保険者の定期的な確認と、必要に応じた介護サービスの見直しを求める。具体的に、ケアマネは、原則として月１回、被保険者の自宅を訪問して面談しなければならない[9]。そこでは、介護サービスの利用にあたって被保険者が感じている要望や不満を聞きとって対応することなどが予定されている。また、被保険者の身体状況や健康状況の変化によっては、介護サービスの変更やそれに伴う介護サービス事業者の変更が必要になる。場合によっては、ケアマネが被保険者やその家族に変更を提案することもある。つまり、ケアマネには、被保険者と定期的に面談してケアプランを見直す過程で、被保険者の状況の変化に対応して、介護サービスの組み合わせを変更することが求められている。

　もっとも、被保険者やその親族は、介護サービスの利用に当たって介護サービス事業者と契約を締結しているので、契約当事者として介護サービス事業者とやり取りできるし、介護サービス事業者を変更できる。しかし、高齢者のなかには、認知症にり患して判断能力が衰えたり、介護サービスや契約の内容を十分に理解できなかったりする者がいる。そのため、被保険者やその親族は、ケアマネに対して、介護サービスや介護サービス事業者に関する対応を求めることになる。その意味で、ケアマネの役割は多様であり、その一部に、介護サービス事業者を利用する被保険者の権利擁護を行う機能を見出すことができよう[10]。一方で、ケアマネが果たすべき役割は多岐にわたっており、書面のやり取りやその確認など業務も膨大である。ケアマネは、介護福祉士や社会福祉士、看護師などが試験を受けて取得する資格であるが、専門性に差異があり、支援の内容や程度にも差があると指摘されている[11]。

9　「指定居宅介護支援等の事業の人員及び運営に関する基準」（1999（平11）・３・31厚生省令第38号）13条14号参照。

10　ケアマネについて、高畠淳子「介護支援専門員の専門性と職務体制の改革」社会保障法19号（2004年）37頁、川久保寛「高齢者の介護サービス利用支援と法」社会保障法35号（2019年）34頁、同「介護保険と介護サービス事業者」社会保障法40号（2024年）36頁参照。

三　介護サービス事業者の指定と行政による規制

　介護保険では、介護サービス事業者が介護サービスを提供して、要介護状態にある被保険者の生活を支えることを予定している。介護保険の保険給付は、被保険者が負担する保険料と公費によって賄われる以上、被保険者が利用する介護サービスの質を保つことが求められる。

1　介護サービス事業者の指定と指定取消

　介護保険法は、介護サービス事業者の指定にあたって、サービスの類型ごとに人員・施設・運営に関する基準を定める。例えば、居室は入所者1人当たり10.65平方メートル以上の床面積が必要であり、廊下幅は1.8メートル以上でなければならない[12]。

　指定は、一定の介護サービスの質を確保するための手段であって、指定にかかる基準は、介護サービス事業者を規制する根拠となる。介護サービス事業者は、自らが提供するサービスの指定を申請して、都道府県から基準の順守を確認されたうえで指定を受ける（指定居宅サービス事業者について70条。以下同じ）[13]。指定介護サービス事業者は、指定を受けている限り、基準を順守しなければならない。

　指定介護サービス事業者に基準を順守させるため、介護保険法は、行政に規制権限を与えている。具体的には、都道府県は、立入調査を行い、基準の順守に関して問題を指摘したり事業者に是正計画の策定を求めたり、場合によっては事業者に一定の行為について作為や不作為を求める勧告を行う（76条および76条の2）。つまり、都道府県による調査と勧告は、指定介護サービス事業者が負う義務の履行を確認し確保する手段である。しかし、基準が順守されていないとしても、即座に指定が取り消されるわけではない。まず期間を定めて基準を充たすように勧告を行い、ついで相当期間内に勧告に従わない場合には事業者名等を公表し、そして勧告に関わる措置を取るよう命令する、といった段階を踏むことが行政通達で定められている[14]。さらに、

11　高畠・前掲論文（注10）39頁参照。
12　「指定介護老人福祉施設の人員、設備及び運営に関する基準」（1999（平11）・3・31厚生省令第39号）3条。
13　他に市町村長が指定する地域密着型サービスがある。詳しくは三2参照。

違反の程度に応じて指摘や勧告といった是正を求める行政裁量があり、基準を順守していない指定介護サービス事業者であっても指定取消しを受けないことがある。

　指定介護サービス事業者は、介護保険の給付を代理受領できる（41条6項）。代理受領は、被保険者に支払われる保険給付を事業者が代わって受け取る方式である。代理受領が認められる事業者は、指定を受けた事業者に限定されるものの、被保険者にとっては、いったん利用料全額を支払い、後で保険給付費の償還を受けるのではなく、一部負担のみの支払いでサービスを利用できる点で利便性に優れる。実際に、介護保険では、被保険者が指定介護サービス事業者を利用していることが保険給付を支給する前提となっている。そのため、指定の取消（77条）は、指定介護サービス事業者にとっていわば死活問題となる（詳しくは四3を参照）。

2　介護保険事業計画と地域密着型サービス事業者の指定

　もっとも、介護保険では、行政として都道府県よりも市町村の役割が重要である。市町村は介護保険の保険者であり、被保険者資格の確認や要介護認定、保険料の賦課・徴収といった運営の中核を担う。また、市町村は、介護保険事業計画を策定する（117条）。

　介護保険事業計画は、当該市町村における介護サービスの現況を示す行政計画である。市町村は、国が定める基本方針に沿って、介護サービスの現状を調査し、3年ごとに介護サービスの必要量を示し、今後取り組む事業を提示する。介護保険事業計画は、医療計画と同じように、介護サービスの現状と今後の見通しを示す重要な指標である。そして、介護保険事業計画は、地域密着型サービスの指定においては指定を制限する根拠にもなる。

　2006（平成18）年に導入された地域密着型サービスは、市町村が指定に関する権限を与えられているサービスである。地域密着型サービスは、都道府県が指定に関する権限をもつサービスと比べて、比較的柔軟なサービス提供を認める[15]。また、市町村が策定する地域密着型サービスの指定基準は、国が定めるサービスの指定基準に比べて、地域の実情に応じた柔軟な設定が認められている。地域密着型サービスを提供する事業者は、市町村が条例によ

14　「指定居宅サービス等及び指定介護予防サービス等に関する基準について」（1999（平11）・9・17厚生省老企第25号）第一2参照。

って定める基準を順守して指定を受ける（78条の4）。この指定にあたって、介護保険法は、介護サービスの供給過剰が介護保険の運営に影響を及ぼすことから、介護保険事業計画の達成に支障をきたすことを理由に指定をしないことができる旨定める（78条の2第6項4号・5号）。いわゆる総量規制であり、この点も医療計画と類似している。したがって、市町村は、地域密着型サービスについては、指定に関する基準策定や規制の権限を有する。

　判例1は、小規模多機能型居宅介護事業者の指定が問題となった裁判例である。本件当時の介護保険法は、地域密着型サービスの複数の類型について指定しないことができる旨規定していたが、その中に小規模多機能型居宅介護事業は含まれていなかった。本件では、市町村が条文を類推適用して、介護サービス量の供給過剰を招くことを主な理由に、原告が運営する小規模多機能型居宅介護事業の指定を行わなかったことが問題となった。裁判所は、「地域密着型サービスのうち、認知症対応型共同生活介護……の指定についてのみ、市町村介護保険事業計画の達成に支障を生ずるおそれがあることを理由に指定を拒否することができる旨規定している」、「小規模多機能型居宅介護の各事業者の指定においては、市町村介護保険事業計画の達成に支障を生ずるおそれがあることを理由に指定を拒否することは許されないという趣旨で定められたものと解するのが相当である」と判示し、条文に規定されていない類型について指定拒否することはできないとして、類推適用によって指定拒否した市町村の処分を取り消した。なお、その後の介護保険法改正によって、小規模多機能型居宅介護事業は条文に追加されている（78条の2第6項5号）。

四　介護サービス費の審査・支払い

　市町村は、介護保険の保険給付である介護サービス費の審査・支払いに関する権限を持つ（居宅サービスについて、41条）。指定介護サービス事業者は、利用者である被保険者から一部負担の支払いを受けつつ、市町村に介護サービス費の支払いを求める。この介護サービス費の支払いもまた、介護保

15　例えば、定期巡回・随時対応型訪問介護看護は、1日数回、短時間の職員の訪問によって行われるサービスである。時間ごとではなく一体で算定される点や、医療ニーズを含み得る点で柔軟とされる。

険の保険給付として適切に行われる必要がある。

1 介護サービス費の請求と減点査定

　介護保険法は、介護サービス費の支払いにあたって、国民健康保険団体連合会（国保連）に審査および支払いを担わせる（176条1項）。国保連は、国民健康保険において診療報酬の審査・支払いを行う機関であり、医療保険の専門機関を介護保険においても活用している。市町村は、審査・支払いの結果を受けて、指定介護サービス事業者に対する介護サービス費を負担する。審査・支払いは、介護保険法令や通知に沿った介護サービスが提供されているか事後に確認する手段である。実際に、介護保険では、不適切な介護サービスの提供に対して、医療保険と同じように、いわゆる減点査定が行われる。減点査定は、指定事業者が請求する金額より低い金額が支払われるため、指定事業者にとって経済上の不利益が生じる。次に述べるように、減点査定は行政処分ではないとされるため、減点査定に不満がある指定事業者は、民事訴訟の給付の訴えによって争うことになる。

　判例2は、いわゆる介護タクシーの利用と減点査定が問題となった裁判例である。本件では、介護タクシーの利用について、指定介護サービス事業者が合計42回の「身体介護1」として請求したところ、審査支払機関は、ケアプランでは「身体介護2」となっていることを主な理由として、一部を減額して介護サービス費を支払った。指定介護サービス事業者は、減額を不服として審査請求を行ったものの、減額査定が行政処分に当たらないことを理由に却下された。判例2は、その後に民事請求訴訟として争われた裁判例である。裁判所は、ケアプランでは「身体介護2」として1日あたり1回の提供が記載されており、それが保険給付を受ける対象となっているとして、介護サービス事業者の主張を認めなかった。本件は、介護保険における減額査定の争い方に関する先例であり[16]、また指定介護サービス事業者は、ケアプランに沿った介護サービスの提供を契約上履行すべき義務として負う旨判示した裁判例でもある。つまり、介護サービスをケアプランに記載がない形で提供した場合には、たとえ利用者の合意を得たとしても、介護サービス費の支

---

[16] 医療保険における減点査定も抗告訴訟の対象となる行政処分ではなく、不満がある医療機関は民事訴訟で争うことになる（詳しくは本書第12章三参照）。

払いの対象にならない可能性がある[17]。その限りで、ケアプランは、指定介護サービス事業者とともに利用者も拘束する。

2 指定にかかる基準の順守と介護サービス費の返還請求

指定介護サービス事業者は、指定にかかる基準の順守について、都道府県による調査および勧告だけではなく、保険者である市町村による介護サービス費の審査・支払いを通じても確認される。とりわけ、運営に関する基準は、被保険者に説明を行って同意を得ることや、サービス提供にあたって記録を取ることなど詳細に規定しており、介護サービスの提供にあたって介護サービス事業者が履行すべき内容となっている。介護保険法は、市町村が不正に介護サービス費を受けた介護サービス事業者から介護サービス費を徴収できることとともに、40％の加算金を徴収できることを定める（22条3項）。

判例3は、介護サービス費の返還請求が問題となった裁判例である。本件の原告は、通所介護事業のほか、有料老人ホームの運営を行う法人であった。虐待通報を受けて県とともに市が調査したところ、通所介護事業を利用している有料老人ホームの入所者について記録が適切に記載されておらず、通所介護事業と有料老人ホームの記録が異なっていることが判明した。そこで、市が通所介護事業の記録にない分すべてについて介護サービス費と加算金の返還請求を行ったところ、事業者はその取消を求めた。裁判所は、「原則として有料老人ホームの記録が信用でき、それに反する通所介護記録の記載は信用することができない」、「通所介護記録に通所介護サービスを提供した旨の記載がなければ、同サービス提供の事実を認めることはできない」と認定しつつ、通所介護事業の記録に記載がないとしても、サービスが提供されていなかったと認められない限り、介護サービス費の支払いを受けたことについて法律上の原因がないとはいえないとして、返還請求の一部を取り消した。

確かに、有料老人ホームの記録は介護サービス費の請求を基礎付ける書類ではなく、通所介護事業の記録とは記録の目的が異なる。また、通所介護事業の記録が適切に記載されていないことそれ自体は、介護保険法令に違反している。本件では、事業者が組織的に記録を改ざんしているが、県による指

17　急病等を理由にした当日の利用中止は認められる。実際には、利用者やその家族は、介護サービスの変更について、介護サービス事業者だけではなくケアマネに連絡することも多いとされる。

定取消しはなされていない。一方で、本件は、市が事業者に報酬返還請求に加えて加算金を請求しているものの、審査請求において返還請求の一部を取り消して金額を変更するなど、違法性の認定に一貫性を欠く。

3　指定の取消と介護サービス費の返還請求

　それでは、介護サービス事業者が指定取消を受けた場合、介護サービス費の扱いはどのようになるのだろうか。とりわけ、介護サービス事業者が指定にあたって定められている基準を充たしていないことが事後に判明した場合に問題となる。

　判例4は、介護保険法における指定取消しと介護サービス費の返還請求が問題となった判例である。本件では、人員基準を充たしていないにもかかわらず指定を受けていた介護サービス事業者について、大阪府が指定した時点まで遡って、保険者である堺市が介護サービス費の返還請求ができるかどうかが争われている。本件の介護サービス事業者は、通所介護事業、訪問介護事業、居宅介護支援事業の三つの事業について指定を受けており、そのうち訪問介護事業についてのみ、大阪府は指定取消を行った[18]。一審および二審は、介護サービス事業者が返還した分を除いて、堺市が三つすべての事業について指定当初からの介護サービス費返還請求をすべきと判示しており、控訴審は「管理者が常勤ではないことが軽微な瑕疵に過ぎないとすることはでき」ないとも判示していた。

　最高裁は、①所定の要件と基準を充たす場合に介護サービス費が支払われるのであって、これらを欠くにもかかわらず介護サービス費を支払ったときには、市町村が介護サービス事業者に不当利得返還請求ができる、②介護保険法22条3項は偽りその他不正の行為による場合であって、不当利得の特則である、と解した。そのうえで、本件では、大阪府が訪問介護事業と居宅介護支援事業の指定取消をしていないため、「不正の手段によって指定を受けたことの一事をもって、直ちに法律上の原因がないということはできず、他

---

[18]　あわせて、大阪府は、本件の介護サービス事業者に自主点検を行い、三つの事業すべてについて介護報酬の返還を行うよう求めた。本事案は、介護サービス事業者の自主点検に基づく返還ののち、堺市の住民が堺市に加算金の請求をすべきとして提起した住民訴訟である。なお、最高裁では、通所介護事業にかかる加算金は争われておらず、訪問介護事業および居宅介護支援事業にかかる介護報酬の返還請求が争われている。

に法律上の原因がないことをうかがわせる事情もない」と判示して、堺市による両事業にかかる介護サービス費の返還請求を認めなかった。

判例4は、介護サービス費返還に関する先例といえるが、加算金に言及しておらず、加算金の請求について明らかになっているとはいえない。また、指定取消し権限を有する都道府県と、介護サービス費と加算金の返還請求権限を有する市町村で、介護サービス事業者の違反行為について評価が異なる場合があり得る。判例4は、都道府県が指定取消しをしていない場合には、他に法律上の原因がない限り市は返還請求できない、としており、行政による介護サービス事業者に対する権限行使の整理を図ったといえる。

五　本章での学びと事例への回答

1．介護保険の給付はどのような仕組みを通じて利用できるか？

介護保険において介護給付を利用するために、第1号被保険者は要介護状態にあることが必要である。要介護状態は要介護認定によって確認され、要介護度によって利用できる保険給付の上限額が決まる。実際に介護サービスを利用する場合、被保険者は、まずケアマネと契約を締結してケアマネとともにケアプランを策定しながら、介護サービス事業者と契約する。ケアマネは、被保険者の心身の変化に応じて介護サービスの利用を調整する。

2．介護保険における指定の意義とは何か？

介護保険の指定は、提供される介護サービスの質を確保する手段であり、そのために介護サービスの類型ごとに人員・施設・運営基準が定められている。介護サービス事業者は、指定に伴い、それらの基準を順守し続けなければならない。そのために、介護保険法は、都道府県（地域密着型サービスについては市町村）に指定に関する調査や勧告の権限を与えている。都道府県や市町村は、指定介護サービス事業者に対する立入検査等を行うことで基準の順守を確認する。

3．介護サービス契約にはどのような意義と課題があるのか？

介護サービスは、主に高齢者が利用するため、契約当事者として権利行使が十分にできない可能性がある。ケアマネやケアプランといった介護保険の仕組みは、介護サービス契約によって介護サービスを利用する高齢者を支援

する機能があり、被保険者の権利擁護にも資する。また、ケアマネは介護保険の専門家であるため、被保険者の状況の変化に応じた適切な介護サービスの利用を促すことや、介護保険を十全に活用することを期待できる。

事例への回答

Y_2県は、Xが指定当初から人員基準に違反していることを悪質であるとして、指定時点に遡って指定を取り消すことができる。一方で、人員基準が専門職を配置しないことを理由にした指定取消しには慎重であることから、勧告や是正計画の策定にとどめて、指定を取り消さないこともあり得る。これまでXによる介護サービスの提供に特段の問題が生じていないことは、その判断の妥当性を裏付ける。

Y_1市は、介護サービス費の審査・支払いに関して権限を有している。Aの指定が取り消された場合には、Aに対し、指定時点から現在までの介護サービス費の返還請求を行うことができる。Aの指定が取り消されない場合には、介護サービス費を返還請求するとしても、いくら請求するか別途認定が必要である。介護サービスの提供が行われている限り、法律上の原因がないとはいえないため、介護サービス費の返還請求は認められない。指定取消を受けていない以上、加算金の請求は難しいと思われる。

16 保育を受ける権利と市町村の役割

古畑 淳

保育を利用するための法制度は、子どもや保護者の保育を受ける権利を保障しているといえるのか？

　共働きである夫婦（以下、「Xら」）が、0歳児のAについて保育サービスを利用したいと考え、居住するY市に問い合わせたところ、市保育課の担当者から「教育・保育給付認定申請書」と「保育所等利用申込書」を提出するよう指導を受けた。そこでXらは、教育・保育給付認定の申請と、B保育所の利用を第1希望、C保育所の利用を第2希望、D認定こども園の利用を第3希望とする保育の申込みをしたところ、Y市より、3号認定と書かれた支給認定証の交付を受ける一方で、希望の保育施設は利用できない旨の決定（以下、「入所保留決定」）を受けた。なお、決定の通知書の理由欄には、利用調整の結果、入所保留となった旨、また、選考順位が上回る児童がいた旨が記載されていた。
　以上について、Y市が保育を必要とするAに対して行った入所保留決定は適法といえるのだろうか。また、保留の根拠となった「利用調整」とはどのようなもので、利用調整はY市において適法になされたといえるのだろうか。
　Y市の決定に不服のXらは、入所保留決定の取消しを求めて訴訟を提起することとした。

1. 保育給付を受ける資格（保育の必要性）はどのような基準で認定されるのか？
2. 保育サービスの利用においてサービスの利用調整はどのようにして行われるのか？
3. 保育サービスの利用関係はどのようにして設定されるのか？
4. 保育を必要とする児童に対して市町村はどのような内容の義務を負うのか？

■ キーワード
保育所等利用待機児童、子ども・子育て支援新制度、教育・保育給付認定、保育の必要性、利用調整、保育の必要度、入所保留決定、子どものための教育・保育給付

■ 主要判例

判例1・保育の利用解除処分等執行停止申立事件（所沢市）：さいたま地決2015（平27）・12・17賃社1656号55頁［社会保障判例百選（第6版）99事件］

判例2・保育所入所保留処分国家賠償請求事件（東大阪市）：大阪地判2002（平14）・6・28賃社1327号53頁

判例3・保育所入所不承諾処分取消等請求事件（渋谷区）：東京地判2007（平19）・11・9判タ1279号132頁

判例4・保育所入所不承諾処分取消請求事件（和光市）：さいたま地判2002（平14）・12・4判例自治246号99頁

判例5・保育所入所承諾義務付等請求事件（東大和市）：東京地判2006（平18）・10・25判時1956号62頁［社会保障判例百選（第6版）98事件］

判例6・保育所入所不承諾処分国家賠償請求事件（三鷹市）：東京高判2017（平29）・1・25賃社1678号64頁

判例7・横浜市立保育所廃止処分取消請求事件：最判2009（平21）・11・26民集63巻9号2124頁［社会保障判例百選（第5版）96事件］

一 事例を読む視点

　児童福祉法（以下、「児福法」）は、保育を必要とする児童に対する保育サービスとして、保育所における保育（以下、「保育所保育」）のほか、認定こども園における保育と地域型保育と呼ばれる保育事業（家庭的保育事業、小規模保育事業、居宅訪問型保育事業、事業所内保育事業の四つがある。いずれも原則満3歳未満の乳幼児を対象とする）による保育を用意している（保育所、認定こども園、地域型保育事業を併せて「保育所等」ということがある[1]）。

　事例は、共働きである夫婦がその監護する0歳の乳児について保育所または認定こども園の利用を希望したところ、市より「入所保留決定」を受けたことにより保育サービスを利用することができていないというものである。入所保留決定とは、入所決定に至らなかった児童について、利用希望の保育

---

[1] こども家庭庁の「保育所等関連状況取りまとめ（令和6年4月1日）」によると、いわゆる「保育所等利用待機児童」は近時、減少傾向にあるものの、2024（令和6）年4月1日時点で2,567人（3歳未満児が2,339人）を数えている（https://www.cfa.go.jp/policies/hoiku/torimatome/r6 2024.10.31確認）。

所等に定員の空きが生じた場合は、当該児童をあらためて利用調整の対象とする旨の決定であり、Xらは入所を拒否されたと理解することができる。

保育サービスにおいては、保護者が利用を希望する特定の保育所等について、定員を超える利用の申込みがある場合は、保育を必要とする児童の中で、保育の利用をどの児童に認めるのが公正といえるのかという問題が生じる。また、選考の結果、保育サービスの利用に至っていない児童について、当該児童の保育を受ける権利を、他の保育サービスの利用を含めて市町村はどのように保障していくべきかという問題が生じる。本章では、こうした保育サービスの利用と保育保障をめぐる問題について検討する。まずは、保育を利用するための法制度の概要を確認することとしよう。

二　保育を利用するための法制度

児福法24条1項は、「市町村は、この法律及び子ども・子育て支援法の定めるところにより、保護者の労働又は疾病その他の事由により、その監護すべき乳児、幼児その他の児童について保育を必要とする場合において、次項に定めるところによるほか、当該児童を保育所……において保育しなければならない」と定めている。この規定は、保育を必要とする児童に対する市町村の保育所保育の実施義務を定めるものであるが、市町村の以上の義務は「次項に定めるところ」との関係において履行されることが予定されている点に注目する必要がある。そして1項を受けた2項は、「市町村は、前項に規定する児童に対し、認定こども園法第2条第6項に規定する認定こども園……又は家庭的保育事業等（家庭的保育事業、小規模保育事業、居宅訪問型保育事業又は事業所内保育事業をいう。以下同じ。）により必要な保育を確保するための措置を講じなければならない」と規定している。

児福法24条の1項と2項の規定については、それぞれが定める義務の内容と法的性格、そして二つの規定の関係の把握の仕方が問題となるが、ここではひとまず、保育サービスの利用は児福法のほか子ども・子育て支援法（以下、「支援法」）が定めるところにより行われるということを確認しておくこととしよう。そこで次に、保育の給付に関わる支援法の定めをみてみることにする。

支援法は「子どものための教育・保育給付」を用意している。この給付は、19条1項各号に該当するとして市町村から「教育・保育給付認定」を受けた

図表16-1　保育サービスの利用と「子どものための教育・保育給付」の支給までの流れ

（出典）筆者作成

　小学校就学前子ども（20条1項・3項）が幼稚園または保育所等を利用したときに、市町村が当該子どもの保護者に対して行うものである。具体的には、当該子どもが幼稚園、保育所、認定こども園を利用したときに「施設型給付費」を支給し（27条）、当該子どもが家庭的保育事業等を利用したときに「地域型保育給付費」を支給する（29条）。いずれの保育サービスもその利用関係は保護者と施設・事業者との間の契約によって設定されるが、先にみたように、保育所の利用関係は児福法24条1項によっても設定される。ただし、私立認可保育所の利用については以上とは異なる部分がある。支援法は附則6条1項により、私立認可保育所の利用については当分の間、支援法27条の規定を適用しないとしている。つまり、利用関係は児福法24条1項の規定によって設定され、保育に要した費用については私立認可保育所に対して委託費として支払うとしている。これは、市町村が保育所保育を行うとしていた従前の仕組みを踏襲するものである。保育所保育の実施義務を市町村が負うことの意義は別として、私立認可保育所の利用についてのみ、附則を用いて異なる仕組みを設けることの合理性が問われるところである[2]。

　以上が保育を利用するための法制度の概要である。

　ところで、保育を保障する制度は数度の変遷を経て今日に至っている[3]。特に以下の二つの制度改正が重要である。一つは「保育所措置制度」改革として行われた1997（平成9）年の児福法改正である。この改正では、市町村は利用希望の保育所名を記した保護者の利用申込みに対し、児福法24条1項の保育所保育の実施義務のもとで「公正な方法」で入所選考をしなければならないことなどが法定された。以上の制度のことを本章では、利用手続の特徴に注目して「保育所選択制度」と呼ぶこととする。もう一つは2012（平成

---

[2]　菊池馨実『社会保障法（第3版）』（有斐閣、2022年）620頁、常森裕介「子育て支援における保育所保育と保育実施義務の意義」社会保障法研究8号（2018年）220〜221頁を参照。

[3]　菊池・前掲書（注2）613頁以下を参照。

24）年の支援法の制定と児福法等の改正である。これにより、現在の「子ども・子育て支援新制度」と呼ばれる制度が導入された（2015（平成27）年4月1日施行）。以下では単に「新制度」と呼ぶことにする。なお、本章で取り上げる判例2は「保育所措置制度」時代の裁判例である。また、判例3、判例4、判例5、判例7は「保育所選択制度」時代の裁判例である。そして、判例1、判例6は「新制度」における裁判例である。

三　保育給付を受ける資格（保育の必要性）の認定

　事例においてＸらは、Ｙ市から「3号認定」と書かれた支給認定証の交付を受けている。教育・保育給付認定は「子どものための教育・保育給付」を受けようとするときに必要となるもので、小学校就学前子どもの保護者からの申請に対して行われる。保育サービスを必要とし保育サービスを利用しようとする場合は、支援法19条1項2号または3号の認定を受ける必要がある。2号または3号の認定は、「保護者の労働又は疾病その他の内閣府令で定める事由により家庭において必要な保育を受けることが困難であるもの」に対して行われる。「2号認定」は満3歳以上の子どもを対象とし、「3号認定」は満3歳未満の子どもを対象とする。そして、2号または3号の認定（保育の必要性の認定）が支援法20条1項によりなされる場合は、同条3項により、当該子どもにかかる「保育必要量」の認定が行われる（保育必要量の認定は1日当たり11時間または8時間の2区分で行われる。子育て支援則4条1項）。
　支援法19条1項2号・3号の「内閣府令で定める事由」は、支援法施行規則1条の5が定めている。同条が定める「事由」は、図表16-2に示す10項目である。
　教育・保育給付認定において保育の必要性の認定を受けるには、子どもの保護者のいずれもが10項目の内のいずれかの「事由」に該当する必要がある。重要な点は、保育の必要性の認定は、保護者が上記事由に該当することにより子どもに認められることになる客観的な保育ニーズに基づいて行われなければならないという点である。つまり、保育サービスの提供体制の整備状況（障害児童の受入れ態勢等を含む）や保育所等利用待機児童の存在といった外在的要因を考慮することは、いわゆる「他事考慮の禁止」に反するものとして裁量権の逸脱・濫用の評価を受けることになる。
　ここで、保護者が出生児について育児休業する場合の、保育所等を利用中

図表16-2　子ども・子育て支援法施行規則1条の5が定める、保育の必要性の認定の基礎となる保護者の「事由」

① 就労
② 妊娠・出産
③ 傷病・障害
④ 同居または長期間入院等をしている親族の常時の介護・看護
⑤ 災害復旧
⑥ 継続的な求職活動
⑦ 就学（職業訓練校等における職業訓練を含む）
⑧ 児童虐待を行っているまたは再び行われるおそれがあると認められること、又は配偶者からの暴力により子どもの保育を行うことが困難であると認められること
⑨ 育児休業をする場合であって、既に保育を利用している子どもが当該保育を引き続き利用することが必要であると認められること
⑩ その他、上記に類するものとして市町村が認める事由

（出典）筆者作成

の児童（出生児の兄姉のことである。以下、「保育所等利用児童」）の保育の利用継続をめぐる問題について考えてみることにしよう。この場合、保育所等利用児童の「保育の必要性」の有無は市町村においてあらためて判断されることになる。

　実のところ、育児休業期間中の保育の利用についての市町村の判断は様々である。すべての保育所等利用児童について利用継続を認めるとする自治体がある一方で、条例・規則等で定めるところにより、一定の要件に該当する場合（例えば、保育所等利用児童が一定の年齢である場合や、保育所等利用児童または保護者若しくは出生児に一定の事由が存在する場合）にのみ利用継続を認めるとする自治体とがある。判例1は、育児休業する保護者の子である保育所利用児童について市の福祉事務所長が保育の利用を解除する旨の処分を行った事案であるが、処分の効力停止を求める保護者の申立てに対して、㋐保育所利用児童と出生児を含む3人の子の健康状態、㋑出産後に育児休業を取得した母の健康状態、㋒児童の父の家事や育児の担当状況（平日に家事や育児の分担が難しい状況）、㋓児童の祖父母の状況の四つの事実を勘案して認容の決定をしたものである。結論として、保育の必要性を認める判断をした裁判例であるが、この問題においては、保護者に認められる「事由」のみならず、保育を継続的に受ける児童の利益についての検討も必要で

あるといえよう[4]。

四　保育サービスの利用におけるサービスの利用調整

　事例においてXらは、利用調整の結果として保育サービスを利用できない旨の決定をY市より受けている。

　利用調整について定めているのは児福法24条3項の規定である。ただし、同項の規定は附則73条1項により、当分の間、「市町村は、保育所、認定こども園……又は家庭的保育事業等の利用について調整を行う……ものとする」との規定が適用されことになっている。つまり市町村は、保育所等が「不足し、又は不足するおそれがある場合」等にかかわらず、保育の利用について調整を行うことになっている。

　保育サービスの利用過程において「利用調整」が必要となるのは、保護者が利用を希望する特定の保育所等にはそれぞれに利用定員が定められているからである。問題は利用定員の制約がある中で利用調整を行う場合、保育を必要とする児童の中でどの児童の需要を充足させるのが保育保障の在り方として適切であるかという点にある。これは、いわゆる「福祉サービスの割り当て」の問題[5]であるが、この点に注目してみると、市町村の保育の実施義務の中核は、保育サービスの「利用調整」にある[6]といっても過言ではないということになろう。

　供給量が限られる中でどのように保育利用の優先順位を決定するかというのは「保育所措置制度」時代からの問題である。この問題について判例2は、「本来保育に欠ける児童は保育所に入所させて保育するのが原則であることからすると、保育所保育の必要性が高い者から順次入所させていくという方法が採用されるべきである」と判示している。このほかに、判例3も保育所保育について同旨の判示をしている。判例2、判例3が判示する内容は現在、児福法施行規則が24条で定めている。同条は、「市町村は、法第24条第3項の規定に基づき、保育所、認定こども園……又は家庭的保育事業等の利用に

4　他の裁判例として、さいたま地決2015（平27）・9・29賃社1648号57頁、さいたま地決2015（平27）・12・17賃社1656号45頁も参照。
5　秋元美世『福祉政策と権利保障』（法律文化社、2007年）111頁以下を参照。
6　常森・前掲論文（注2）220頁。

図表16-3　市町村が設定する基準（選考基準）：「基本点数表」の内容の具体例

事由	細目	基本点数
就労（被雇用）	月150時間以上の就労を常態とする。	10
	月120時間以上の就労を常態とする。	8
	月90時間以上の就労を常態とする。	6
	月60時間以上の就労を常態とする。	4
求職中	求職中	3

（出典）「津市保育の利用に係る調整に関する事務取扱規則」を参考に筆者作成

ついて調整を行う場合……には、保育の必要の程度及び家族等の状況を勘案し、保育を受ける必要性が高いと認められる児童が優先的に利用できるよう、調整するものとする」と規定している。

　このように、保育サービスが保育を必要とする児童の「保育を受ける必要性」の程度（以下、「保育の必要度」ともいう）に応じて適切に利用されるためには、市町村が行う利用調整が重要な意味を持つことになる（児福法24条7項は市町村に対して、3項の利用調整を「適切に実施する」ことを求めている）。そこで裁判例をみてみることにする。

　現在のところ、新制度における市町村の「利用調整」の違法が争われた事案は、公刊の判例集等をみる限り存在しないようである。ただし「新制度」以前において、市町村による保育の必要度の判断（優先順位決定）の違法の有無が争われた裁判例はいくつか見ることができる。判例2、判例3、判例4がそれである。いずれの裁判例も、保育の必要度の判断は基本的に市町村の合理的な裁量に委ねられていると判示したうえで、①保育の必要度を測る基準の設定、または②設定された基準の解釈・適用に著しく不合理な点がある場合には、当該裁量権の行使は裁量権の範囲を逸脱・濫用したものとして違法となる旨の判示をしている。

　裁判ではこのように、市町村が設定する基準（以下、「選考基準」ともいう）ないし当該基準の解釈・適用の合理性が争点になるわけであるが、市町村においては多くの場合、次のような内容の基準が設定されている。すなわち、ランク制ないしポイント制の採用のもと、例えば、㋐「基本点数表」と㋑「調整指数表」、そして㋐㋑の合計点が同点の場合の㋒「順位表」などが設定されている。㋐では、保育の必要性の要因となる事由ごとに、そしてそ

の事由の程度に応じて基本点数の配点がなされ、④では、祖父母等の状況、世帯の状況、子どもや子どものきょうだいの状況等の観点から加点・減点の配点が行われている。

　選考基準に盛り込む項目の選択とその考慮程度の設定は市町村自治（裁量）の問題として市町村において様々に定められている。利用調整は「保育を必要とする」児童を対象に保育の利用の可否を決定する手続であることからして、当該基準には相当の具体性と明確性が求められていると考えることができる。また、公正性と透明性の確保の観点から公表も求められる。なお、判例2と判例3は、選考基準の明確性と合理性、そして選考基準の解釈・適用の合理性が争点となった事案である。また、判例4も、選考基準の解釈・適用の合理性が争われた事案である。いずれも入所選考にかかる市の裁量権行使に違法はない旨の判断がなされている。利用調整における優先順位決定のあり方を考えるうえで参考になる裁判例といえよう[7]。

　ここで、利用調整の法的性格について考えてみることにする。利用調整の法的性格について行政解釈は処分性を認める立場である。学説は行政指導と解する説と処分性を認める説とに分かれている。争いのある論点[8]であるが、利用調整の結果は、保護者と施設・事業者の双方において、保育の利用にかかわる基本的要素を決定するとの意味を有しているとみることができる（利用調整の結果は後につづく保育の利用関係の設定の基礎となる）ので、この点に注目してみると、利用調整の通知を行政処分と解することは可能であるように思われる。このように解することで、利用調整の結果を行政争訟により争うことが可能となる。

　利用調整においては、例えば、第1希望の保育の利用は不可とする一方で、第2希望の保育の利用は可とする内容の決定がなされる場合がある。このような場合、保護者は第1希望の保育の利用を求めて行政争訟を提起することができるかが問題となる。これは、申立てないし訴えの利益にかかる問題であるが、その可否の判断は新制度の特徴に留意して行う必要がある。新制度は、保育サービスとサービスの提供主体の選択を保護者に保障する制度である。すなわち、選択の保障という点を重視すると、保護者に第1希望の保育

7　他の裁判例として、那覇地判2013（平25）・11・26保育情報450号39頁も参照。

8　この論点については、興津征雄『法学叢書　行政法Ⅰ　行政法総論』（新世社、2023年）672頁を参照。

の利用を求める地位を認めることができると思われる[9]。

　本節の最後に、利用調整に関わる問題として、障害を有する児童の保育サービスの利用問題について取り上げることとする。判例5は、保育に欠ける障害児童に対する市福祉事務所長の保育所入所不承諾処分の違法性が争点となったものである。判例5は次のように判示している。「障害のある児童であっても、その障害の程度及び内容に照らし、保育所に通う障害のない児童と身体的、精神的状態及び発育の点で同視することができ、保育所での保育が可能な場合であるにもかかわらず、処分行政庁が、……当該児童に対し、保育所における保育を承諾しなかった場合には、そのような不承諾処分は、考慮すべき事項を適切に考慮しなかったという点において、処分行政庁の裁量の範囲を超え、又は裁量権を濫用したものというべきであ」る。障害を理由として一律に利用調整の対象外とすることが許されないことはもちろんであるが、加えて、保育を行いうる可能性を児童の心身の状況や保育所等の保育環境・保育体制等に照らして考慮、検討しなかった場合は、当該利用調整の結果は違法の評価を受けることになると考えられる。

五　利用調整がなされた後の保育サービスの利用関係の設定

　利用調整がなされると、保育所の利用においては、児福法24条1項と支援法附則6条1項の規定に基づき市町村と保護者との間で保育所保育の利用関係が設定されることになる[10]。他方、認定こども園と家庭的保育事業等の利用においては、利用調整の結果を受けて、保護者と施設・事業者との間で保育サービスの利用契約が締結されることになる。このように、利用する保育サービスにより保育の利用に至る手続が異なることになる。

　検討を要するのは、市町村と保護者との間で利用関係が設定される保育所の利用の場合である。そこで以下では、児福法24条1項に基づく市町村の保育所入所承諾・不承諾の決定の法的性質について考えてみることにする。

　判例6は、保育を必要とする児童の保護者に対する市の保育所入所不承諾

---

[9]　交告尚史「保育所利用を巡る行政法上の諸問題」法政法科大学院紀要19巻1号（2023年）9頁以下、21頁を参照。
[10]　公立保育所の利用については制度上、さらに、保護者と公立保育所（保育所の設置・運営者としての市町村）との間で利用契約が締結されることになる。

の決定の違法性が争われた国家賠償請求事件である。判例6は、市の決定を行政処分と把握したうえで、当該決定の違法性について判断している。また、前出の判例1は、保育の利用解除処分の効力停止を保護者が求めた執行停止申立事件であるが、裁判所は、保育所利用にかかる市町村と保護者との間の法関係を「保育の利用に係る契約関係」と捉えたうえで、保育所の利用契約関係の消滅には市福祉事務所長の解除の決定が必要であるなどと述べて、この決定は行政処分（不利益処分）に当たる旨の判示をしている。このように裁判例は、児福法24条1項に基づく市町村の決定を行政処分と捉えている[11]。また、判例1にみられるように、児福法24条1項により形成される市町村と保護者との間の法関係を契約関係として把握している。

　次に判例7をみてみることにしよう。判例7は「保育所選択制度」時代の判例であるが、最高裁判所は保育所利用における児童および保護者の法的地位について次のように判示している。「保護者の選択に基づき、保育所及び保育の実施期間を定めて設定される」保育所の利用関係は、「保育の実施の解除がされない限り……、保育の実施期間が満了するまで継続する」。そして、「特定の保育所で現に保育を受けている児童及びその保護者は、保育の実施期間が満了するまでの間は当該保育所における保育を受けることを期待し得る法的地位を有する」と判示している。保育所の利用関係は新制度においても、児福法24条1項に基づいて、市町村の決定により「保育所及び保育の実施期間を定めて設定される」ことになる。したがって、特定の保育所で現に保育を受けている児童およびその保護者は、判例7が判示する内容と同様の法的地位を有するということになる。

　ここまで検討してきたとおり、市町村が行う利用調整と保育所利用にかかる市町村の決定は行政処分の性質を有しているとみることができる。そうすると、この二つのそれぞれが市町村の裁量に基づいて拒否処分としてなされる場合は、処分理由の提示が処分の適法性を担保するという点で重要な意味を持つということになる。

　判例2は、市福祉事務所長の保育所入所措置保留処分について行政手続法5条3項および8条1項違反を認めた裁判例である。判例2は拒否処分における理由の提示について次のように判示している。拒否処分においては、

---

[11] 最近の他の裁判例として、東京地判2024（令6）・2・22保育情報570号15頁を参照。

「どのような事実に基づいて判断したのか、審査基準のどの項目がいかなる点で満たされないと判断したのか、どのような法的理由により判断されたのかが示されていなければならない」。新制度における二つの処分も行政手続法第二章の適用を受けることになる。したがって、拒否処分を市町村が行う場合、市町村は判例2が判示する内容を基盤として保護者に対して処分理由を示す必要があるということになる[12]。具体的には、利用調整の根拠となった基準（選考基準）の公表を必須として、保育の利用申請者自身の基準への当てはめの結果をはじめ、当該結果を選考において如何に評価したか（例えば、評価の結果としての申請者自身の順位などが内容に含まれよう）などの判断過程を市町村の実情に応じて示すことが必要になると考えられる[13]。

六　児童福祉法24条1項および2項が定める市町村の義務の内容

1　児福法24条1項の市町村の保育所保育の実施義務

　児福法24条1項が定める市町村の義務の内容について判例6は次のように判示している。児福法24条は、「2項で子ども・子育て支援法で創設された地域型保育給付等を前提に、市町村に地域の実情に応じて保育所以外の手段で保育を提供する体制の確保義務があることを明記し、さらに、3項で、いわゆる待機児童が発生している場合などを想定して、これらの利用調整等を行う規定を置いて」おり、「市町村が、定員を上回る需要がある場合に調整を行い、その結果として保育の必要性がありながら保育所への入所が認められない児童が生じるという事態を想定しているものと解されるから、市において、保育所の定員を上回る需要があることを理由に、保護者の希望する保育所への入所を不承諾とする本件処分を行ったとしても、そのこと自体をもって、児童福祉法24条1項の義務に違反したということはできない」。以上は、児福法24条3項の存在を主たる論拠として市町村の保育所保育の実施義務の内容を述べる部分である。要するに判例6は、1項の義務は保育所の定員と保育所保育の需要（正確には、各保育所の定員と保護者の選択に基づく

12　理由提示のあり方が争われた裁判例として、大阪高判2013（平25）・7・11保育情報453号75頁（原審・京都地判2013（平25）・1・17保育情報453号69頁）を参照。

13　理由提示のあり方については、交告・前掲論文（注9）12頁以下、21〜22頁を参照。

特定の保育所に対する需要）との関係において定まる義務であり、保育所保育の利用を希望するすべての児童・保護者に対する義務ではないとするものである。確かに、判例 6 が判示する 1 項の義務の内容は結論において首肯し得るものといえる。しかし、同項の義務の内容は 2 項の義務との関係において把握する必要がある。児福法24条は 1 項と 2 項が定める義務の履行を通じて、保育を必要とする児童の保育を受ける権利を保障するとしているのである。

2　児福法24条 2 項の市町村の必要な保育を確保するための措置を講じる義務

児福法24条 1 項および 2 項に基づき保育を受ける権利を保障すると考えるのであれば、児福法24条 2 項の「必要な保育を確保するための措置を講じ」る義務の内容が問題になる。これに関し判例 6 は、 2 項を保育所以外の保育の提供「体制の確保義務」を明記する規定と位置付ける（先の引用箇所を参照）ものの、保護者の主張（市は認定こども園等への入所のあっせん等、改正後の児福法24条 2 項が求める必要な措置を講じておらず、市には不作為の違法が認められるとの主張）に対して、次のように判示した。すなわち、「保護者が市に対し認定こども園等への入所を申し込んだと認めるに足りる証拠はなく、したがって市があっせんを行っていないことをもって違法とすることはできない。また、保護者の主張が、市が同条 2 項に基づく保育を確保するための体制を整備する義務を怠った違法があるという趣旨であるとしても、市に同条 2 項の趣旨を没却するような著しい懈怠があることを裏付けるに足りる証拠はない」。以上は事実認定のレベルで保護者の主張を退けるものであり、児福法24条 2 項の義務の内容を正面から判断するものではない。しかし、同項がいう義務の内容を考える手掛かりを提供しているとみることができる。一つは、同項の義務は個々の児童に対する必要な保育の確保措置義務であると理解する仕方であり、もう一つは、同項の義務は認定こども園と家庭的保育事業等の提供体制の整備義務であると理解する仕方である[14]。

今後の裁判所の判断が注目されるところであるが、ここでは、 2 項の義務

14　 2 項の義務は双方の内容を含むとする理解もあり得る。常森・前掲論文（注 2 ）219頁を参照。学説の議論状況については、菊池・前掲書（注 2 ）617～619頁を参照。

の内容を考えるにあたり注目する必要があると思われる点を指摘してみることにする。一つは、保育所を含む保育サービスの提供体制の整備責任ないし義務は同条の7項が別に定めているとみることが可能であるという点である。もう一つは、支援法と児福法は保育を必要とする個々の児童が多様な保育サービスを適切かつ確実に利用できるように市町村に諸種の支援や措置等を行うことを求めているという点である（子育て支援42条1項、54条1項、児福24条3項から6項までの規定を参照）。

以上の点に注目してみるならば、2項の義務は1項の義務と同様に、個々の児童に対する個別具体的な義務として把握することが適当であるように思われる。このように解することで、1項と2項がそれぞれに定める義務の関係を整合の取れたものとして把握することが可能になる。

児福法24条2項の義務の内容を以上のように解するとした場合、市町村は保育を必要とする児童の保護者に対して、必要に応じて、認定こども園または家庭的保育事業等の利用のあっせん等の援助を「必要な保育を確保するための措置」として行う必要があるということになる。そしてそうした援助は、1項との関係では、利用調整の結果、保育所への入所が叶わなかった場合にいっそう重要になるということができる。

七　保育サービスの提供体制の整備の重要性と保育制度の新たな動向

保育所の利用をめぐる行政争訟が少なくない要因の一つは、保育サービスの提供体制（供給量）が保育の需要に応えることができていない点にある。もっとも、保育所等利用待機児童は全国的には大幅に減少している状況にあり、一部の都市部等の課題になりつつある。とはいえ、利用可能な保育サービスに対して保育の需要が上回るという事態は、各地域の事情により常に生じ得る問題である。本章で取り上げた課題は市町村における保育の課題として今後も残り続けるものといえる。また、障害のある児童や病児、医療的ケア児の保育など多様な保育ニーズに応えるための保育の提供体制の整備という課題もある（保育施設には地域における子育て支援の機能も求められている）。そうした事情に鑑みても、保育サービスの請求権の確立のために、市町村が定める保育サービスの提供体制の整備に関する計画（子育て支援61条、児福56条の4の2参照）が、その策定過程を含めて重要な意味をもつということになる。

2024（令和6）年法律第47号による子ども・子育て支援法等の改正により、2026（令和8）年度から全国の自治体において「こども誰でも通園制度」と呼ばれる制度が実施されることになった。この制度は、保育所等に通っていない満3歳未満の子どもが、保護者の就労に関係なく保育所などの施設・事業を一定時間、利用することができるとするものである。そして右の利用に対して市町村が、保護者に対して「乳児等のための支援給付」として「乳児等支援給付費」を支給するというものである。これは、子育ち・子育て支援策としてのあらたな保育制度の展開というべきものである。制度の内容がどのように整備されていくかが注目される。

八　本章での学びと事例への回答

1．保育給付を受ける資格（保育の必要性）はどのような基準で認定されるのか？

　児童の保育給付を受ける資格（保育の必要性）の認定は、保護者の就労等の「事由」により児童が家庭において必要な保育を受けることが困難である場合に認定される。この認定は、児童に認められる客観的な保育ニーズに基づき行われる。

2．保育サービスの利用においてサービスの利用調整はどのようにして行われるのか？

　利用調整は、保育を必要とする児童の保育の必要の程度、および児童の家族等の状況を勘案して、保育を受ける必要性が高いと認められる児童が保育サービスを優先的に利用できるように行われる。以上の利用調整を行うために市町村は基準（選考基準）を設定している。

3．保育サービスの利用関係はどのようにして設定されるのか？

　利用する保育サービスにより異なる。保育所は、児福法24条1項に基づく市町村の保育所入所承諾決定により市町村と保護者との間で設定される。これに対し、認定こども園と家庭的保育事業等は、保護者と施設・事業者との間の契約により利用関係が設定される。

4．保育を必要とする児童に対して市町村はどのような内容の義務を負うのか？

　市町村は、児福法24条1項の保育所保育の実施義務と2項の必要な保育を

確保するための措置義務を負う。2項は認定こども園と家庭的保育事業等の利用について定めるものである。市町村は、1項と2項の規定を通じて保育を必要とする児童の保育を受ける権利を保障する。

事例への回答

　Aは保育を必要とする児童ではあるが、Xらが利用を希望した保育サービスは定員を上回る利用希望者があり、Y市が利用調整を行ったところ、Aより選考順位が上回る児童がいたということであるから、Y市がXらに対して入所保留決定を行ったことは、直ちに違法であるとはいえない。問題は、Y市が行った利用調整が合理的な裁量権行使の範囲内で行われていたかという点にある。この点についてY市は「入所保留決定」通知書の理由欄に入所保留の判断に至った理由を十分に示したとはいえない。例えば、Aの保育の必要度をどのように評価したかなどの記載をしていない。したがって、保育の必要度等に関する記載の不備に着目すると、行政手続法8条1項違反（理由付記の瑕疵）を理由として取消し判決がなされる可能性がある。

　なお、Xらの子Aは保育を必要とする児童であるため、Y市はXらに対して、家庭的保育事業等も含めた保育サービスの利用のあっせん等の措置を行う必要があったとみることができる。このときY市が、合理的な理由がないにもかかわらず、上記の措置をXらに採らなかった場合は、Y市の児福法24条2項義務違反が問題になる余地がある。

17 障害福祉サービスにおける介護ニーズの評価

福島　豪

障害福祉サービスに関する制度は、障害者の介護ニーズをどのように保障しており、介護保険サービスとの間でどのような調整を行っているのか？

　Xは、両上下肢の機能の著しい障害があるとして、障害等級1級の身体障害者手帳の交付を受けている。Xは、歩行、移乗、排尿、排便のいずれも支援が必要なので、Y市から、障害支援区分6の認定を受け、自立支援給付の一種である介護給付費の支給を受けていた。Y市の従前の支給決定によると、Xが利用する障害福祉サービスの種類は重度訪問介護であり、Xの支給量は1か月237時間、このうち移動介護部分の支給量は1か月20時間であった。市民税を課されない世帯のXは、利用者負担なしで障害福祉サービスを利用していた。

　65歳に達したXは、Y市に対し、従前と同内容の介護給付費の支給申請をした。Y市の職員は、Xには介護保険サービスを利用させ、不足するサービス量についてのみ障害福祉サービスを上乗せするのがY市の方針なので、介護保険の要介護認定の申請をするよう促した。Xは、介護保険サービスを利用すると利用者負担が重くなるので、要介護認定の申請をしないと断った。Y市は、介護保険サービスの量および不足するサービス量を算定することができないものの、移動介護部分は介護保険サービスにないため、1か月20時間の移動介護部分に限って介護給付費の支給決定を行った。

　Y市の居宅介護部分に関する不支給決定は、果たして違法なのか。

1. 障害の認定はどのように行われるのか？
2. 障害福祉サービスの量はどのように決定されるのか？
3. 障害福祉サービスを利用していた障害者は、65歳に達すると介護保険サービスとの調整を求められるのか？

■ キーワード
65歳問題、障害者、身体障害者手帳、自立支援給付、利用者負担、介護給付費の支給決定、支給量、判断過程審査、併給調整、介護保険優先原則、法の欠缺、憲法適合的解釈

■ 主要判例
　判例 1・介護給付費支給決定取消等請求事件：札幌高判2015（平27）・4・24判例自治407号65頁
　判例 2・石田訴訟：大阪高判2011（平23）・12・14判例自治366号31頁
　判例 3・身体障害者居宅生活支援費不支給決定取消請求事件：大阪高判2007（平19）・9・13賃社1479号63頁［社会保障判例百選（第 5 版）102事件］
　判例 4・天海訴訟第一審：千葉地判2021（令 3）・5・18判例自治511号165頁
　判例 5・天海訴訟控訴審：東京高判2023（令 5）・3・24判例自治511号143頁［社会保障判例百選（第 6 版）104事件］

一　事例を読む視点

　Xは、両上下肢の機能の著しい障害により、ひとりで日常生活動作と外出をすることが難しいので、介護を必要とする。Xが障害福祉サービスを利用するためには、行政による障害の認定を経て、障害福祉サービスの量としての支給量の決定を受ける必要がある。

　そのうえで、障害福祉サービスを利用していたXが65歳に達すると、介護保険サービスとの調整が問題となる。なぜなら、介護保険の仕組みは、要介護状態にある65歳以上の者（以下、「要介護者」）の介護ニーズを保障するという意味で、障害者の介護ニーズを保障する自立支援給付の仕組みと機能的に重複するからである。しかし、後述するように、障害福祉サービスの内容は介護保険サービスの内容より広いし、障害福祉サービスの利用者負担は介護保険サービスの利用者負担より低い。したがって、Xは、65歳に達した後も自立支援給付を受けることを希望して、要介護認定の申請をしなかった。

　本章の事例では、障害福祉サービスを利用していた障害者は、65歳に達すると介護保険サービスとの調整を求められるのかが問われる。事例に即していうと、Y市は、要介護認定の申請をしなかったXに対し、居宅介護部分に関する介護給付費の不支給決定を行うことができるのかが争われる。この問題は、65歳問題と呼ばれる。

　本章では、障害福祉サービスに関する制度を事例のXに即して解説した後、65歳問題を法的観点から検討してみよう。

二　障害の認定

1　障害者総合支援法における障害者の定義

　障害者は、身体障害などの心身の機能の障害により、継続的に日常生活または社会生活に相当な制限を受ける。そこで、障害者総合支援法は、障害者が日常生活または社会生活を営むことができるよう、必要な障害福祉サービスに関する給付などの支援を総合的に行うことを目的とする（障害総合支援1条）。こうして、障害者が障害者でない者と比べて不利な立場に置かれないようにするため、障害福祉サービスに要する費用は、利用者負担を除いて社会全体で賄われている。障害者総合支援法は、「障害者」を、身体障害者、知的障害者、精神障害者および難病患者と定義する（同4条1項）。

2　身体障害者福祉法における身体障害者手帳の交付

　身体障害者福祉法は、「身体障害者」を、別表に掲げる身体上の障害がある18歳以上の者であって、都道府県知事から身体障害者手帳の交付を受けたものと定義する（身福4条）。

　身体障害者福祉法は、別表に掲げる身体上の障害として、①視覚障害、②聴覚または平衡機能の障害、③音声機能、言語機能またはそしゃく機能の障害、④肢体不自由などの障害を列挙しており、いずれも永続するものである（同別表）。これらの身体上の障害は、社会的要請に応じて追加されてきたことから、限定列挙である[1]。Xは、肢体不自由を有する。

　身体に障害がある者は、医師の診断書および意見書を添えて、都道府県知事に身体障害者手帳の交付を申請することができる。都道府県知事は、申請者の障害が身体障害者福祉法別表に掲げる障害に該当すると認めた場合には、申請者に手帳を交付しなければならない（同15条）。障害の級別は、身体障害者障害程度等級表で定められる（身福則5条3項・別表5号）。等級表は、障害の程度を、障害の部位ごとに重度のものから1級から7級までに分けて整理する。

　肢体不自由の級別を判断するに当たっては、例えば上肢か下肢か体幹かといった障害の部位を判定したうえで、それぞれの障害の程度を認定する[2]。

1　広島高判1995（平7）・3・23行集46巻2=3号309頁。

両上下肢の機能の著しい障害を有するXは、身体障害者障害程度等級表によると、上肢と下肢のそれぞれについて2級（「両上肢の機能の著しい障害」および「両下肢の機能の著しい障害」）に該当する。そのうえで、同一の等級について二つの重複する障害がある場合は、1級上の級とするので、Xの障害等級は最重度の1級となる。したがって、身体障害者手帳は、障害を身体の機能の喪失や低下に着目して認定することで、身体障害者であることを公に証明する機能を果たす[3]。

三　障害福祉サービスの量の決定

1　障害福祉サービスの種類

　障害者総合支援法は、障害福祉サービスに関する給付を定める。「障害福祉サービス」は、居宅介護、重度訪問介護、同行援護、行動援護などの介護とともに、就労移行支援、就労継続支援などの訓練等を含む（障害総合支援5条1項）。このうち、「重度訪問介護」とは、常時介護を要する重度の肢体不自由者等に対し、居宅等における入浴、排せつまたは食事の介護などの生活全般にわたる援助（居宅介護部分）および外出時における移動中の介護（移動介護部分）を総合的に行うことをいう（同条3項）。重度訪問介護の対象者は、障害福祉サービスに要する費用の額の算定基準[4]（以下、「報酬算定基準」）において、障害支援区分（後述）が区分4以上であって、2肢以上に麻痺があり、歩行、移乗、排尿、排便のいずれも支援が必要と認定される者と定められる。Xは、重度訪問介護の対象者に該当する。

　障害福祉サービスは、介護保険サービスと比べると、同行援護、行動援護、就労移行支援、就労継続支援等を含むので、多様である。また、障害福祉サービスの一種である重度訪問介護は、介護保険サービスの一種である訪問介護（要介護者に対する居宅での介護などの日常生活上の世話。介保8条2項）と比べると、居宅介護部分で共通するものの、移動介護部分を含む点で広い。なぜなら、介護保険法は65歳以上の者の基礎的な介護ニーズに対して定型的な給付を行うのに対して、障害者総合支援法は障害者の介護ニーズに

2　東京地判2014（平26）・7・16判例自治393号63頁。
3　加藤智章ほか『社会保障法（第8版）』（有斐閣、2023年）346頁〔前田雅子執筆〕。
4　2006（平18）・9・29厚生労働省告示第523号。

限られない生活支援ニーズに対して個別的な給付を行うからである。

2　自立支援給付の仕組み

　障害福祉サービスを必要とする障害者は、自立支援給付を受けることができる。自立支援給付は、障害福祉サービスに関する介護給付費および訓練等給付費の支給、利用者負担の軽減に関する高額障害福祉サービス等給付費の支給等からなる（障害総合支援6条）。このうち、介護給付費の支給は、重度訪問介護などの介護を対象とする（同28条1項）。

　介護給付費は、市町村の支給決定を受けた障害者が、都道府県知事が指定する事業者から障害福祉サービスを受けた場合に、市町村が障害福祉サービスに要した費用を支給するものである（同29条1項）。そのうえで、サービスそれ自体の保障という介護給付費の目的を達成するため、事業者による代理受領が認められる[5]。すなわち、市町村は、障害福祉サービスに要した費用について、介護給付費として障害者に支給すべき額の限度において、障害者に代わり、事業者に支払うことができる（同条4項）。結果として、介護給付費は事業者に対する報酬として支払われるので、障害者は事業者に利用者負担を支払うだけで障害福祉サービスを利用することができる。

　介護給付費の額は、厚生労働大臣が定める報酬算定基準により算定した障害福祉サービスに要する費用の額から、利用者負担の額を控除した額である（同条3項）。利用者負担の額は、障害者の家計の負担能力を斟酌して政令で定める額である。これは、障害福祉サービスの負担上限月額として、図表17-1のように定められる（障害総合支援令17条）。Xは市町村民税非課税世帯に属し、低所得に該当するので、利用者負担はなかった。したがって、利用者負担は、障害者の所得に応じた応能負担である。

　障害福祉サービスの利用者負担は、介護保険サービスの利用者負担と比べると低い。後者の額は、介護保険サービスに要する費用の1割相当額であるものの、1割相当額が要介護者の所得に応じた負担上限月額を超える場合には、負担上限月額となる。例えば、Xのような市町村民税非課税世帯に属する者の負担上限月額は、所得に応じて1万5000円または2万4600円である（介保51条、介保令22条の2の2）。前者の額が後者の額より低く設定されて

---

[5]　笠木映里ほか『社会保障法』（有斐閣、2018年）261～262頁〔中野妙子執筆〕。

図表17-1　障害者の障害福祉サービスの利用者負担

区分	所得状況	負担上限月額
生活保護	生活保護受給世帯	0円
低所得	市町村民税非課税世帯	0円
一般1	市町村民税課税世帯（障害者が居宅で生活しており、市町村民税の所得割額が16万円未満の世帯）	9300円
一般2	市町村民税課税世帯（上記以外）	3万7200円

（出典）厚生労働省HP「障害者の利用者負担」を一部修正

いるのは、障害福祉サービスの利用は長期にわたる上、障害福祉サービスの量は障害により生じる介護ニーズの程度によって決まる一方で、障害者の所得水準は低所得層に固まっており、高所得層が薄いことから、必要な障害福祉サービスの利用が阻害されないようにするためである[6]。その意味で、障害福祉サービスの利用者負担は、障害者の就労環境が整備されて所得水準が上昇するまでの軽減措置と解することができる。

　介護給付費の支給に要する費用は、市町村がいったん支弁したうえで、国が50％、都道府県が25％をそれぞれ義務的に負担する（障害総合支援92条・94条・95条）。したがって、介護給付費の支給などの自立支援給付は、公費負担の制度である。

3　介護給付費の支給決定と支給量の決定

　介護給付費の支給を受けようとする障害者は、市町村の支給決定を受けなければならない（障害総合支援19条）。介護給付費の支給決定は、次の過程を経て行われる。

　障害者は、市町村に介護給付費の支給申請をする（同20条1項）。市町村は、支給申請があった場合には、障害支援区分の認定を行う（同21条）。「障害支援区分」とは、障害者の障害の多様な特性などの心身の状態に応じて必要とされる標準的な支援の度合を総合的に示すものをいう（同4条4項）。障害支援区分は、審査判定基準[7]によると、障害者に必要とされる支援の度

6　橋爪幸代「障害者の利用者負担のあり方」社会保障法33号（2018年）155～158頁。
7　2014（平26）・1・23厚生労働省令第5号。

合に応じて軽度のものから区分1から区分6までに分かれる。Xは、最重度の区分6に該当する。

そのうえで、市町村は、障害者の障害支援区分などの心身の状況、介護者の状況、障害者のサービスの利用状況、障害者の障害福祉サービスの利用意向、障害者の置かれている環境、障害福祉サービスの提供体制の整備状況（以下、「勘案事項」）を勘案して、介護給付費の支給の要否を決定する（同22条1項、障害総合支援則12条）。市町村は、支給決定を行う場合には、1か月間において介護給付費を支給する障害福祉サービスの量としての支給量を定める（障害総合支援22条7項、障害総合支援則13条）。支給決定によって介護給付費の支給を受ける権利が発生し[8]、支給量は障害者が利用する障害福祉サービスの上限となる。Xの重度訪問介護の支給量は、Y市の従前の支給決定によると、居宅介護部分1日7時間×31日＋移動介護部分1か月20時間＝1か月237時間であった。

このように、支給量は、要介護認定のみで決定される介護保険サービスの量と異なり、障害支援区分の認定に加えて、支給決定という2段階の認定判断を経て決定される[9]。行政解釈によると、障害支援区分の認定と支給決定は、それぞれ行政処分に該当する[10]。

4 支給量の決定に対する司法審査

支給決定の勘案事項について、判例1は、障害者総合支援法および同法施行規則は、勘案事項のみを定め、支給決定を市町村の裁量に委ねているので、市町村が支給決定に際して財政事情を考慮に入れないことは不可能であるとする。これに対して、自立支援給付の財源が公費であり、サービス提供のための資源にも限りがあることに鑑みれば、財源および資源の適正な配分という観点から支給決定を市町村の裁量に委ねることに合理性がある一方で、法令は財政事情を勘案事項としてあげていないので、市町村が支給決定に際して財政事情を直接考慮することは許されないとする学説がある[11]。

そのうえで、支給量は、介護保険サービスの利用上限が要介護者の要介護

8　菊池馨実『社会保障法（第3版）』（有斐閣、2022年）85頁。
9　菊池・前掲書（注8）550頁。
10　障害者福祉研究会編『逐条解説 障害者総合支援法（第2版）』（中央法規出版、2019年）279頁。
11　笠木ほか・前掲書（注5）323頁〔中野執筆〕。

度に応じて一律に支給限度額として定められる（本書第15章参照）のと異なり、障害者の心身の状況などの勘案事項を考慮して個別に決定される。そうすると、市町村は、支給量の決定を公平かつ適正に行うため、あらかじめ支給決定基準を定めた[12]うえで、支給決定基準に依拠して障害者の希望を下回る支給量を決定することがある。判例2は、両上下肢と体幹の不自由により歩行や起立ができない原告が、ひとり暮らしをするためには1日24時間、1か月744時間の介護が必要であるとして、被告市による重度訪問介護の支給量を1か月377時間等とする支給決定の取消しとともに、支給量を1か月744時間とする支給決定の義務付けを求めた事案である。このような事案で、裁判所は、市町村による支給量の決定の違法性をどのように審査するのか。

　判例2は、障害者総合支援法が、支給量の決定については勘案事項をふまえた市町村の合理的な裁量に委ねていると解する。そのうえで、市町村による支給量の決定が裁量権を逸脱濫用したものとして違法となるかどうかは、決定に至る判断の過程において勘案事項を適切に考慮しないことにより、決定内容が、障害者の個別具体的な障害の種類、内容、程度などの具体的な事情に照らして、社会通念上障害者において日常生活または社会生活を営むことを困難とするものであって、障害者総合支援法の趣旨目的に反しないかどうかという観点から検討すべきであると判示する。つまり、判例2は、裁量審査の方法として判断過程審査を採用する。判断過程審査は、行政が考慮すべき事項を考慮せず（考慮不尽）、または考慮すべきでない事項を考慮した（他事考慮）のではないかというように、行政の判断過程に不合理な点がないかを審査する方法である[13]。

　判例2は、具体的な当てはめにおいて、原告の身体の状況から、1日の介護計画において日中および夜間に介護を受けられない時間があっても、原告が自立した日常生活を送り、健康を維持するのに支障が生じないといえるかどうかについて検討する。そうすると、被告市による支給量の決定が、1日18時間、1か月558時間の基本時間に移動介護時間20時間を加えた578時間を下回る限度において、市町村が考慮すべき勘案事項である障害者の心身の状況を適切に考慮せず、裁量権を逸脱濫用したものと認められるので、その限度で被告市に支給量の下限を義務付けた。

12　2007（平19）・3・23障発第0323002号。
13　中原茂樹『基本行政法（第4版）』（日本評論社、2024年）141頁。

したがって、裁判所は、市町村の判断過程に着目して、勘案事項の考慮不尽が認められる場合に市町村による支給量の決定を違法と判断するものの、市町村に支給量の下限を義務付けるに際しては、障害者総合支援法の趣旨目的に示される障害者の健康で文化的な最低限度の生活が脅かされる結果に着目して審査する[14]。その意味で、判例２は、裁判所が障害者総合支援法に依拠して憲法25条の生存権を具体的に実現する方向を示している[15]。

四　障害福祉サービスと介護保険サービスとの調整

1　障害者総合支援法における併給調整規定

以上の制度説明をふまえて、障害福祉サービスを利用していたＸは、65歳に達すると介護保険サービスとの調整を求められるのかを考えてみよう。

障害者総合支援法７条（以下、「７条」）および同法施行令２条によると、自立支援給付は、障害者が介護保険給付のうち自立支援給付に相当するものを受けることができる場合には、受けることができる介護保険給付の限度において行われない。この併給調整規定は、公費で賄われる自立支援給付が介護保険給付に対して後順位に置かれることを定めており、介護保険優先原則と呼ばれる[16]。

行政解釈[17]によると、65歳以上の障害者（以下、「高齢障害者」）は、基本的に障害福祉サービスに相当する介護保険サービスを優先して利用する。すなわち、介護保険サービスでは量的に足りない上乗せサービスと、サービスの種類としては障害福祉サービスにしか存在しない横出しサービスは介護給付費から支給され、両者のサービスが重複する部分は介護保険給付から支給される。例えば、Ｘが利用していた重度訪問介護は、介護保険サービスの一種である訪問介護と居宅介護部分で重複するので、居宅介護部分は介護保険給付から介護保険サービスの利用上限まで支給され、不足する居宅介護部分

14　笠木映里「判批」（和歌山地判2012（平24）・４・25判時2171号28頁）岩村正彦編『社会保障判例百選（第５版）』（有斐閣、2016年）205頁、原田大樹「行政法解釈と社会保障制度」社会保障法研究８号（2018年）61頁。

15　尾形健「障害と憲法」菊池馨実ほか編著『障害法（第２版）』（成文堂、2021年）89頁。

16　菊池・前掲書（注８）560頁。

17　2007（平19）・３・28障企発第0328002号・障障発第0328002号。

と介護保険サービスにはない移動介護部分が介護給付費から支給される。そうすると、介護保険サービスの利用者負担が新たに生じることになる。

　ただし、行政解釈は、高齢障害者の心身の状況やサービス利用を必要とする理由は多様であることから、障害福祉サービスの種類や利用者の状況に応じて介護保険サービスを特定し、一律に介護保険サービスを優先的に利用するものとはしないとする。したがって、行政解釈は、市町村に対し、高齢障害者が障害福祉サービスに相当する介護保険サービスを利用することができるかどうかを個別に判断することを求める[18]。

　判例3は、旧制度である支援費と介護保険給付との併給調整規定が支援費の支給を制限するもので憲法25条に違反するかどうかが争われた事例で、サービスが重複する限度においては、要介護者である障害者であっても二重にサービスを受ける理由はないし、拠出制の給付と無拠出制の給付が重複する場合には、拠出制の給付が優先すべきことも当然であるから、併給調整規定は合憲であるとする。敷衍すると、公費で賄われる給付と社会保険給付が重複する場合には、自らの拠出に基づく社会保険給付が優先する。これは原則であるから、個別の事情に配慮することは可能である[19]。したがって、判例3に依拠すると、7条は合憲である。

2　要介護認定を申請する障害者の協力か自立支援給付を継続する市町村の裁量権か

　しかし、高齢障害者が要介護認定の申請をしない場合には、現に二重給付は生じない。なぜなら、要介護者は、介護保険給付を受けるためには、市町村に要介護認定の申請をしなければならないからである（介保19条1項・27条1項）。それでは、本章の事例のように、高齢障害者が介護給付費の支給申請をするものの要介護認定の申請をしない場合に、市町村は、7条に基づき介護給付費の不支給決定を行うことができるのか、それとも申請どおりに支給決定を行うべきなのか。裁判所の見解は分かれている。

　判例4は、介護給付費の支給決定を受けようとする障害者が65歳以上の者である場合には、要介護認定の申請をすれば、介護保険給付を受けることができるのであるから、高齢障害者は、自立支援給付に相当するものを受ける

---

[18]　障害者福祉研究会編・前掲書（注10）64頁。
[19]　福島豪「判批」（判例3）岩村編・前掲書（注14）207頁。

ことができるというべきであって、7条により、介護給付費の支給は、受けることができる介護保険給付の限度において行われず、介護保険給付によっては賄うことができない不足分についてのみ行われると解する。そうすると、高齢障害者が要介護認定の申請をしない限り、受けることができる介護保険給付が定まらず、市町村は支給量を定めることができないので、要介護認定の申請をしないことに正当な理由がない限り、要介護認定の申請をすることが介護給付費の支給申請の適法要件となり、市町村は、高齢障害者が正当な理由なく協力しない場合には、介護給付費の支給申請を却下することができると判示する。

　判例4は、高齢障害者に自立支援給付と介護保険との選択を許すことは、公費負担の制度よりも社会保険を優先するという社会保障の基本的な考え方に背くとともに、他の者との公平にも反するので、原告が利用者負担を避けるために要介護認定の申請をしないことに正当な理由があるとは認められず、被告市の不支給決定は適法と判断した。

　判例4の控訴審判決である判例5は、障害者が所得に応じた利用者負担を支払うと生活保護を必要とするものの、それより低い所得階層の利用者負担であれば生活保護を必要としなくなる場合には、より低い基準を適用して利用者負担を軽減するという境界層措置により障害福祉サービスの利用者負担をしていなかった境界層の障害者は、65歳に達して介護保険に移行した後も、介護保険制度下における支援措置[20]により介護保険サービスの利用者負担を免除されることに着目する。原告のように市町村民税非課税世帯に属する低所得の障害者は、境界層の障害者と比べると、境界層措置を受けるまでもなく障害福祉サービスの利用者負担をしていなかったため、介護保険に移行しても、介護保険制度下における支援措置を受けることができず、介護保険サービスの利用者負担をせざるを得ない。このような高齢障害者相互の不均衡は、制度の仕組みに由来するものの、市町村は、域内の住民のための社会保障を担っており、社会保障制度を運用するに際して住民に不均衡が生じないよう配慮すべきものであって、住民相互の不均衡をもたらす措置は避けることが求められる立場にあると解する。そうすると、市町村は、高齢障害者相

20　介護保険制度下における支援措置は、境界層に該当する障害者に対して市町村が通知（2000（平12）・5・1老発第474号）に基づき行う利用者負担の軽減措置である。

互の不均衡を避ける限度において、自立支援給付を継続する裁量権を有すると判示する。

判例5は、被告市の不支給決定は、介護保険制度下における支援措置を受けて介護保険サービスの利用者負担を免除されている者と支援措置を受けずに利用者負担をしている原告との間の不均衡を避ける措置をとるべきであったのにとらなかったという意味において、裁量権の行使を誤ったものとして違法と判断した。

3 法の欠缺の補充か憲法適合的解釈か

このように裁判所の見解が異なるのは、7条をどのように解釈するのかに起因する。すなわち、判例4と判例5は、リスクを広く分散するという社会保険の理念と、加齢に伴って障害が生じた高齢者と高齢化した障害者を公平に扱う観点から、7条が公費負担の制度よりも社会保険を優先するという社会保障の基本的な考え方、つまり介護保険優先原則を定めたものと解する。そのうえで、判例4は、高齢障害者が要介護認定の申請をしない場合には、介護保険優先原則に反するので、7条が高齢障害者に介護給付費の支給申請に際して要介護認定の申請をするという手続上の協力を命じていると解し、市町村に介護給付費の支給申請を却下する権限を認める。

これに対して、判例5は、高齢障害者相互の不均衡は、境界層に該当する障害者と比べて、介護保険サービスの利用が優先されることで利用者負担分だけ生活水準が低下するという意味で、低所得に該当する障害者の生存権を損なう。判例5は、このことが介護保険優先原則に照らしても許容されないと考えて、7条が社会保障の実施責任を負う市町村に自立支援給付を継続する余地を認めていると解し、高齢障害者相互の不均衡を避ける限度において、市町村に自立支援給付を継続する裁量権を認める[21]。判例5に依拠すると、市町村は、障害者の介護保険への移行に際して高齢障害者相互の不均衡を避ける措置をとるべきであるので、低所得の障害者に対して例外なく自立支援給付を継続するという帰結となり[22]、市町村に裁量権を行使しない選択肢はないと思われる。

---

21 福島豪「判批」（判例5）岩村正彦ほか編『社会保障判例百選（第6版）』（有斐閣、2025年）211頁。
22 蔡璧竹「判批」（判例5）ジュリ1603号（2024年）149頁。

判例4と判例5の相違は、裁判所が保険優先の考え方に則って協力規定の不存在という法の欠缺を補充するように7条を解釈するか、それとも7条に違憲の部分がないことを前提に憲法25条の生存権と14条の平等原則の要請を考慮した解釈、つまり憲法適合的解釈[23]を選択するかに左右される。

4　高齢障害者に対する利用者負担の軽減措置

　高齢障害者が要介護認定の申請をしない理由として、利用者負担が生じることがある。そこで、2016（平成28）年の障害者総合支援法改正により、65歳に達する前に5年間にわたり重度訪問介護などの障害福祉サービスを利用していた障害者のうち、市町村民税非課税者であり、障害支援区分2以上に該当しており、65歳に達するまでに介護保険サービスを利用していなかった者に対し、介護保険サービスの利用者負担を高額障害福祉サービス等給付費によって償還する制度が設けられた（障害総合支援76条の2、障害総合支援令43条の4・43条の5、障害総合支援則65条の9の4）。これにより、高齢障害者が介護保険サービスを利用する際の負担面でのハードルは低下した。

　確かに、障害者は、高齢者と比べると、現役時代に老後の備えをすることが難しいので、65歳に達した後に利用者負担の支払をすることも難しい[24]。しかし、高齢障害者に対する利用者負担の軽減措置は、障害福祉サービスを利用していた低所得の障害者を、65歳に達した後に要介護者となり介護保険サービスを利用する低所得の高齢者と比べて有利に取り扱うものである。したがって、公費で賄われる軽減措置の対象者は、一般高齢者との公平性をふまえて、一定の高齢障害者に限定される[25]。そうすると、65歳問題は完全には解決されていないので、7条の解釈による対応は今後も求められることが予想される。

五　本章での学びと事例への回答

1．障害の認定はどのように行われるのか？

　Xが身体障害者であることとXの障害の程度は、身体障害者手帳の交付に

---

[23]　渡辺康行ほか『憲法Ⅱ』（日本評論社、2020年）365頁〔渡辺執筆〕。
[24]　橋爪・前掲論文（注6）159頁。
[25]　小川善之「障害者総合支援法改正の立法過程」社会保障法研究7号（2017年）158頁。

よって認定される。身体障害者手帳は、Xの障害を身体の機能の喪失や低下に着目して認定する。

2．障害福祉サービスの量はどのように決定されるのか？

　Xが障害福祉サービスを利用するためには、Y市に介護給付費の支給申請を行い、Xに必要とされる支援の度合に応じた障害支援区分の認定を経て、介護給付費の支給決定を受ける必要がある。Y市は、支給決定を行う場合には、障害者の心身の状況などの勘案事項を考慮して、1か月間において介護給付費を支給する障害福祉サービスの量としての支給量を個別に決定する。支給量は、Xが利用する障害福祉サービスの上限となる。

3．障害福祉サービスを利用していた障害者は、65歳に達すると介護保険サービスとの調整を求められるのか？

　自立支援給付は、障害者が介護保険給付のうち自立支援給付に相当するものを受けることができる場合には、その限度において行われない。この併給調整規定は、介護保険優先原則を定めるので、高齢障害者に要介護認定の申請をするという協力を命じていると解する判例4と、高齢障害者相互の不均衡を避ける限度において、市町村に自立支援給付を継続する裁量権を認めていると解する判例5が対立している。65歳に達した障害者は、判例4に依拠すると介護保険サービスとの調整を求められるのに対して、判例5に依拠すると低所得者に該当する場合には調整を求められないことになろう。

事例への回答

　判例4に依拠すると、Y市が説明してもXが要介護認定の申請をしなかった場合には、Y市はXの介護給付費の支給申請を不適法なものとして却下することができるので、Y市の居宅介護部分に関する不支給決定が適法と評価される可能性がある。これに対して、判例5に依拠すると、低所得に該当するXは要介護認定の申請をして介護保険サービスの利用者負担をせざるを得ないので、Y市は介護保険サービスの利用者負担を免除されている境界層の障害者との間の不均衡を避ける措置をとるべきであったとして、Y市の不支給決定が違法と評価される可能性がある。

18 社会福祉サービスにおける契約と規制

宮尾亮甫

契約に基づく社会福祉サービスとはどのようなものであり、その質はどのように担保されるのか？

> Xは、脳性麻痺により日常生活や歩行に障害がある重度身体障害者として、居宅介護等サービス利用契約（以下、「本件契約」）を社会福祉法人Yと締結している。本件契約の内容は、Yが、ヘルパーをX宅に訪問させ、入浴・排泄、食事等の介護、調理・洗濯等の家事、生活等に関する相談、移動の介護などのサービス（以下、「重度訪問介護サービス」）を提供するというものであった。本件契約は自動更新され、Xはサービスの提供を継続的に受けてきた。
>
> 本件契約では、Yがサービスの提供を拒むことができる事由として、「利用者が故意又は重大な過失によりサービス従事者の生命・身体・信用等を傷つけることで、契約継続が困難で、その改善が見込めない場合」があげられている。
>
> Xは、重度訪問介護サービスの制度趣旨や契約で決められているはずの水準を大幅に超えた業務対応や、制度上認められていないXの夫の食事の用意などを、ヘルパーに対して要求した。
>
> ヘルパーらは、こうした態度に耐えかねて、Xへの訪問介護の継続が困難であると相次いで表明するようになった。このため、Yは、X宅にヘルパーを派遣できなくなり、代わりのヘルパー等の確保もできず、Xに対して重度訪問介護サービスの提供ができなくなった。以上の事案において、Xは、Yの債務不履行責任を追及することができるだろうか。

1. 社会福祉サービスは、契約を通じてどのようにサービスの質を担保しているのか？
2. 社会福祉サービスの利用者を消費者として保護することは可能か？
3. サービス提供事業者は、社会福祉サービスの履行を拒否することができるか？

■ キーワード
　措置から契約へ、社会福祉サービス契約、運営基準、社会福祉法、契約締結強制、契約締結支援、サービス提供事業者の付随義務、消費者契約法

■ 主要判例

　判例1・保育所入所処分執行停止申立事件：大阪地決1989（平1）・5・10行集40巻7号809頁
　判例2・養護老人ホーム個室入所請求事件：横浜地判1992（平4）・1・29判例集未登載
　判例3・慰謝料請求事件（重度身体障害居宅介護打切り）：さいたま地判2022（令4）・2・22賃社1806号33頁
　判例4・損害賠償等請求事件（障害者短期入所サービス契約解除等）：大阪地堺支判2014（平26）・5・8判時2231号68頁
　判例5・損害賠償請求事件（認定こども園入園拒否）：大阪地判2022（令4）・5・31判時2597号41頁
　判例6・損害賠償請求事件（介護施設事故）：東京地判2012（平24）・3・28判時2153号40頁［社会保障判例百選（第5版）109事件］

一　事例を読む視点

　社会福祉とは、一般的には低所得、身体障害、知的障害、老齢、母子家庭などに起因する生活上の困難やハンディキャップに対して、所得のいかんにかかわらず非金銭的な給付を行うことにより、これらのハンディキャップの除去を目指す制度の総体をいう[1]。
　戦後日本の社会福祉制度は、行政が行政処分という形で給付を割り振るという措置制度が中核であった。しかし、措置制度の下では、利用者の権利性が弱いなどの問題点が指摘され、利用者本位の社会福祉制度の構築が求められるようになった。この理念の下で従来の措置制度の仕組みを改めたのが、社会福祉基礎構造改革である。この改革により、社会福祉制度の中に、「契約」による給付システム（以下、「社会福祉サービス契約」）が導入された。このような流れは、「措置から契約へ」というフレーズで説明される。
　事例は、こうした契約に基づく利用関係の下で、サービス提供者の債務不履行責任が問われたものである。社会福祉サービスの提供における契約方式の導入に対しては、後述するように利用者側の立場の弱さ（実質的に対等当事者関係にあるとは言えないこと）が問題となってきたのに対して、事例で

1　菊池馨実『社会保障法（第3版）』（有斐閣、2022年）468頁。

はサービスの不提供が利用者側の対応に起因するようにもみえる。

　本章では、戦後日本の社会福祉制度における「措置から契約へ」という流れを概観し、社会福祉サービスの供給にどのような契約手法があるのかをみていく。そのうえで、社会福祉サービスを契約によって提供することにかかる課題を、契約の特質という側面から捉えて、その特質に配慮した契約規制のあり方を考えていく。

二　措置制度と社会福祉サービス契約の登場

1　措置制度[2]

　従来、日本の社会福祉にかかるサービス給付の中核的な仕組みは、サービスの対象者に対して、「措置」と呼ばれる行政処分に基づいてサービスを提供する措置制度であった[3]。例えば、2000年改正前の老人福祉法11条1項は、「市町村は、必要に応じて、次の措置を採らなければならない」と規定し、65歳以上の身体上または精神上著しい障害がある者や居宅介護を受けることが困難な者を、地方公共団体が設置する特別養護老人ホームに入所させ、または、それ以外の者が設置する特別養護老人ホームに入所を委託するとしていた（同項2号）。

　裁判例も、福祉にかかる措置を行政処分と解している。現行制度になる以前であるが、判例1では、「入所処分は……一旦なされれば特段の事由のない限り当該児童が就学年齢に達するまで継続されるものではなく、期限を含め措置の具体的方法については、法所定の保育の目的に反しない限度で措置権者の合理的な裁量に委ねられた行政処分である」と解していた。

2　措置制度の問題点と契約方式の導入

　以上の措置制度には、次のような問題点があると指摘されてきた。

　第一に、サービスの提供が行政機関の一方的な判断によって確定されるため、利用者の権利性が弱く、利用者が自らサービスの選択をすることができなかった。例えば、市立の養護老人ホームに入居していた高齢者が、居室が

---

[2] 措置制度の詳しい歴史については、畑本裕介『社会福祉行政』（法律文化社、2021年）43～49頁などを参照。

[3] 措置制度の基本構造については、倉田聡『これからの社会福祉と法』（創成社、2001年）11頁以下。

図表18-1　措置制度の法律関係

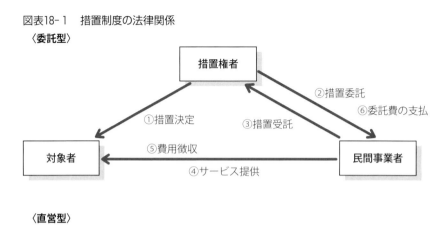

（出典）筆者作成

相部屋であるためにプライバシーが確保されておらず健康で文化的な生活を営み得ないとして、県を相手に、個室のある養護老人ホームを確保し、その個室に入所させることを求めた訴訟である判例2[4]は、「個室のある養護老人ホームを確保し、その個室に入所させることを請求しうる具体的権利については、私法上はもとより公法上においても、その根拠を見出すことができない」と判示した。

　第二に、委託を受けた社会福祉法人等がサービス提供を担うことが多い措置制度の下では、サービス提供者間での競争状況が生み出されにくく、サービス内容が画一的になりがちであった。すなわち、社会福祉法人等は受託業務を適正に管理してさえいればよく、利用者に応じて個別的なサービス提供をするなどの創意工夫の必要がなかった。その結果、サービスの質の向上が期待できなかった。

　第三に、措置権者の財政的制約のため、サービスの供給量に限界があっ

4　堀勝洋「判批」（判例2）季刊社会保障研究28巻4号（1993年）436頁、同「判批」（養護老人ホーム個室入所請求控訴事件）季刊社会保障研究32巻（1996年）1号78～85頁も参照。

た[5]。

　こうした措置制度の問題点の克服を図ったのが社会福祉基礎構造改革である。これは、戦後から続く措置制度を中心とする社会福祉行政の実施体制全体のあり方を、「社会福祉基礎構造」と定義し、その全体を改革していこうという議論であった。この改革の中で、措置制度に代わり、サービス利用者自らの判断に基づいてサービス内容とサービス提供事業者を選択できる仕組みとしての「契約」を、社会福祉サービス提供システムの構造に組み込んだ。このような改革の方向性は、「措置から契約へ」という標題で説明されている。

3　契約に基づく社会福祉サービスの給付方式

(1) 介護保険方式　社会福祉サービスの給付方式は、一部では措置制度が存置されてはいるが、その主流は契約方式に移行している[6]。ここでは、その代表的なものを高齢・障害・児童分野についてみていく。

　介護保険に基づき高齢者に対して提供される介護サービスは、契約方式を利用している。介護保険サービスを利用するためには、利用者は、保険者である市町村に対して要介護認定の申請を行い、要介護認定（もしくは要支援認定）を受け、原則としてサービス計画を作成したうえで、サービス提供事業者と介護サービス契約を締結し、市町村に認定された介護保険給付額の範囲内でサービスを受ける。要介護認定の際に、訪問調査員による被保険者の心身の状況や環境などの調査を行い、主治医の意見をふまえて、コンピューターによる１次審査を行う。その結果を受けて、主治医の意見を聞き、介護認定審査会による２次審査を経て、最終的に市町村が要介護認定をする。利用可能なサービス量は、この時に認定された要介護認定区分に応じて決まる（介護サービスの利用につき本書第15章も参照）。

　サービス提供事業者は、保険者に対して直接介護報酬を請求し、被保険者に代わって受領する（介保41条6項、7項など）。これを代理受領方式という。

(2) 自立支援方式　障害者総合支援法に基づく自立支援方式における給

5　原田大樹『行政法学と主要参照領域』（東京大学出版会、2015年）113頁。
6　措置方式が全面的に廃止されたわけではなく、例えば保護者が子どもを守ることが難しい状況（虐待対応や児童養護施設への入所など）においては、依然として措置制度が存置されている。

図表18-2　介護保険方式

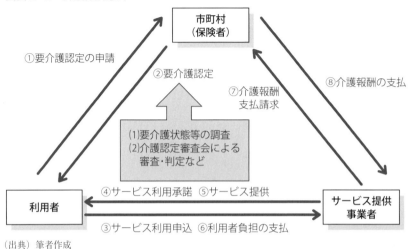

(出典) 筆者作成

図表18-3　自立支援方式

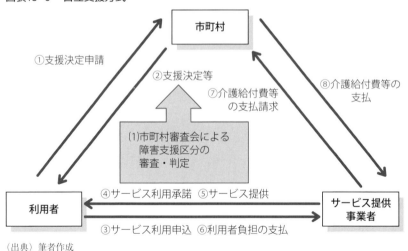

(出典) 筆者作成

付決定の手続およびプロセスも、介護保険方式と類似した構造である[7]。すなわち、利用者が市町村に対して支給決定申請をし、市町村が申請者のサービスの必要性や必要量を判断し、支給決定をした後（障害総合支援19条1項、

図表18-4　保育所方式

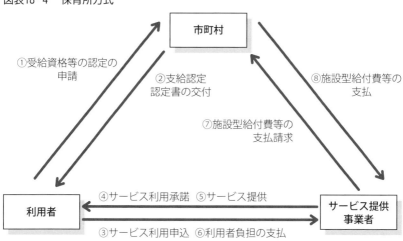

(出典) 筆者作成

20条)、利用者がサービス提供事業者と契約を締結してサービスの提供を受ける。

　介護保険制度との違いは、サービスの支給量の決定の際に用いられる「障害支援区分」が、利用者の障害の程度ではなく、標準的な支援を必要とする程度を示す区分である点や、市町村と利用者との要保障関係が税負担であって社会保険方式ではない点などにある[8]。

　他方で、介護保険と同様、利用者に代わりサービス提供事業者が給付費を市町村から直接受け取る代理受領方式が採用されている (障害総合支援29条4項、5項。障害福祉サービスの利用について本書第17章も参照)。

　(3) 保育所方式　公立保育所や認定こども園等を利用する場合にも、介護保険や自立支援給付と同様、保護者がサービス提供事業者と契約し、サービスを受ける仕組みが採られている (子育て支援19条、20条)。(利用者負担を控除した) 施設型給付費の支払いについても、代理受領方式が用いられている (子育て支援27条1項、5項、6項など)。

　7　中野妙子「介護保険法および障害者自立支援法と契約」季刊社会保障研究45巻1号 (2009年) 15頁。
　8　河野正輝ほか編『社会福祉法入門』(有斐閣、2015年) 50頁、西村健一郎ほか編『よくわかる社会保障法 (第2版)』(有斐閣、2019年) 207頁。

他方で、私立認可保育所の場合には、市町村による保育の必要性の認定と利用調整を前提として、保護者は市町村と契約を締結する（子育て支援附則6条1項）。この場合、利用者負担は市町村へ支払い、市町村から保育所へ委託費が支払われる（保育サービスの利用について本書第16章も参照）。

三　社会福祉サービスにおける契約と規制

1　社会福祉サービス契約の特質と規制

　社会福祉サービスの給付において契約方式が導入されるメリットは、①当事者によるサービス提供事業者の選択・サービス選択の自由の確保、②利用者とサービス提供事業者間の対等化、③競争原理によるサービスの質の向上などにある。しかし、契約を用いることに対しては、「契約が社会福祉サービス提供の手段として適切か」という根本的な疑問がある。例えば、契約という仕組みは、契約当事者間の対等性を前提としているが、社会福祉サービス契約における利用者は高齢者や身体・精神障害者などであり、現実の社会福祉サービス契約の当事者関係は非対等ではないかという疑問がある[9]。このような疑問が提起されるのは、社会福祉サービス契約が有する次のような特質にあると考えられる[10]。

　第一に、当事者間の格差である。社会福祉サービス契約の一方当事者は、高齢者や障害者であるのに対して、他方当事者はサービスに精通しているサービス提供事業者である。例えば、介護保険の場合、一方当事者である利用者は、要介護認定を受けた高齢者であることから、認知症など判断能力が減退している可能性がある。その意味で、社会福祉サービス契約の利用者とサービス提供事業者との間には、情報力や交渉力の格差が、通常の消費者契約と比べても大きい。

　第二に、サービスの内容が生活・生存の基盤であることである。社会福祉サービス契約における給付は、利用者の生活・生存のために必要不可欠である。例えば、本章の事例の素材となっている判例3は、利用者が、サービス提供事業者（社会福祉法人）から代替業者を紹介されることなくサービス提

---

[9] 小西知世「契約による福祉と事業者の応諾義務」新井誠ほか編著『福祉契約と利用者の権利擁護』（日本加除出版、2006年）15頁。
[10] 西村ほか編・前掲書（注8）83〜84頁。

供を打ち切られた事案である。この事案において、判例3は、事業者が提供するサービスは「原告の生活を支える基本的なサービスである」とする。したがって、利用者には契約を締結しないという選択肢は存在しないし、同様に、代替手段なしに契約を途中で終了するという選択肢もない。また、サービス提供事業者の不履行等により損害が発生した場合、その回復は金銭賠償などでは回復し難い。

　第三に、契約の継続性である。第二の特質ともかかわるが、サービスの内容が、生命・身体・生活に関わることから、「特段の事情がない限り契約の継続性が求められ、場合によっては一生涯にわたるサービスの提供が期待される」[11]。

　第四に、役務提供契約であることである。社会福祉サービス契約の給付は役務給付が中心である。役務提供契約では、一般に役務提供者側の裁量が大きく、給付内容・質が不明確である。

　このように、社会福祉サービスにおける契約方式は、利用者とサービス提供事業者とが対等関係に立ち、サービス選択の自由が確保されるという積極的側面を持つ一方、上記のような契約の特質を持つことも考慮する必要がある。したがって、契約方式の積極的側面を発揮させつつ、契約手法の導入に伴う危険性を回避するための規制（あるいは、契約締結にかかる支援）が求められる。以下、どのような規制が求められるかを簡潔に示す。

　まず、社会福祉サービスが利用者の生活・生存の基盤を提供するという特質からすると、良質なサービスが市場において確保されるための規制が必要となる。また、利用者の生活・生存を支える以上、契約が継続的になされなければならないため、サービス提供事業者からの安易な契約の打ち切りや契約締結の拒否が一定程度制約されなければならない。さらに、情報・交渉力の格差などから非対等になりがちな契約関係を対等にするための仕組みも必要となろう。

　以上から、社会福祉サービスにおける契約が利用者の利益を保護する形で機能するためには、契約を取り巻く環境や契約過程全般（締結から契約終了まで）を視野に入れた規制が必要になる。社会福祉サービス契約にかかる規制としては、大きく公法的規制と私法的規制がある。これは、公法的規制が利用者にとって必ずしも適切な帰結とはならず、それをカバーしうる私法的

11　菊池馨実「社会保障法の私法化？」法教252号（2001年）122頁。

規制が必要となるからである。例えば、運営基準違反を理由とする指定事業者の指定取消は、サービス提供事業者を福祉サービス市場から排除し、あるいは、（介護保険の場合には）利用者が利用料の全額負担を負うという結果に帰結する。このような理由から、公法的規制・行政規制による対応の不十分さを補うために、私法的規制が要請される。

以下、現状、どのような規制があるのかを概観してみよう。

2　社会福祉サービス契約にかかる規制

(1) 行政による指定制度　社会福祉サービスでは、適切な社会福祉サービスを提供するためには、一定水準以上の質を備えた多数のサービス提供事業者が福祉市場に参加していることが重要である。このために用意されている仕組みが、行政によるサービス提供事業者の指定制度である。

例えば、介護保険の適用対象となるサービス提供事業者となるためには、都道府県知事の指定が必要である（介保70条、70条の2など）。指定を受ける要件は、運営基準やこれに基づく条例において定められており、サービス提供事業者はこれらの基準を満たさなければ指定を受けることができない。また、サービス提供事業者等が、法律や運営基準に違反した場合、都道府県知事は指定を取り消すことができる（介保77条など）。指定の機能は、福祉市場への参入を均一化・明確化することに加え、サービス提供事業者の質を一律に担保し、基準を満たさない事業者を市場から排除することで、利用者に不利益が及ぶことを避けることにある[12]。

(2) 運営基準を通じた規制　行政規制である運営基準は、社会福祉サービス契約の具体的な内容・対価、契約過程全般の適切性を確保するうえで大きな役割を果たすことが期待されている。

例えば、契約の更新拒絶の可否に関して、運営基準を参照した事例として、判例4がある。判例4は、知的障害等を有する原告が、障害者福祉サービスの利用契約を施設側から解除された事案である。原告は、施設を運営する社会福祉法人と契約を締結し、その後1年ごとに契約を更新してきたが、施設内で他の利用者から暴行を受けたため、施設側が原告の利用を限定する方針を決めた。この方針に原告の両親が不満を述べたところ、原告および原告父と施設側の信頼関係が破壊されたとして、サービス利用契約を解除されたた

12　原田・前掲書（注5）130頁。

め、原告が債務不履行または不法行為に基づく損害賠償訴訟を提起した。判例4は、サービス提供事業者である社会福祉法人が、本件契約が期間満了により終了したとの主張を、契約の更新拒絶と捉えたうえで、社会福祉法人の側から「一方的にその施設において福祉サービスの利用を受けることができるなくさせるような更新拒絶を安易に認めるのは相当ではない。被告が本件契約の更新を拒絶するためには……正当な理由が必要であると解すべきである」として、運営基準を参照したうえで、更新を拒絶しうる正当な理由は見当たらないとした。

また、判例3では、本件契約条項における契約解除事由とは、利用者が「事業者又はサービス従事者の生命・身体・財物・信用を傷つけることなどによって、契約を継続しがたい重大な事情を生じさせ、その状況の改善が見込めない場合」に限られているが、Yは本件契約の解除を明示的にしていなかったから、Yは、サービス提供義務を負う一方、サービスを提供しないことを正当化する事由としては上記解除事由と同程度の事由が必要であるとする。そのうえで、本件契約の解釈に加えて、指定障害福祉サービス運営基準11条およびこれを受けた通知[13]を参照して、債務不履行は正当化できないとした。

このように、行政規制としての運営基準は、社会福祉サービス契約解除やサービス提供の義務など、契約条項の合理的な解釈にあたり参照され、契約を間接的に規制する機能を持つ。ただし、運営基準の法的性格は不明確で、基本的にはサービス提供事業者が当該基準に違反した際の行政監督の根拠にとどまるため、運営基準自体が民事紛争の解決に援用し得るかについてはなお不透明である[14]。

(3) 応諾義務規定による規制　社会福祉サービス契約では、サービス提供事業者に「応諾義務」（利用者から申込があった場合、サービス提供事業者は、正当な理由がない限りサービスの提供を拒んではならない）が法令で

13　厚生労働省社会・援護局障害保健福祉部長通知「障害者の日常生活及び社会生活を総合的に支援するための法律に基づく指定障害福祉サービスの事業等の人員、設備及び運営に関する基準について」（2006（平18）・12・6障発第1206001号）。

14　運営基準の民事上の効力を導出する試みとして、岩村正彦「社会福祉サービス利用契約の締結過程をめぐる法的論点」同編『福祉サービス契約の法的研究』（信山社、2007年）39頁、河野ほか編・前掲書（注8）66〜67頁。

課されることが多い。例えば、子ども・子育て支援法33条1項は、「特定教育・保育施設の設置者は、支給認定保護者から利用の申込を受けたときは、正当な理由がなければ、これを拒んではならない」と規定する。この場合、応諾義務違反の有無の判断は、「正当な理由」の解釈が中心的な問題となる[15]。

応諾義務違反の場合、行政的なサンクションと私法的なそれがある。子ども・子育て支援法では、行政的サンクションとして、施設設置者が33条1項に違反した場合、市町村長からの勧告や、違反事実の公表、さらには当該施設の子ども・子育て支援制度からの一時的な排除（確認の停止・取消）が予定されている（子育て支援39条1項1号など）。他方で、応諾義務違反の私法上の効果については、議論は少なく、不明な点も多い。

この点に関する判例5は、幼保連携型こども園への入園を許可されたにもかかわらず、入園許可を取り消された原告が、入園契約の債務不履行または不法行為に基づき損害賠償金等の支払を求めた事案である[16]。この事案では、給食費の取り扱いをめぐって施設と保護者との間にトラブルが発生したことが、入園許可取消の「正当な理由」に当たるかが争点の一つであった。この点について、判例5は、給食費等の根拠や使途について保護者が説明を求めることには相応の理由があるなどとして、「正当な理由」はないとして、債務不履行および不法行為に基づく損害賠償を認めた。

以上のように、応諾義務規定は、サービス提供事業者に対して、契約締結を一定程度拘束する機能をもつ。

(4) 社会福祉法による規制 社会福祉基礎構造改革により、各社会福祉領域のサービス供給方式が措置から契約へと変更されたことに伴い、その共通基盤を定める社会福祉事業法が2000年に改正され、社会福祉法となった。その際この法律の中に、「福祉サービスの適切な利用」（77条～88条）という新章が設けられた。

同法では、社会福祉サービスの利用者とサービス提供事業者とが対等な関係で契約を締結できるようにするために、利用者保護の規制が定められている。具体的には、「情報の提供」（社福75条）、「利用契約の申込時の説明」

---

[15] 「正当な理由」の行政解釈については、こども家庭庁「事業者向けFAQ（よくある質問）（第7版）」（2015（平27）年3月）3～4頁。

[16] なお、当該施設は、入園許可取消が応諾義務違反に当たるとして市町村から指導を受けている。

（同76条）、「利用契約の成立時の書面交付」（同77条）、「質の評価その他福祉サービスの質の向上のための措置」（同78条）、「誇大広告の禁止」（同79条）などである。

　利用者の権利擁護の仕組みとしては、認知症高齢者などにサービスの利用に関する相談・助言などを行う「福祉サービス利用援助事業」（社福2条3項12号、80条、81条）や、第三者の公正な機関（社会福祉事業経営者・都道府県運営適正化委員会など）による苦情解決がある（社福82条、83条、85条）。

　(5) 契約締結の支援　利用者がニーズを満たし自らの望む生活スタイルに合う社会福祉サービス契約を締結するためには、利用者の生活状況や希望をふまえる必要がある。また、知的障害等で、判断能力が不十分である人が自らの判断で契約を締結することは難しい面がある。そこで契約締結を支援する仕組みが必要となる。

　例えば、介護保険サービスを利用する場合、利用者がサービス提供事業者との契約の際に、サービス利用計画（ケアプラン）を立てる。これは、利用者の選択権を保障するために、本人の心身の状況、環境、本人および家族の希望などを勘案して作成される。その作成手順は、利用者が要介護認定等を受けてからサービス提供事業者を選択し、作成するのが標準的である。その際、介護支援専門員（ケアマネジャー）が利用者と面談して状態を把握し、これを基に、介護認定審査会が要介護認定に付した意見や必要なサービスを提供する事業者に照会を行い、サービスの内容をまとめた原案を作成する。その原案を利用者とその家族に説明し、利用者の希望に沿ったものかを確認し、問題がなければ、利用者と家族が同席の下でサービス提供事業者や主治医などの関係者を集めた「サービス担当者会議」を開き、ケアプランを完成させる。それに従って、利用者とサービス提供事業者は契約を締結する。その後も、介護支援専門員によるケアプランの実施状況や内容の修正などを行い、ケアプランを最適なものとするように努める。

　このほかにも、判断能力が不十分な高齢者等に、無料または低額料金で、社会福祉サービスの利用に関する情報提供、契約援助など行う「福祉サービス利用援助事業」（上述(4)参照）などがある。

　(6) 社会福祉サービス契約の付随義務　社会福祉サービス契約は利用者の生活・生存基盤にかかわることや、利用者が契約締結や契約内容の履行を監視することの難しさから、サービス提供事業者には契約に付随する義務が生じるとの議論がなされてきた。その典型例として、サービス提供に伴い虐

待、ハラスメント、事故などが生じないように、サービス提供事業者には配慮する義務があり、そうした義務に違反した場合には不法行為責任や債務不履行責任を問うことができるとする議論がある[17]。

利用者が入所していた施設内で転倒して骨折の傷害を負ったため、利用者が入所利用契約上の債務不履行責任等に基づき、施設側に損害賠償（転倒回避義務違反、事故後の適切な対応義務違反による損害、身体拘束による慰謝料）を請求した事案において、判例6は、施設側は、利用者が「本件介護施設入所後多数回転倒しており、転倒の危険性が高いことをよく知っていたのであるから、入所利用契約上の安全配慮義務の一内容として、原告（注：利用者）が……転倒することのないように見守り、……転倒する危険のある行動に出た場合には、その転倒を回避する措置を講ずる義務を負っていた」にもかかわらず、これを怠ったために、転倒事故が生じたとして、施設側の転倒回避義務違反を認め、債務不履行責任を負うとした。

判例6は、介護利用契約から導出される付随義務として信義則上負う安全配慮義務違反を認めた事例と理解できる[18]。

(7) 消費者契約法による規制　消費者保護法としての消費者契約法は、消費者が事業者・企業と比べて情報力や判断力、契約交渉力といった点で弱い立場にあることを考慮して、不利な契約締結や詐欺などから消費者を保護する役割を担っている。社会福祉サービス契約も福祉サービスを「購入」するという性格を持っており、利用者も「消費者」であるため、消費者契約としての性質を持つ[19]。したがって、社会福祉サービス契約にも消費者契約法の適用があると考えられる。

消費者契約法の規定は、契約締結と契約内容（不当条項）の規制に分けられる。契約締結規制としては、情報提供義務（消契3条）や不実告知・不利益事実の不告知（同4条）がある。不当条項としては、免責制限（同8条）、違約金・損害賠償額の予定（同9条）、一方的不利益条項（同10条）などがある[20]。

しかし、社会福祉サービス契約の規制を消費者契約法のみに依拠するので

17　介護事故と介護水準に関しては、長沼建一郎『介護事故の法政策と保険政策』（法律文化社、2011年）などを参照。

18　矢嶋里絵「判批」（判例6）岩村正彦編『社会保障判例百選（第5版）』（有斐閣、2016年）220～221頁。

19　岩村・前掲論文（注14）19頁。

は不十分である。例えば、情報提供義務は努力義務にすぎず、信義則等を媒介することでその義務違反が確定する。また、消費者契約法が定める法的効果は、取消権の付与による契約関係からの離脱のみであるが、社会福祉サービス契約の特質は契約の継続にあるため、消費者契約法が用意する解決策が利用者にとって実益があるのかは疑問の余地がある[21]。

四　本章での学びと事例への回答

1．社会福祉サービスは、契約を通じてどのようにサービスの質を担保しているのか？

「措置から契約」へというスローガンの下で、社会福祉サービスの提供手法として「契約」が用いられるようになった。その背景は、利用者の選択権を保障し、競争原理の導入によるサービスの質向上を目指すという点にあった。他方で、社会福祉サービスの実際の利用者の多くが弱い立場にあるため、契約に対して、運営基準、指定制度、応諾義務、社会福祉法、契約締結支援、消費者契約法などの規制や支援が用意されている。

2．社会福祉サービスの利用者を消費者として保護することは可能か？

社会福祉サービスの利用者は、情報力や判断力などの点でサービス提供事業者に比べて弱い立場にある。また、社会福祉サービス契約の利用者は、社会福祉サービスを「購入」する消費者である。このことから、社会福祉サービス契約は消費者契約の性質を持ち、消費者契約法の適用があると考えられる。もっとも、社会福祉サービス契約の規制を消費者契約法のみに依拠することは不十分である。

3．サービス提供事業者は、社会福祉サービスの履行を拒否することができるか？

社会福祉サービス契約は、「契約」である以上、契約の自由の原則が妥当する。しかし、社会福祉サービスが利用者の生存・生活基盤を提供するもの

20　宮下修一ほか『消費者法（第2版）』（有斐閣、2024年）91～92、128～138頁。
21　平田厚「福祉契約に関する実務的諸問題」新井誠ほか編著・前掲書（注9）53頁（初出・社会保障法19号〔2004年〕124頁）。

であるといった特質から、サービスの履行の安易な拒否は制約を受ける。運営基準などでは契約の履行拒否には「正当な理由」が求められている。

事例への回答

　事例では、居宅介護等のサービスを継続的に受けてきたXが、代替業者を紹介されることなく契約解除をされている。本件契約は、障害者総合支援法に基づく重度訪問介護サービス契約であり、Yは正当な理由がない限り、サービス提供を拒否できない（指定障害者福祉サービスの事業等の人員等に関する基準参照）。上記基準およびその解釈通知によると、「正当な理由がある場合」とは、「利用申込者に対して自ら適切な指定居宅介護を提供することが困難な場合」、「入院治療が必要な場合」などに限定されている。また、本件契約は、サービス提供を拒むことができる事由として、「利用者が故意又は重大な過失により事業者又はサービス従事者の生命・身体・財物・信用を傷つけることなどによって、契約を継続し難い重大な事情を生じさせ、その状況の改善が見込めない場合」と定める。

　以上の基準、本件契約、Xに提供されるサービスの性質、Xのヘルパーに対する態度など個別具体的な事情を考慮したうえで、Yがサービス提供を拒むことに「正当な理由」があるか否かを検討することが必要である。判例3は、運営基準や本件契約の解釈に基づき、Yが代替業者を紹介することなくサービス提供をしなくなったことの債務不履行責任を認めた一方、Yのサービス提供継続の努力を認めYの不法行為責任は否定した。

19 被虐待児の保護と措置制度の意義

宮尾亮甫

虐待から子どもなど社会的弱者を守る観点から、行政が実施する措置や処分はどのような意義と限界をもつか？

　Aは、X_1およびX_2の子どもであり、本件小学校に通っている。ある日、本件小学校におけるAの担任が、Aの身体に全治1週間の鈍器等による打撲跡と思われる皮下出血を発見した。そのため、本件小学校は、Y市児童相談所に通報を行った。通報を受けたB児童相談所長は、児童相談所のケースワーカーに調査を依頼し、その結果を受けて児童福祉法33条（以下、「法」）に基づきAの一時保護措置（以下、「本件一時保護」）を決定し、Aの身柄を一時保護所に移すとともに、このことをXらに通知した。X_1は、Y市長に対し、本件一時保護について審査請求を行った（棄却）。

　その後、AがXらとの面会等を強く拒絶していることから、Bは、法28条に基づき、Aの児童養護施設への入所措置の承認を求める申立てを行うことを決定した。家庭裁判所がAを児童養護施設に入所させることを承認したため、Aは、民間の児童養護施設（以下、「本件施設」）に入所した。これを受けて、Bは、本件一時保護を解除し、法27条1項3号に基づきAを本件施設に入所させた。また、法11条1項2号、12条3項に基づき、XらとAとの面会および通信を制限する指導（以下、「本件面会通信制限」）をした。

　以上の事案において、本件一時保護措置や本件面会通信制限はどのような場合に違法となるだろうか。

1．虐待からの保護において、行政による措置はどのような役割を果たすか？
2．虐待された児童を保護する行政の権限行使にはどのような限界があるか？
3．施設で保護された人々とその家族の権利にはどのような制約が課されるか？

■ キーワード
児童虐待、児童虐待防止法、児童福祉法、一時保護、里親委託、施設入所措置、親権喪失申立、面会通信制限

■ 主要判例

判例1・損害賠償請求事件（一時保護）：東京地判2015（平27）・3・11判時2281号80頁

判例2・損害賠償請求事件（一時保護）：東京高判2013（平25）・9・26判時2204号19頁

判例3・損害賠償請求事件（一時保護）：長崎地判2016（平28）・10・14LEX/DB25545026

判例4・児童福祉施設入所承認申立事件：和歌山家裁2019（平31）・3・20家庭の法と裁判28号105頁

判例5・児童福祉施設入所承認申立審判に対する抗告事件：大阪高決2019（令1）・6・26家庭の法と裁判28号101頁

判例6・親権喪失宣告申立に対する抗告事件：名古屋高決2005（平17）・3・25家月57巻12号87頁［社会保障判例百選（第5版）94事件］

判例7・措置委託解除処分取消等請求事件：横浜地判2019（平31）・3・13判例自治462号70頁

判例8・国家賠償請求事件（面会通信制限）：宇都宮地判2021（令3）・3・3判時2501号73頁

判例9・国家賠償請求控訴事件（面会通信制限）：東京高判2021（令3）・12・16判例自治487号64頁［社会保障判例百選（第6版）96事件］

一　事例を読む視点

　社会保障や社会福祉の分野が対象とする人々を表す概念として、「社会的に弱い立場」や「社会的弱者」という考え方がある（以下、「社会的弱者」）。この概念は英語ではバルネラブル（vulnerable）と呼ばれ、あるものが弱かったり小さかったりするために傷つきやすかったり、攻撃を受けやすいということを意味する[1]。

　近年では、「社会的弱者」とは、虐待を受けた児童や高齢者を指すために用いられている。とりわけ、児童などの虐待を防止する法制度が相次いで制定されているように、そうした人々の権利擁護や社会的保護が高まりを見せている[2]。

　社会保障給付の多くは、原則的には、サービス受給者の申請により開始さ

1　秋元美世「バルネラブルな人々と権利擁護」ジュリ1305号（2006年）2頁。

れる。しかし、上記のような社会的弱者がそのような申請行為を行うことが難しいことも少なくない。そこで、児童虐待などに対応する制度においては、保護者や児童本人が支援に対して拒否的であっても、行政が一方的に介入することにより当該児童等を保護することが必要となる。本章では、児童虐待を中心に、児童虐待の種類、児童虐待から児童を保護するための行政の介入権限にかかる制度、これらの権限行使が児童や親権者等の権利にどのような影響を与えるのかについて考えてみよう。

二　児童虐待の定義・分類

1　児童虐待・被措置児童等虐待とは？

　事例に登場するAは、両親からの虐待を受けていることが疑われている。このような場合、学校や近隣住民などの個人の通告・通報の対象とすることや、行政（国家）による介入が必要となるが、かかる通告等および介入を正当化するためにはそもそも「虐待」とは何かが明確にされる必要がある[3]。

　そこで、児童虐待防止法は、家庭で生活する児童に対し親権者その他の保護者が行う虐待（児童虐待）を受けた児童を保護するための措置を定め、児童虐待を定義している。その定義によれば、「児童虐待」とは、保護者が監護する児童について行う身体的虐待、性的虐待、ネグレクトまたは心理的虐待をいう（児童虐待2条）。

　他方で、虐待には、被措置児童等虐待もある。これは、虐待等を理由に児童養護施設等の保護施設で生活する児童に対して施設職員等が行う虐待をいい、身体的虐待、性的虐待、ネグレクトまたは心理的虐待が含まれる（児福33条の10）。被措置児童等虐待の保護措置については、児童福祉法が定めている。

2　虐待行為の分類

(1) 家庭内虐待と家庭外虐待　　児童虐待をはじめとする虐待には、家庭

---

[2] 児童虐待防止法（2000年）、高齢者虐待防止法（2005年）などの虐待防止法制が相次いで制定されている。
[3] 平部康子「虐待・暴力と社会的支援」日本社会保障法学会編『地域生活を支える社会福祉（新・講座社会保障法2）』（法律文化社、2012年）136頁。

内虐待と家庭外虐待がある。児童虐待防止法などの虐待防止法制は、まずは、保護者などによる虐待である家庭内虐待を対象にする。なぜなら、児童は、家庭内において保護者から保護を受ける立場であるものの、家族間のストレスや経済的な問題などを背景に保護者から虐待を受けるおそれを有するとともに、虐待が外部から発見されにくいからである。

そのうえで、虐待防止法制は、家庭外虐待も対象とする。例えば、障害者施設の利用者が施設職員に性的虐待を受ける事件などが報道されていることからわかるように[4]、児童、高齢者または障害者が、施設等で福祉サービスを受ける中で、虐待を受けるおそれがある。したがって、児童福祉法や高齢者虐待防止法などは、施設等の家庭外虐待をも対象とする。

(2) **虐待の類型**　虐待防止法制が介入の対象としている虐待行為には、身体的虐待、性的虐待、ネグレクト、心理的虐待がある。身体的虐待とは、殴る、蹴るなどにより身体に外傷を負わせ、または負わせるおそれのある暴行を加えることを指す。性的虐待は、児童に対して性的行為、性的行為をみせるなど、児童にわいせつな行為をすることまたはそれをさせることを指す。ネグレクトは、食事を与えないことや、車の中に放置するなど、児童の心身の正常な発達を妨げるような著しい減食または長時間の放置その他の監護を著しく怠ることを指す。心理的虐待は、無視や言葉の脅しなどのように、著しい暴言または著しく拒絶的な対応、児童が同居する家庭における配偶者（事実上婚姻関係にある者も含む）に対する暴力・暴言を指す（こども家庭庁支援局虐待防止対策課『子ども虐待対応の手引き』（2024（令和6）年4月改正版）2頁参照）。

三　児童虐待への対応の仕組み

1　虐待への介入と支援

児童虐待の背景には、養育者である親の養育能力の低さや育児不安などがあることが多い。そこで、社会保障制度のうち虐待を未然に防ぐことに資する制度として、子育て家庭を支援するサービスがある[5]。例えば、児童虐待

4　「厚木の施設で虐待」朝日新聞朝刊東京本社版2020年1月22日、19頁。
5　横田光平「『関係』としての児童虐待と『親によって養育される子どもの権利』」ジュリ1407号（2010年）89頁。

が生じる家庭の把握や子育ての相談・情報提供に関する制度として、乳児家庭全戸訪問事業などがある（児福21条の10の２）。

　他方で、保護者が行政からの支援に否定的な場合、児童の安全確保が困難になり、必要な支援が提供できないことがある。その結果、児童の安全が脅かされるなど児童の要保護性が認められれば、保護者の同意によらず、行政機関が家庭に介入して対応する必要が生じる。

　このように、児童虐待への対応は、強制権限などを伴う介入と、虐待を未然に予防し家族を支える公的支援との両方が要請される[6]。本章では、児童虐待に対応する法制度のうち、保護者または児童本人が支援に対して否定的であっても、児童の福祉の観点から、行政機関が家庭に介入し児童を保護する制度を中心にみていく[7]。

2　虐待の発見

(1) 虐待を発見した者による通報義務　事例では、Aの虐待を疑い、それを所定の機関に通告したのはAの担任であった。行政は、個人の通報または通告によって虐待を把握する。そこで、虐待防止法制は、保護者がいないか保護者に監護させることが不適当と認められる児童を、要保護児童と定義し（児福６条の３第８項）、そのような児童を発見した場合（同25条）や、虐待を受けたと思われる児童を発見した場合（児童虐待６条）、虐待を発見した者（地域住民、教育機関、医療機関など）に児童相談所や福祉事務所への通告義務を課している。これは、虐待を受けている児童が自らの判断に基づき救済を求めることが困難だからである。

(2) 立入調査・出頭要求・臨検・捜索　学校などから通報を受けた機関は、当該児童との面会その他の当該児童の安全確認を行うための措置などを講じつつ、必要に応じて当該児童に対する質問やその居所に立入調査などを実施することが義務付けられている（児童虐待８条１項、２項）。

6　福島豪「虐待と社会保障」日本社会保障法学会編『講座・現代社会保障法学の論点〔下巻〕：現代的論点』（日本評論社、2024年）172頁。

7　従来の児童相談所は、親との関係構築を重視するケースワーク主義を採用してきたが、それでは保護親援助がうまくいかず、児童が死亡するといったケースが相次いだ。そのため、ケースワーク主義を転換した。この点について、津崎哲郎「児童相談所の取組みの現状と今後の課題」季刊社会保障研究45巻４号（2010年）388頁を参照。

そのうえで、児童虐待防止法は、都道府県知事に児童の住所・居所への立入調査等の権限を与えている（児童虐待9条）。また、近年では児童保護の強制対応の仕組みが強化されたことにより、保護者に対する出頭要求（同8条の2）・再出頭要求（同9条の2）、裁判所の許可状を得たうえでの児童の住所等の臨検・捜索（同9条の3）などの規定が置かれた。加えて、臨検・捜索の際には、解錠等の処分をすることもできる（同9条の7）。

3 虐待からの保護

(1) 一時保護 虐待から児童の安全を確保する際に重要な役割を果たしているのが一時保護である。児童虐待防止法は、児童虐待の通告を受けた場合には、児童相談所に対し、必要に応じて児童福祉法の定める一時保護を行うことを定める（児童虐待8条2項1号）。すなわち、児童相談所長は、必要があると認めるときは、第26条1項の措置をとるに至るまで、児童の安全を迅速に確保し適切な保護を図るため、または児童の状況を把握するため、児童の一時保護を行うことができる（児福33条1項）。一時保護の目的には、児童の安全を迅速に確保し適切な保護を図る緊急保護と、児童の心身や置かれている環境などの状況を把握するためになされるアセスメントなどがある[8]。一時保護の期間は、原則その開始日から2か月を超えて実施してはならない（児福33条3項）。一時保護を2か月を超えて継続する場合、家庭裁判所の承認を得なければならない[9]。

一時保護の実施は、児童の安全等を確保するために「必要があると認めるとき」に行われ、また、その実施に当たって児童相談所長や職員には児童福祉等に関する一定の専門知識が求められる。このように一時保護を実施するか否かは児童相談所長の「裁量」に委ねられている。そのため、実際の裁判では、一時保護の実施が裁量権の範囲を超えているか否かがしばしば争われる。

例えば、判例1は、児童相談所長がその裁量を逸脱しまたは濫用して、原告らの子を一時保護し、かつ、それを長期間継続し不当な親子分離の状態を強いられたことによる精神的苦痛に対して、国家賠償法に基づき慰謝料請求

---

[8] 厚生労働省子ども家庭局長通知「一時保護ガイドラインの改正について」（2020（令2）・3・31付子発0331第4号）Ⅱ. 2(2)。

[9] 一方で、家庭裁判所の負担が増大するという問題もある。参照、橋爪幸代「社会保障法からみた児童虐待」法時94巻11号（2022年）39頁。

をした事案である。この事案で、裁判所は、一時保護やその継続が「必要があると認めるとき」とは、「児童を保護者の監護に委ねることが当該児童の福祉を害する場合であって、児童の保護者からの分離によってこれを防止する必要性がある場合をいうものと解される」としたうえで、一時保護およびその期間延長にかかる判断には、「児童心理学等の専門的な知見が必要とされることから……都道府県知事ないし……児童相談所長の合理的な裁量に委ねられていると解するのが相当である」とする。このことから、一時保護やその期間延長は、「上記裁量を逸脱し又は濫用した場合に限り……違法となるというべきであり、一時保護処分が児童や保護者の権利を制限する面を有することを考慮するとしても、必要最小限の期間を超えて継続されたことにより直ちに国家賠償法上の違法行為と評価されるものではない」と判示した。結論として、児童相談所長の行った一時保護の必要性判断および約1年にわたる一時保護について、裁量の逸脱または濫用は認められず、一時保護を解除しなかったことは違法であるとは認められないとして原告の請求を棄却した。

　また、医療・栄養ネグレクトがあるなどの虚偽の通告に基づいて一時保護を行ったことや再び一時保護した児童に対して児童相談所職員がアレルギー源を含む食物を誤って食べさせたことにより児童が死亡したなどと原告保護者が主張して訴訟を提起した判例2では、一時保護決定の要件に「緊急性」が必要か否かが争点の一つとなった。判例2は、「一時保護は、緊急性（これは、要するに他の手段等を経ていたのでは間に合わないような場合であることが必要である旨をいうものと解される。）があることを要件とするものと解すべき根拠はな」いとした。

　判例1や判例2は、児童相談所等が一時保護をしたことに対して児童の保護者がそれを争った事案である。これに対して、虐待を受けた未成年者が一時保護をされなかったことを争った事案もある。判例3は、未成年者である原告が、児童相談所長が母親に対して必要な指導や一時保護等をすべき義務があったのに、これを怠ったとして国家賠償請求をした事案である。この事案でも、「児童相談所長が一時保護の必要性を認めず児童を一時保護しなかったことが国家賠償法上違法となるのは、その判断が児童相談所長に与えられた裁量権の範囲を超え、又はその濫用があった場合に限られると解される」としたうえで、虐待の情報が伝聞にとどまることや、必要な資料収集等をしていたことから、直ちに一時保護をしなかったことが、権限の逸脱濫用

と評価されるわけではないとした。

　一時保護は、児童福祉の観点から「必要があると認めるとき」に行われる行為であるが、児童の自由や親権者等の権利を制限する行為でもある。しかし、その実施に際して、親権者や児童本人の同意を要件としていなかった[10]。そのため、児童相談所と保護者等との間でトラブルが発生し、保護者の反発により一時保護の判断が遅れるという問題があった。また、一時保護に対して、事実上親権者の親権行使を制限しているとの批判や、児童の権利条約9条1項の「児童がその父母の意思に反してその父母から分離されないこと」という原則に反するのではないかとの疑問が呈されていた。そこで、2022（令和4）年6月に成立した改正児童福祉法では、一時保護の実施にあたり、親権者等が同意した場合等を除き、事前または保護開始から7日以内に裁判官に一時保護状を請求する手続を設けた。いわゆる「司法審査」の導入である。さらに、児童本人についても、一時保護等の際に児童の最善の利益を考慮しつつ、児童の意見・意向を勘案して措置を行うため、児童の意見聴取の仕組みが整備された。

　(2) 里親委託・施設入所措置等　児童相談所長は、通告を受けた児童が児童福祉法27条の措置を必要とすると認める場合、都道府県知事に報告しなければならない（児福26条）。都道府県は、報告のあった児童について、児童または保護者に対する指導の措置、里親への委託、児童養護施設などに入所させる措置を採らなければならない（同27条1項）。施設入所等の措置は、児童を保護者から引き離す措置であることから、親権者の意に反してとることはできない（同27条4項）。なお、2022年の児童福祉法改正により、施設入所等の措置をとる際には、児童の意見聴取等の措置を講じなければならないこととされた。

　(3) 親権者等の同意のない場合の措置　里親委託や施設入所措置等は、児童を保護者から引き離す措置であるため、保護者等がこれに同意しない場合がある。施設入所措置等は、親権者の監護養育権や居住指定権などの親権の一部を制限する機能をもつからである。そこで、施設入所措置等に保護者が同意しない場合、家庭裁判所の承認を得たうえで措置をとることになる。すなわち、保護者が、その児童を虐待し、著しくその監護を怠り、その他保

10　磯谷文明ほか編『実務コンメンタール　児童福祉法・児童虐待防止法』（有斐閣、2020年）387〜388頁〔藤田・横田執筆〕。

護者に監護させることが著しく当該児童の福祉を害する場合において、27条1項3号の措置をとることが児童の親権者または未成年後見人の意に反するときは、都道府県は、家庭裁判所の承認を得て、27条1項3号の措置をとることができる（児福28条1項）。この場合、措置期間は2年であるが、継続しなければ児童の福祉を害するおそれがあるときは、家庭裁判所の承認を得て期間を更新することができる（同条2項）。措置に期限が設けられたのは、2004（平成16）年の児福法改正からである。期限を設けて裁判所が関与することで手続の適正化を図るとともに、親子の再統合を促進することが目的である。また、同年の改正では、同様の目的から、児童相談所が保護者に対して行う指導措置に家庭裁判所が関与する仕組みも導入された（児福28条4項）。

　28条に基づく承認に関しては判例4と判例5がある（両判例は同じ事案の一審と控訴審である）。判例4および判例5は、強迫性障害を患っていた実母から虐待を受けていた児童について、児童相談所長が、当該児童を里親若しくは小規模住居型児童養育事業を行う者に委託しまたは児童養護施設に入所させることの承認を家庭裁判所に申立てた事案である。判例4は、実母の母である養母が、一定のルールの下に実母との面会をさせることや実母の前夫の支援を受けて当該児童を監護するとしている点などを考慮すると、「養母が今後児童を引き取った場合に、例えば、養母が児童母に児童の日常の監護を任せてしまうとか、児童母が養母に無断で児童を連れ去るなどして児童の監護を開始してしまったときにこれを漫然と黙認するといった事態が生ずる具体的な蓋然性があるということはできない」などとして、「養母に児童を監護させることが著しく児童の福祉を害するということはできない」として、児童相談所長の申立てを却下した。

　これに対して、控訴審である判例5は、養母が当該児童と同居して監護した実績がないこと、実母の虐待に気が付かなかったこと、前夫も実母と婚姻関係になく、児童の実父ではないことから将来にわたって児童の監護援助を求めることは困難であることに鑑み、「児童を養母に引き取らせても、養母において、実母が再び児童に対し、不適切な監護をすることを阻止し、是正することが期待できない。このように、児童を養母に引き渡すことは、児童の福祉を害する」として、児童相談所長の申立てを承認した。

　判例4と判例5の判断が異なった理由は、養母に児童を監護させることが著しく児童の福祉を害することとなるか否かについての評価が分かれたためだと考えられる。

(4) 親権喪失の申立て　児童と親子の再統合が困難な場合、親権喪失宣告（民834条）という方法をとることもできる。親権喪失の手続は、親権者による「虐待又は悪意の遺棄があるとき」、あるいは、「親権の行使が著しく困難又は不適当であることにより子の利益を著しく害するとき」に、子、子の親族、検察官、あるいは児童相談所長（児福33条の7）らの請求によって家庭裁判所が行う。また、親権の停止を行うこともできる。親権の停止は、2年以内の期間を定めてすることができる（民834条の2）。

親権喪失に関する裁判例としては、判例6がある。この事案では、未成年者である児童に対して虐待していた母親と再婚相手（保護者ら）に対して、児童相談所長が親権喪失宣告の申立てを行った。判例6は、保護者らが「自らの問題点をまったく自省・認識することなく、むしろ児童福祉施設等に対する相当性を欠いた抗議行動等に発展・終始してきたこと等本件の経緯に照らすと、保護者らは、結局のところ、児童の福祉のためにこれらの行動に及んでいるわけではなく、児童に対する虐待を行ったとされたことに憤慨して、親権の行使に名を借りた抗議や苦情を繰り返しているのみであり、その態様や程度も、社会的に相当な範囲を超えているものといわざるを得ない」などとして、保護者らの「親権の行使は、全体として未成年者の福祉を著しく損なうものであり、親権の濫用に当たると」した。

四　虐待保護と権利制限

1　児童に対する権利制限

児童を一時保護する場合、一般的には児童相談所に設置されている一時保護所においてこれを行う[11]。一時保護の実施中、児童相談所長は、児童で親権者等のない者に対して親権を行うものとされている（児福33条の2）。親権者等のいる児童についても、監護、教育および懲戒に関し、その児童の福祉のため必要な措置をとることができる（同条2項）。これらの規定から、児童相談所長は、一時保護の実施期間中、児童の意に反してもその自由を制限できる。例えば、過去に繰り返し逃走した経歴を有する児童については、

11　ただし、夜間発生した事例等で直ちに一時保護所に連れていくことが困難である場合などには、警察署などに委託一時保護が行われる（児福33条1項、2項）。

十分な監視をしても、その逃走を防止することができないと認められるような場合には、この種の児童に対しては、窓に格子を用い、扉に鍵をかけることのできる特別な一時保護室において保護を行うことができる[12]。

しかし、こうした一時保護中の児童の権利制限は必要最小限である必要がある[13]。その理由は、一時保護が（従前）裁判所の判断を経ずに行われるものであることや、一時保護が長期間にわたり児童の身体を直接拘束するものであるからである。

2 親権者等に対する権利制限

(1) 一時保護、里親委託および施設入所等における権利制限 　虐待から児童を保護する措置は、親権者等に対する権利制限も伴う。例えば、施設入所等において、親権者との関係で、施設長等は、入所中または受託中の児童について、監護および教育に関し、その児童の福祉のため必要な措置をとることができる（児福47条3項）。親権者等は、施設長等の措置を不当に妨げてはならず、施設長等は、児童の生命または身体の安全を確保するため緊急の必要があると認めるときは、親権者の意に反しても、措置をとることができる（同47条4項、5項）。一時保護の親権者等の権利制限も同様である（同33条の2第3項、4項）。

一時保護、里親委託・施設入所等は親権者等の権利を制限する。そのため、親権者等がこれらの措置を争うことがある。このような紛争に関して興味深い事例が判例7である。この事案は、里親委託を受けた養育里親である原告が、里親委託を受け養育していた児童に対する虐待を疑われ、里親委託措置を解除されたため、当該解除にかかる処分を争ったものである。ここでは、里親である原告らが、委託措置解除にかかる処分を争う資格（原告適格）があるかが争点の一つとなった。この点について判例7は、里親委託措置およびそれを解除する措置は、親権者等の関係では行政処分であるが、「里親に対する関係では、里親委託措置は、地方公共団体が当該児童の養育を里親に委託し、里親がこれを受託することによって法律関係を生じさせるものであり、里親が当該委託を受託するかどうかは、その自由意思に委ねられており

12　厚生省児童局長通知「児童福祉法において児童に対し強制的措置をとる場合について」（1950（昭25）・7・31児発第505号）。
13　磯谷ほか編・前掲書（注10）393頁〔藤田・横田執筆〕。

任意であるから、当該関係は、地方公共団体と里親との間の一種の準委任契約関係の性質を有する公法上の法律関係であると解するのが相当」であり、「里親に対する関係では、準委任契約に類する公法上の法律関係の成立及びその解消とみるべきものであるから、……本件措置解除を、原告らを名宛人とする行政処分とみることはできない」として、原告らの原告適格を否定した[14]。

(2) **面会通信制限**　面会通信制限は、施設入所中あるいは一時保護中の児童との交流を一定程度制限するものである。児童虐待防止法は、虐待を受けた児童について、施設入所措置または一時保護中において、必要があると認めるときは、児童相談所長等は、児童虐待を行った保護者について、児童との面会・通信の全部または一部を制限することができると定める（児童虐待12条1項1号、2号）。同法に基づく面会通信制限は、行政処分であると解されている[15]。面会通信制限に従わない場合、都道府県知事または児童相談所長は、接近禁止命令を出すことができる（児童虐待12条の4）。

より穏当な方法として、行政処分ではなく行政指導[16]としての面会通信制限がある（児童福祉11条1項2号、12条3項）。判例8は、虐待が疑われるために児童養護施設に入所させた児童のために両親に対して行政指導として面会通信制限を行い、それを継続したことの国家賠償法上の違法性が争われた事案である。裁判所は、保護者と児童相談所との間で親子再統合を目指す協議等が行われている場合でも、その進捗状況や協議等を取り巻く客観的な状況の変化により、保護者の側が、行政指導としての面会通信制限には「もはや協力できないとの意思を『真摯かつ明確に表明』（任意性）し、直ちに本件指導の中止を求めているものと認められるときには、『特段の事情が存在』するものと認められない限り」行政指導を継続することは許されないとした。そのうえで、母親が親子の再統合に向けた支援プログラムに積極的な姿勢をみせている状況において、面会通信制限を継続したことの違法性が認

14　関連する裁判例として、東京地判2019（令1）・11・7判タ1487号196頁。
15　磯谷ほか編・前掲書（注10）691頁〔藤田・横田執筆〕。
16　行政指導とは、「行政機関がその任務又は所掌事務の範囲内において一定の行政目的を実現するため特定の者に一定の作為又は不作為を求める指導、勧告、助言その他の行為であって処分に該当しないもの」（行手2条6号）をいう。行政処分とは異なり、行政指導の相手方に対して法的拘束力を有するわけではないため、行政指導に従うかどうかは相手方の任意である。

められた。また、裁判所は、行政指導の面会通信制限の位置付けについて、行政処分のそれと対比して、「行政指導として面会通信制限は、児虐法12条に基づく面会通信制限等（行政処分）による当該保護者と児相等関係諸機関との間の不要な対立・紛争を回避しつつ、親子関係の再統合に向けた環境調整を柔軟かつ可及的に速やかに実現するための手法として位置付けられるべき」と述べている。

判例8に対して、控訴審である判例9は、母親についても面会通信制限の違法性を否定した。その根拠として、判例9は、母親についてもネグレクトに当たり得る行動があったことと、子ども自身が母親との面会通信に消極的であったことをあげる。

五　本章の学びと事例への回答

1．虐待からの保護において、行政による措置はどのような役割を果たすか？

児童相談所をはじめとする行政機関は、教育機関、病院、近隣住民などからの通報を受け、立入調査等を行い、虐待を認知する。虐待を認知した行政機関は、児童虐待から児童を保護するために、一時保護、里親委託および施設入所等、親権喪失・停止の手続などの介入的な措置をとる。他方で、虐待を未然に防ぐ方法として、子育て支援サービスなどを活用することもできる。

2．虐待された児童を保護する行政の権限行使にはどのような限界があるか？

児童が虐待から保護されるためには、児童相談所長等による一時保護措置などの権限行使が必要となる。しかし、そのような権限行使は行政機関の合理的な裁量に委ねられており、それが適切に行使されない場合には、児童の安全を十分に確保することができない。

3．施設で保護された人々とその家族の権利にはどのような制約が課されるか？

虐待から児童を保護する措置は、児童や親権者等の権利を制限する。一時保護や施設入所措置等は、児童が父母から引き離されない権利を制限する。他方で、これらの措置により、親権者等に対しては、親権行使の制約や親権の喪失といった権利制限が課される。また、面会通信制限によって、子どもとの面会や通信が制限される。

事例への回答

　一時保護の実施は、児童福祉法上、児童の安全等を確保するために「必要があると認めるとき」に行われる。この必要性の認定は、児童心理や児童福祉などの専門的な知見に基づき判断されるため、本章でみた多くの裁判例が児童相談所長等の「合理的な裁量」に委ねられていると解している。Xらが本件一時保護を争う場合、一時保護の実施にかかる児童相談所長の裁量権行使に逸脱または濫用があったかどうかが争点となる。

　本件面会通信制限は、行政処分ではなく行政指導として行われている。判例8や判例9によれば、行政指導としての面会通信制限が違法となる場合とは、保護者が児童相談所長等の指導に協力的であり、かつ、面会通信制限指導に従えない旨を真摯かつ明確に表明してその中止を求めているにもかかわらず、特段の事情のない限り面会通信制限を継続した場合である。

20 最低生活保障における生活保護の意義と申請権

池谷秀登

生活困窮に陥った人々が、最低生活保障を支える生活保護制度にアクセスする際にどのような法的課題が存在するか？

> Xは夫が白血病で入院し就労収入がなくなったため生活保護を受給しようと考えて福祉事務所を訪れ、生活困窮状況について説明した。事情を聴いた福祉事務所職員（以下、Y）はXに対して親族からの援助が可能か、また夫の雇用状態についても確認するよう助言したものの、生活保護の申請についての説明はされなかった。
>
> Xは翌月にも福祉事務所を訪れ、夫は雇用保険や年金の給付を受けていないこと、X自身も精神科に通院しており就労したことがないこと、親族からの援助は難しいこと、生活費に困窮していること等を説明したが、YはXの親族から援助してもらうことを求め生活保護の申請およびその手続についての説明はしなかった。Xはその後も福祉事務所を訪れ、自己破産をしたこと、家賃は8か月間未納であること等を述べ生活困窮を訴えたが、YはXの就労を求め保護申請および手続についての説明、助言はされなかった。このような経緯の中でXは生活保護申請を行えず、生活保護の受給ができなかった。
>
> X世帯が生活保護を受給するためにはどのような手続が必要なのだろうか。XのYに対する相談は生活保護の申請といえるのだろうか。また、Yが生活保護の申請について助言せず相談のみで対応したことは違法となるのだろうか。

1. 生活保護制度はどのように生活上の困難に対応しているか？
2. 申請主義とは何か？
3. 生活保護における申請権の侵害はどのように生じるか？
4. 申請主義にはどのような限界があり、申請によらずに生存権を保障するにはどうすればよいか？

■ キーワード
保護の種類、申請保護の原則、無差別平等の原理、口頭申請、申請権の侵害、申請援助義務、急迫保護

■ 主要判例

判例1・生活保護決定処分取消等請求事件：大阪高判2001（平13）・10・19訟月49巻4号1280頁（大阪地判2001（平13）・3・29訟月49巻4号1297頁）

判例2・生活保護申請不受理等国家賠償請求事件：さいたま地判2013（平25）・2・20判時2196号88頁

判例3・生活保護廃止決定処分等損害賠償請求事件：福岡地小倉支判2011（平23）・3・29賃社1547号42頁

判例4・生活保護開始申請却下決定処分取消等請求事件（岸和田訴訟）：大阪地判2013（平25）・10・31賃社1603=1604号81頁

判例5・生活保護開始申請却下決定処分取消等請求事件：那覇地判2011（平23）・8・17賃社1551号62頁

判例6・生活保護開始申請却下決定処分取消請求事件：大阪高判2013（平25）・6・11賃社1593号61頁

一 事例を読む視点

生活保護法は憲法25条に規定する生存権理念を直接体現した制度である[1]。生活保護の受給にあたっては申請保護の原則（申請主義）がとられており（生活保護法〔以下、「法」〕7条）、Xが保護申請を行わなければ原則として生活保護の受給はできない。それでは生活に困窮した者が福祉事務所に赴いた際に、職員が生活保護申請についての説明、助言を行わないことで保護申請に至らない場合は違法となるのだろうか。また、申請主義とはどのようなもので申請主義の例外はあるのだろうか。あわせて生活保護法がどのように最低生活保障を行っているのかをみていこう。

二 生活保護の最低生活保障

生活保護は憲法25条に規定する理念に基づき、国家責任として国民に対して最低生活を保障しており（法1条）、生活保護制度は国民の生活保障の最終的なよりどころであることから、最後のセーフティネットと言われている[2]。生活保護による生活保障の範囲は衣食住（生活扶助、住宅扶助）だけ

---

1 菊池馨実『社会保障法（第3版）』（有斐閣、2022年）311頁。

図表20-1　扶助の種類と内容

生活を営む上で生じる費用	扶助の種類	支給内容
日常生活に必要な費用（食費・被服費・光熱費等）	生活扶助	基準額は、 (1) 食費等の個人的費用 (2) 光熱水費等の世帯共通費用を合算して算出。 特定の世帯には加算があります。（母子加算等）
アパート等の家賃	住宅扶助	定められた範囲内で実費を支給
義務教育を受けるために必要な学用品費	教育扶助	定められた基準額を支給
医療サービスの費用	医療扶助	費用は直接医療機関へ支払（本人負担なし）
介護サービスの費用	介護扶助	費用は直接介護事業者へ支払（本人負担なし）
出産費用	出産扶助	定められた範囲内で実費を支給
就労に必要な技能の修得等にかかる費用	生業扶助	定められた範囲内で実費を支給
葬祭費用	葬祭扶助	定められた範囲内で実費を支給

（出典）厚生労働省ホームページ「生活保護制度、保護の種類と内容」

ではなく、教育扶助、医療扶助、介護扶助、出産扶助、生業扶助、葬祭扶助（法11条）の8種類の扶助により、生活すべての場面にわたっている。

　保護の要件は、利用し得る資産、稼働能力、その他あらゆるもの[3]を活用すること（法4条1項）であり、社会保険料や租税の納付あるいは滞納の有無などは要件とされるものではない。また、保護を要する状態（貧困に陥っ

2　菊池・前掲書（注1）307頁。
3　「その他あらゆるもの」とは、立法担当者の解説では「現実には資産となっていないが一挙手一投足の労で資産となし得るもの、例えば、確認を受けていない恩給権」（小山進次郎『改訂増補　生活保護法の解釈と運用』〔中央社会福祉協議会、1951年〕121頁）と説明されており、現在の行政実務でも厚生労働省社会・援護局保護課作成の問答をまとめた『生活保護手帳別冊問答集（2024年度版）』（中央法規出版、2024年）143頁では「年金受給権のように『現実には資産となっていないが、要保護者本人の努力（手続き等）することによって容易に資産となり得るもの』を指」すことから、「あらゆる」という文言をつかうものの広い範囲を指すものではない。

た原因）に至る経緯や性別、年齢等は保護要件とは関わりなく、現在貧困状態であるという保護要件を充たす限り保護を受給することができ、これを無差別平等の原理という（法2条）。

三　申請保護の原則

　戦前の救護法（1932（昭和7）年〜1946（昭和21）年）、敗戦直後の旧生活保護法（1946（昭和21）年〜1950（昭和25）年）では救護、保護の開始は職権によるものとされていたのに対し、現行法では申請保護の原則が採用されている。申請保護の原則（申請主義）とは、保護は、要保護者、その扶養義務者またはその他の同居の親族の申請に基づいて開始される（法7条）ことをいう。この他に成年被後見人については「事理を弁識する能力を欠く常況にある」ことから保護申請の判断能力がないこと、成年後見人に代理権が付与されている「財産に関するすべての法律行為」には保護申請も含まれていると解することができること等から、成年後見人による保護申請は有効なものとされている[4]。このように申請のできる者は限定されている。

　申請保護の原則について、立法担当者は国民には保護請求権が与えられているので国民の権利行使の発動形式が保護の申請であるとした。そのうえで、申請は要式行為ではないことから申請書の記載が整理されていなくとも、所要の事項が尽くされていれば手紙の形をとっていても申請は受理すべきと述べている[5]。

　保護の申請については2013（平成25）年に法改正が行われている。法改正前では保護の申請が行われることにより、実施機関（福祉事務所）は保護の要否、種類、程度および方法を決定し、申請者に対して書面をもって通知しなければならない（改正前24条1項）とされていた。このときの生活保護法施行規則（以下、「生活保護則」）には、保護の開始の申請には書面を提出して行わなくてはならないとされ、その記載事項には①申請者の氏名、住所または居所、②要保護者の氏名、性別、生年月日、住所または居所、職業および申請者との関係、③保護の開始を必要とする事由とされていた（生活保護則2条1項）。一方、生活保護の開始申請は非要式行為であることから、行

---

[4]　前掲『生活保護手帳　別冊問答集（2024年度版）』（注3）375頁。
[5]　小山・前掲書（注3）162、166頁。

政実務の運用では生活保護則2条1項の規定も書面による保護申請を保護の要件としているわけではないと説明されていた[6]。

　2013（平成25）年の法改正では申請手続がより詳細となり、保護開始申請をするときには、①要保護者の氏名および住所または居所、②申請者が要保護者と異なるときは、申請者の氏名および住所または居所並びに要保護者との関係、③保護を受けようとする理由、④要保護者の資産および収入の状況（生業若しくは就労または求職活動の状況、扶養義務者の扶養の状況および他の法律に定める扶助の状況を含む）、⑤その他要保護者の保護の要否、種類、程度および方法を決定するために必要な事項として厚生労働省令で定める事項を保護申請書に記載することが必要とされた（法24条1項）。また、申請書には要保護者の保護の要否、種類、程度および方法を決定するために必要な書類として厚生労働省令で定める書類を添付しなければならないとされている（同2項）。①〜③は従来の生活保護則の項目を文言整理して法に明記したものであるが、申請書記載内容の詳細化と保護の決定に必要な書類の添付が明記されたことで、保護申請が厳格化されることになった。

　しかし、申請書を作成できない特別の事情や厚生労働省令で定めた書類を添付することができない特別の事情があるときはこの限りでないとされている（法24条1項ただし書、24条2項ただし書）。生活困窮状態にある者の中には、申請書の作成や書類の添付などの負担が大きく、それをなし得ない者もいることが考えられるため、この「特別の事情」は狭く解するべきではない[7]。また、生活保護則には法24条2項に規定する添付書類についての規定がないことから同項の規定は事実上空文化しているとの指摘もされている[8]。法改正後も保護申請は非要式行為であり申請は書面により行われなくてはならないものではなく口頭での申請は認められ[9]、行政実務においても従来どおり口頭による開始申請も認められる余地があるとしている[10]。

6　『生活保護手帳　別冊問答集（2012年度版）』（中央法規出版、2012年）337〜338頁。

7　菊池・前掲書（注1）328頁。笠木映里ほか『社会保障法』（有斐閣、2018年）484頁〔嵩さやか執筆〕。

8　笠木ほか・前掲書（注7）484頁。

9　加藤智章ほか『社会保障法（第8版）』（有斐閣、2023年）430頁〔前田雅子執筆〕。黒田有志弥「生活困窮者に対する支援の現状と課題」論究ジュリスト11号（2014年）70頁。

10　前掲『生活保護手帳　別冊問答集（2024年度版）』（注3）370頁。

四　申請の効果

　保護の実施機関は、保護の申請があつたときは、保護の要否、種類、程度および方法を決定し申請者に対して書面をもつてこれを通知しなければならず（法24条3項）、この通知は、申請のあつた日から14日以内にしなければならない。ただし、特別な理由がある場合にはこれを30日まで延ばすことができる（法24条5項）。保護の申請をしてから30日以内に通知がないときは、申請者は、保護の実施機関が申請を却下したものとみなすことができる（法24条7項）。

　立法担当者によれば、このように保護開始手続を具体的に定めた理由を、保護は個人の生活や生存に重大な関係を有するものであるから、単に保護についての抽象的理念を法律に掲げただけでは不十分であって、保護が要保護者に対して実際に行われる場合の個々の具体的手続までを詳細、明確に規定するのでなければ、個人の権利や利益が十分に保障され実現されることにはならないとしている[11]。

五　生活保護申請に関する裁判所の判断

1　口頭申請はどのようなときに認められるのか

　保護申請権は保障されなければならないが、福祉事務所の中には保護申請前の面談時に申請書を交付しないことや申請を受理しない等の対応も生じているとの指摘がある[12]。そこで、このような場合に生活保護の申請を口頭で行うことができるのかという問題が生じる。この口頭申請については、文書による申請とは異なり申請行為が明確ではない場合があることから、どのような場合に口頭での生活保護申請が行われたかにつき争いがある。

　判例1は、1996（平成8）年4月1日に福祉事務所を訪れた原告に対し、職員は保護申請書を交付せず、1997（平成9）年3月24日に書面にて保護申請を行ったところ同日付で保護が開始とされた事案である。原告は1996（平

11　小山・前掲書（注3）390頁。
12　菊池・前掲書（注1）325頁、笠木ほか・前掲書（注7）484〜485頁、加藤ほか・前掲書（注9）431頁〔前田執筆〕。

成8）年4月1日に口頭での保護開始申請を行ったと主張し、保護申請がいつ行われたのかについて争われた。ここでは原審と控訴審では判断が分かれている。

判例1の原審は、「原告が、平成8年4月1日……福祉事務所において扶養義務者申告書と扶養義務照会回答用紙以外の書類を提示し、生活保護開始申請書の交付を要求したことに鑑みれば、原告は、同日、保護の開始を申請する意思を有し、かつ、申請意思を表示したものと認められる」と判断し、原告は1996（平成8）年4月1日に口頭による保護の開始申請をしたと認めた。一方、判例1では、生活保護の開始申請は書面によって行わなければならないものではないとして口頭による保護開始申請は認めている。そのうえで、「保護の開始の申請は、保護実施機関に一定の作為義務を課するものであるから、保護の開始の申請があったというためには、単に申請者において申請意思を有していたというのみでは足らず、申請者において申請の表示行為を行う必要がある」「口頭による保護開始申請については、特にこれを口頭で行う旨を明示して申請するなど、申請意思が客観的に明確でなければ、これを申請と認めることはできないというべきである」として「生活保護の開始申請を行ったものとは認められない」とした。

判例2は、本章冒頭の事例にあげた事案の基となった訴訟であり、原告が生活保護の申請をしたにもかかわらず申請として扱わずまたは生活保護の申請を妨害したとして、福祉事務所に対し国家賠償法1条1項に基づき損害賠償を求めた事案である。ここでは、口頭での申請については「保護開始の申請が保護実施機関に一定の義務を課すものであることからすれば、保護開始の申請があったというためには、実施機関に審査・応答義務を課すほどに申請の意思が確定的に表示されていることが必要である」としている。

判例3では、実施機関により保護申請を拒まれたことで自死に追い込まれたとして、その相続人が国家賠償を請求した事案である。ここでは、「法は申請が口頭によって行われることを許容しているものと解されるし、場合によっては、『申請する』という直接的な表現によらなくとも申請意思が表示され、申請行為があったと認められる場合があると考えられる。しかし、そこにいう申請意思については、実施機関に対し法の適用を求めるものでなければならず、保護の条件に適合すれば保護の適用を受けたいとの意思、すなわち、保護の適用を受けたいという単なる希望とは区別されるべきものである。」「申請行為はそれに対する応答義務を保護実施機関に課すものである

から、申請行為があるというには、申請意思を内心にとどめず、これを実施機関に対し表示することが必要」であるとした。

　いずれの裁判例も口頭申請は認めているものの、口頭申請が認められる場合の判断基準が異なっている。判例1では、特にこれを口頭で行う旨を明示して申請するなど、申請意思が客観的に明確でなければ、これを申請と認めることはできないとし、判例2は、実施機関に審査・応答義務を課すほどに申請の意思が確定的に表示されていることが必要とし、判例3は、「申請行為があるというには、申請意思を内心にとどめず、これを実施機関に対し表示することが必要」としながらも「申請する」という直接的な表現によらなくとも申請意思が表示され、申請行為があったと認められる場合があるとしている。

　このように裁判例では口頭申請として認められる場合の判断基準の厳格さには差が生じている[13]。多くの国民は生活保護法を熟知しておらず申請主義についても知らないことから「保護申請を行う」と直接述べる等の態様で申請意思を明示することは少ない。しかし、福祉事務所に来所するのは生活困窮のため生活保護受給を希望する場合であり、「申請したい」との直接的な表現はできなくとも、「ライフラインが止まっている」「家賃が支払えない」等の生活困窮状態である旨が表示されその救済を求めた場合には、次に述べる生活保護則改正や裁判例の立場も併せ考えると、申請行為として認められる余地は十分あるものと考えられる。

2　実施機関の説明義務

　2013（平成25）年法改正を受けた生活保護則改正では、保護の実施機関は申請者が申請する意思を表明しているときは、当該申請が速やかに行われるように必要な援助を行わなくてはならないとの規定も設けられた（生活保護則1条2項）。要保護者が生活保護制度の内容や申請主義について理解している場合が多いとはいえないことをふまえると、実施機関による生活保護制度、申請主義についての説明義務のあり方につきどのように考えればよいのだろうか。

　判例2では、実施機関の義務を「生活保護制度の説明を受けるため、ある

---

[13]　黒田有志弥「生活保護の面談・相談における保護実施機関の義務」社会保障法研究5号（2015年）155頁。

いは、生活保護を受けることを希望して、又は、生活保護の申請をしようとして来所した相談者に対し、要保護性に該当しないことが明らかな場合等でない限り、相談者の受付ないし面接の際の具体的な言動、受付ないし面接により把握した相談者に係る生活状況等から、相談者に生活保護の申請の意思があることを知り、若しくは、具体的に推知し得たのに申請の意思を確認せず、又は、扶養義務者ないし親族から扶養・援助を受けるよう求めなければ申請を受け付けない、あるいは、生活保護を受けることができない等の誤解を与える発言をした結果、申請することができなかったときなど、故意又は過失により申請権を侵害する行為をした場合には、職務上の義務違反」になるとしている。

判例3では、実施機関の義務を「生活保護制度を利用できるかについて相談する者に対し、その状況を把握したうえで、利用できる制度の仕組について十分な説明をし、適切な助言を行う助言・教示義務、必要に応じて保護申請の意思の確認の措置を取る申請意思確認義務、申請を援助指導する申請援助義務（助言・確認・援助義務）が存する」とする。

判例4は、稼働年齢層の夫婦が福祉事務所に生活相談に赴いたところ、職員は夫婦の現在の生活状態や就労、求職状況等の聴取を行わず、夫婦の年齢および健康状態のみに基づいて保護要件を充足していないと即断し夫婦への対応を行わなかったことから国家賠償請求が行われたものである。ここでは、実施機関の義務として「福祉事務所に相談に訪れる者の中には、真に生活に困窮し、保護を必要としている者が当然に含まれているところ、そういった者の中には、受給要件や保護の開始申請の方法等につき正しい知識を有していないため、第三者の援助がなければ保護の開始申請ができない者も多いのであるから、保護の実施機関としては、そのような者が保護の対象から漏れることのないよう、相談者の言動、健康状態に十分に注意を払い、必要に応じて相談者に対し適切な質問を行うことによって、その者が保護を必要としている者か否か、また、保護の開始申請をする意思を有しているか否かを把握し、有している場合には保護の開始申請手続を援助することが職務上求められるもの」とした。そのうえで「保護の実施機関が、相談者の言動等からその者が保護の開始申請をする意思を有していることを把握したにもかかわらず、申請の意思を確認せず、また、相談者に対して現在の生活状況等の質問等をすれば相談者が保護の開始申請をする意思を有していることを容易に推知し得たにもかかわらず、申請の意思を確認せず、その結果、相談者の申

請権が侵害されたものといえるときは、保護の実施機関が有する職務上の義務違反が認められ」るとした。

このように、いずれの判例も相談者の生活状況などを基に申請意思の確認を義務として求めている。また、福祉事務所に来所する者の中には生活困窮状態でありながら、自身の状況を説明できない者もいることから、福祉事務所は適切な事情聴取とともに制度説明を行うことで申請意思の確認を行うことが必要と考えられる。

3　申請主義の限界と急迫保護

それでは、傷病、障害等の状況のため保護申請を行えない者についてはどのように考えるべきだろうか。例えば路上で意識不明の状態のため病院に救急搬送されたホームレスと思われる者などがこれに当たる。

申請保護の例外として、要保護者が急迫した状況にあるときは保護の申請がなくても必要な保護を行うことができ（法7条ただし書）、これを職権保護という[14]。具体的には、保護の実施機関は、要保護者が急迫した状況にあるときは、すみやかに、職権をもって保護の種類、程度および方法を決定し、保護を開始することとされている（法25条1項）。この場合には保護要件、保護優先の規定は、急迫した事由がある場合に、必要な保護を行うことを妨げるものではないとされ（法4条3項）、補足性の原理が排除されている[15]。この「急迫した事由」について立法担当者は、生存が危うくされるとか、その他社会通念上放置し難いと認められる程度に状況が切迫している場合[16]としているが、広く解するべきであるとの指摘もある[17]。

急迫保護を行うにあたっては急迫した事由の有無が問題となるが、実施機関が要保護者の急迫した事由を判断し、職権保護を行う場合には問題が生じることは少ない。しかし、保護申請が行われたときに、実施機関が補足性の原理である保護要件（法4条1項）に欠けると考え保護申請を却下すべきか、急迫した事由があることで補足性の原理を排除し保護を開始すべきなのかが問題になることがある。

判例5は、年金担保貸付を利用した後、その返済のため実際に受領してい

---

[14]　小山・前掲書（注3）162頁。
[15]　菊池・前掲書（注1）324頁。
[16]　小山・前掲書（注3）122頁。
[17]　加藤ほか・前掲書（注9）404頁〔前田執筆〕。

た年金月額は1万円にも満たないことから、食費、光熱費、住居費等の最低限必要な費用が賄えず食事については知人の援助を受け、家賃や光熱費は滞納している状況にあった事案である。そこで保護申請をしたものの、実施機関は年金担保貸付の利用が保護要件（法4条1項）に欠けると考え保護申請を却下したことから、「急迫の事由」の有無が争点となった。ここでは「法4条3項は、法4条1項の要件を満たさない場合であっても、『急迫した事由がある場合に、必要な保護を行うことを妨げるものではない』と定めており、法25条1項の規定に照らせば、ここにいう『急迫した事由』がある場合には、法4条1項の要件を満たさない場合であっても、保護の実施機関は必要な生活保護を開始する義務がある場合があるというべきである」として、急迫の事由の有無を検討し、急迫の事由とは「単に生活に困窮しているだけでなく、生存が危うくされるとか、その他社会通念上放置し難いと認められる程度に状況が切迫している場合をいうものと解すべきである」とした。そのうえで、当該事案では「本件申請当時の原告の生活状況は、生存するために最低限必要な食事や住居すら確保できなくなる危険のある極めて切迫したものであったというべきである」と判断し、「急迫した事由」があったと認められると結論付けた。

　判例6も、恩給担保貸付を利用したことで、保護要件に欠けるとして保護申請が却下された事案であり、急迫事由の有無が問題となった事案である。判例6の原審（大津地判2012（平24）・12・18賃社1584号60頁）は、原告は本件申請当時、家賃を10か月分滞納し水道・ガス料金および電気料金をいずれも2か月分滞納していたことから、本件申請当時、単に生活が困窮しているというのみならず、生命・身体の維持のために必要不可欠な医療行為を受けることすら困難な状況にあったといえるから、原告には急迫した事由（法4条3項）があったと認められ、福祉事務所長は、本件申請に基づいて保護を開始すべきであったと判断した。控訴審である判例6も、保護申請の際に提出された申請書の申請理由の欄に「生活していけないため」と、健康状態欄に「気管支炎、高血圧」とそれぞれ記載されており、また、同日行われた面接において、被控訴人またはその長女が、「生活が立ち行かない」「保護が駄目ならもう首をくくるしかない」「家から追い出されて（家賃を20万円ほど滞納している）ホームレスになってしまう」などと述べているし、福祉事務所は、被控訴人の家賃、国民健康保険料、水道、ガス、電気代などの支払が滞っていることを把握していたのであるから、十分に急迫した事由をうか

がうことができたというべきであり、本件却下決定を取り消すべきであるとした。

　急迫事由の判断により保護を決定することは、補足性の原理の例外であることから申請者の状況（例えば、健康状態、手持ち金・預貯金の保有状況、家賃、水道、電気などのライフラインにかかる滞納状況など）を具体的に把握したうえで急迫性の判断をすることが必要となる。

六　本章での学びと事例への回答

1．生活保護制度はどのように生活上の困難に対応しているか？
　生活保護は生活全体を保障する制度であり、8種類の扶助（生活扶助、教育扶助、住宅扶助、医療扶助、介護扶助、出産扶助、生業扶助、葬祭扶助）により最低限度の生活を保障している。

2．申請主義とは何か？
　申請主義とは国民の申請権の権利行使の発動であり、申請は要保護者、同居の親族、扶養義務者による必要がある。申請にあたって法は所要の事項を記載した保護申請書の提出によることを原則としているが、非要式行為であることから口頭による保護申請が認められる場合もある。

3．生活保護における申請権の侵害はどのように生じるか？
　実施機関の義務として、生活保護制度について説明し、相談者の生活状況などを把握したうえで生活保護申請意思の確認を行い、保護申請手続についての教示を行う必要がある。福祉事務所職員がこれらを怠ることにより申請権の侵害が生じる可能性がある。

4．申請主義にはどのような限界があり、申請によらずに生存権を保障するにはどうすればよいか？
　傷害、疾病、その他の事情で要保護者が保護申請を行えない場合がある。すると申請主義の原則のみでは要保護者の生存権が保障されない事態が生じる。そこで、法は申請主義の例外として要保護者が急迫した状況にあるときには、保護の申請がなくとも、すみやかに職権をもって保護の種類、程度、方法を決定し保護を開始しなくてはならないと規定した。また、急迫した状

況であるときは保護要件が排除され必要な保護が行われる。

事例への回答

この事例では、実施機関はXの状況を把握したうえで利用できる制度の仕組について十分な説明をし、適切な助言を行う助言・教示義務、必要に応じて保護申請の意思の確認の措置を取る申請意思確認義務、申請を援助指導する申請援助義務（助言・確認・援助義務）があるにもかかわらず、これを怠っており、職務上の義務違反として損害賠償が認められるものと思われる。

また、保護申請書をYが交付しない場合でも、法は申請が口頭によって行われる場合も許容しているものと解されることから、Xの「申請する」という直接的な表現によらなくとも申請意思が表示され、申請行為があったと認められる場合にはその時点で保護申請が行われたと考えられる。

21 生活保護制度における補足性の原理①（収入・資産）

木村康之

　生活保護法における補足性の原理は、最低生活保障および自立助長という生活保護法の目的に照らし、どのように解釈、運用されるべきか？

> 　X世帯は、母親（53歳）であるX_1とその長女（17歳）であるX_2の二人世帯である。X_1は、X_2が生まれた直後に夫と離婚したが、離婚後にうつ病となり働くことができず、X_2とともに自身の実家に身を寄せていた。数年後、X_1の両親が事故で死亡し、X_1は元夫からの養育費だけでは生活が立ち行かないことから、生活保護を受給するに至った。
> 　X_1は、X_2が小学校に入学した際、X_2が将来大学への進学を希望した場合の入学金に充てる目的で学資保険（保険料月額5000円、満期保険金50万円）に加入した。X_1は、生活費を切り詰めることで月々の保険料を捻出した。
> 　その後、X_1が加入した学資保険が満期を迎える直前に、福祉事務所のX世帯に対する調査の中で、X_1が学資保険に加入していることが判明した。この時点で学資保険を解約すると、X_1は解約返戻金として約45万円を受け取ることができる。X世帯が学資保険の保有を継続することは認められるであろうか。

1. 生活保護法の趣旨・目的に照らし、収入認定はどのように行われるべきか？
2. 生活に必要な自動車や住居はどのような場合に保有を認められるのか？
3. 収入・資産の調査において最低生活保障と自立助長という目的はどのように考慮されるべきか？

■ **キーワード**

　補足性の原理、資産の活用、資産の保有容認、リバースモーゲージ、収入認定、基礎控除、必要経費の控除、生活保護法63条に基づく費用返還

■ **主要判例**

　判例1・中嶋学資保険訴訟：最判2004（平16）・3・16民集58巻3号647頁［社会保障判例百選（第6版）79事件］
　判例2・生活保護申請却下処分取消等請求、損害賠償請求事件（障害者の通院と自動車の保有）：大阪地判2013（平25）・4・19判時2226号3頁［社会保障判例百選（第6版）百選80事件］

判例3・生活保護停止決定取消請求控訴事件（居住用不動産の買換え）：東京高判2016（平28）・3・16賃社1662号62頁
判例4・生活保護停止決定処分等取消請求事件（被保護者のリバースモーゲージの利用）：さいたま地判2020（令2）・10・7判例自治483号76頁
判例5・費用徴収決定処分取消請求事件（高校生のアルバイト収入）：横浜地判2015（平27）・3・11判例自治408号34頁

一　事例を読む視点

　生活保護法（以下、「法」）4条は、「補足性の原理」として、以下の二つの原則を定めている。一つは、「保護は、自らの力で最低生活を維持することができない場合に行われること」であり、もう一つは、「民法上の扶養や他の法律で定められている公的扶助は、建前上生活保護に優先して行われるべきものであること」である[1]。

　前者の原則について、法4条1項は、資本主義社会における自己責任の原則に対して保護が補足的意義を担うという前提に基づき「保護は、生活に困窮する者が、その利用し得る資産、能力その他あらゆるものを、その最低限度の生活の維持のために活用することを要件として行われる」という形で、その内容を具体化している。X_1による学資保険の保有が認められるか否かは、この原則との関係において問題となる。

　しかし、同項の定めによっても、いかなる資産について、どのような形での活用を求められるのかは、必ずしも明らかではない。実際の資産の活用のあり方は、行政通達によって具体化され、これに基づいて運用されているが、行政通達に基づく運用が、法4条1項との関係において常に肯定されるとは限らない。

　これまで、補足性の原理をめぐっては、行政通達が定める各資産ごとの取扱い（本事例でいえば、学資保険）について、資産の処分等を求める指導・指示の取消しや、資産の処分により得られた金銭の収入認定に基づく保護決定処分の取消を求める訴訟、または、これらの処分により生じた損害の賠償

1　小山進次郎『改訂増補　生活保護法の解釈と運用（復刻版）』（全国社会福祉協議会、1975年）118頁。

を求める国家賠償請求訴訟を通じて司法審査がなされてきた。

　本章では、まず法4条1項の規範内容を、その文言や規定の趣旨から検討する。そのうえで、法4条1項の規範内容と各裁判例の判示がいかなる関係に立つのか分析し、事例を検討する手がかりとしたい。

二　「補足性の原理」は被保護者に何を要求しているか

　本章の事例において、X_1は、加入していた学資保険を処分（解約）して、最低限度の生活の維持のために用いなければならないといえるだろうか。この問題を考えるためには、X_1の学資保険保有の可否に関する判断基準を明らかにする必要がある。

1　資産の活用

(1)　「資産」と「活用」の関係性　　法4条1項が要求しているのは、「資産」を「最低限度の生活の維持のために活用」することである。

　法4条1項の文言からすれば、資産についてまず検討が必要なのは、「(最低限度の生活の維持のための) 資産の活用のあり方」である。この検討において、資産を処分（売却）し、得られた金銭を最低生活の維持のために用いるべきという結論に至れば、その結果として、資産の保有が認められないことになろう。

　また、同項が要求しているのは、「最低限度の生活の維持のための」活用であるから、処分価値のない資産を処分（廃棄）する、あるいは、ある資産の使用を禁じるといった、処分の対価（売買代金等）が得られず、最低限度の生活の維持につながらない行為については、同項の求める「活用」には含まれないことになりそうである[2]。

(2)　処分価値の有無と資産の「活用」のあり方

　ア　行政通達の定め　　一で述べたとおり、いかなる資産について、どのような形での活用を求められるのかは、法4条1項の文言からは必ずしも明らかではない。実際の資産の活用のあり方は、以下の行政通達によって具体化され、これに基づいて運用されている。本章の本文においては、以下の図

---

[2]　嵩さやか「補足性原則の諸相」季刊社会保障研究50巻4号（2015年）402頁。

図表21-1　法4条1項の定める「資産の活用」を具体化する行政通達

件名・制定年月日・種別・番号	本章での略称
「生活保護法による保護の実施要領について」 （昭和36年4月1日厚生省発社第123号）	次官通知
「生活保護法による保護の実施要領について」 （昭和38年4月1日社発第246号）	局長通知
「生活保護法による保護の実施要領の取扱いについて」 （昭和38年4月1日社保第34号）	課長通知

（出典）筆者作成

表21-1のとおり、各通達について略称を用いて説明する。

まず、次官通知は、資産の活用についての判断の大枠として、最低生活の内容として所有または利用を容認するに適しない資産は、原則として処分して最低限度の生活の維持のために活用させるとしつつ、例外として、①処分よりも保有しているほうが生活維持および自立助長に実効があがっている場合、②近い将来活用されることが確実であり、処分よりも保有しているほうが生活維持に実効があがると認められる場合、③処分することができないか著しく困難な場合、④売却代金を売却に要する経費が上回る場合、⑤社会通念上処分させることを適当としない場合について、資産の保有を認めている[3]。この次官通知の定めを受けて、局長通知は、土地、家屋、事業用品、生活用品について、課長通知は、これらに加えて預貯金、学資保険、自動車といった各資産について、保有および活用の具体的な取扱いを定めている[4,5]。

このように、行政通達は、資産の活用方法を検討するにあたって、最低生活の内容として資産の所有または利用を容認できるか否かという観点から判断している。その判断にあたっての考慮要素には、①のように最低生活保障と並ぶ法の目的である自立の助長と関連付けた要素や、⑤のように社会通念に照らした要素が含まれている点を、後に取り上げる判例との関連で指摘しておこう。

　イ　処分価値のある資産の「活用」としての処分　法4条1項の要求する資産の活用を上記（1）のように考えると、資産の「活用」として当該資産

---

[3]　次官通知・第3参照。
[4]　局長通知・第3参照。
[5]　課長通知・第3参照。

を処分（売却）させるためには、当該資産が処分価値を有していることが前提として必要となりそうである。もっとも、学資保険や預貯金のような金融資産については、処分価値があることは明らかであるし、不動産についても、局長通知において「処分価値が利用価値に比して著しく大きい場合」に保有を不可とする取扱いとされているから、行政通達の定める取扱いによったとしても、これらの資産については、処分価値がないにもかかわらず処分（廃棄）を要求されるおそれは小さい。

そうすると、X_1の学資保険についても、処分価値がある、あるいは、所有に適しないことを理由に、これを解約して最低生活の維持のために用いることになるとも考えられる。反対に、解約せずに保有が認められるとすれば、それはいかなる理由によるのであろうか。

学資保険について、生活保護受給世帯が学資保険に加入し、月3000円の保険料を支払っていたところ、解約返戻金が収入認定され、保護費を減額する処分を受けたことから、この処分の適否が争われた事例として、判例1がある。

判例1は、保護金品等を貯蓄等に充てることは本来法の予定するところではないとしつつ、「被保護者が保護金品等によって生活していく中で、支出の節約の努力等によって貯蓄等に回すことの可能な金員が生ずることも考えられないではなく、法は、保護金品等を一定の期間内に使い切ることまでは要求していない」と判示した。そのうえで、「法の趣旨目的にかなった目的と態様で保護金品等を原資としてされた貯蓄等は、収入認定の対象とすべき資産には当たらないというべき」であり、「被保護世帯において、最低限度の生活を維持しつつ、子弟の高等学校修学のための費用を蓄える努力をすることは同法の趣旨目的に反するものではない」として、学資保険の解約返戻金を収入認定し、保護費を減額した処分は違法であるとした。

判例1は、処分価値があり、かつ換金も容易であることから、法4条1項により処分して最低生活の維持のために活用することになる学資保険について、原資が保護金品であること、および、貯蓄の目的および態様が法の趣旨（最低生活保障および自立助長）に反しないことを理由に、最低生活の維持のために活用すべき資産から除外しており、最低生活保障および自立助長という法の趣旨が、資産を活用（処分）させるか否かの判断において考慮されることを示している。

ウ　処分価値のない資産の「活用」としての処分？　　上記イの金融資産や

不動産に対し、処分価値との関係で問題を生じるのが自動車である。

　自動車については、行政通達上、生活用品としては原則として保有が認められないとされており、処分価値のない自動車であるにもかかわらず保有が認められないという事態が生じる（自動車ついては、課長通知が、障害者の通勤・通院等や、公共交通機関の利用が著しく困難な地域における通勤・通院等のための保有について、次官通知の定める「社会通念上処分させることを適当としないもの」に該当するとして例外的に保有を認めているに過ぎず[6]、自動車におよそ処分価値がない場合については課長通知では言及されていない）。また、保有のみならず、自動車の使用も、自動車が自身の所有であるか借用物であるかを問わず、原則として認められていない。判例2も、身体障害者である原告が自動車を保有していることを理由に生活保護を廃止される等した事案において、たとえ処分価値のない自動車であっても、燃料費、車検代等の維持費がかかることを理由に、当然には保有が認められないと判示している（ただし、原告は障害により歩行や階段昇降が困難で転倒しやすく、公共交通機関を利用することが著しく困難であり、自動車による以外に通院を行うことが極めて困難であったこと等から、結論としては、原告が自動車を保有するための要件を充たしており、生活保護の廃止等は違法であると判断した）。

　学説には、自動車に処分価値がなく、維持費がかかっても保有を認めた方が最低限度の生活維持や自立助長に資すると認められる場合には、保有が認められるべきであるとするものがある[7]。また、処分価値のない資産について「売却代金活用のため」に処分を求めることは法4条1項の解釈によってはなし得ないとしつつ、保有により一定の支出（維持費等）を強いられる資産の場合には「支出にあてている金銭の活用」という観点から処分を求めることはありえるとし、処分価値のない自動車の場合、維持費にあてている金銭について、自動車の維持費として活用する場合と、他の生活費にあてる場合とでは、どちらが最低生活維持により資するのかを比較することが法4条1項により導かれるとする説もある[8]。

　処分価値があり、売買代金を最低生活の維持にあてることが可能な自動車

6　前掲注5・第3・問12参照。
7　菊池馨実『社会保障法（第3版）』（有斐閣、2022年）318頁。
8　嵩・前掲論文（注2）402頁。

が、法4条1項により処分（売却）の対象となり得る（ただし、最低生活保障・自立助長の観点から保有が認められることもある）ことは異論のないところであろう。これに対し、処分価値のない自動車を処分（売却）の対象とすることができるか、できるとしてその根拠をどこに置くかについては、判例2や学説のように考え方が分かれるところである。もっとも、どの考え方によるとしても、被保護世帯が処分価値のない自動車を保有し、維持費等を支出することで当該世帯に対する最低生活保障・自立助長の趣旨に反する事態が生じる場合には、補足性の原理に基づく資産の活用としてではなく、まずは当該世帯に対するケースワークの一環として収支の改善を働きかけることを優先させる方が、法が最低生活を権利として保障している趣旨に適うのではないだろうか。

(3) 「処分」以外の資産の「活用」のあり方

　ア　補足性の原理が要求する資産の「活用」　資産の「活用」の方法については、資産を処分（売却）する方法もあれば、第三者に賃貸する、自ら使用する、担保の用に供する等、様々なものがあり得る。その中で、最低生活の維持および自立助長に最も実効があがる方法を選択することが、補足性の原理の要求するところであるといえよう。

　資産の「活用」の方法についての行政通達は、次官通知が、判断の大枠として、売却を原則とするが、これにより難いときは当該資産の貸与等によって収益をあげる等活用の方法を考慮することとしている[9]。これを受けて、局長通知は、各資産ごとに活用の方法を定めており、不動産（土地・家屋）については、原則として保有を認めつつ、処分価値が利用価値に比して著しく大きい場合には処分を求めることとしている。また、保有を認める場合についても、要保護世帯向け不動産担保型生活資金の利用が可能なものについては、当該貸付資金の利用によってこれを活用させることとしており[10]、被保護世帯が居住して活用することに加えて、不動産を担保の用に供することによる活用も求められている。

　このように、被保護者に保有が認められた資産については、様々な「活用」の形が存在し得る。以下では、保有を認められた不動産の「活用」のあり方に関する裁判例をみてみよう。

9　前掲次官通知・第3参照。
10　前掲局長通知・第3・1および2参照。

イ　保有が認められた不動産の「活用」についての裁判例

　ア）　被保護者が保有を容認されていた不動産（戸建て）をマンションに買い換えたところ、福祉事務所からマンションを売却するよう指示を受け、これに従わなかったことを理由に保護停止処分を受けたことから、この処分の適否が争われた事例として、判例3がある。

　判例3は、居住用不動産について資産の保有が認められているのは、居住用不動産が「最低限度の生活維持のために活用されるのが通常であり、かつ、処分するよりも保有している方が生活維持および自立の助長に実効があがり、保有を認めることが法1条で定められた法の目的の趣旨に沿う」ことを指摘する。そして、この趣旨に照らせば、「保有が認められていた居住用不動産について買換えがされた場合であっても、買換えがやむを得ない事由に基づくものであり、買換えにより取得された居住用不動産が従前と同様に最低限度の生活維持のために活用され、かつ、これを処分するよりも保有している方が生活維持および自立の助長に実効があがると評価される場合には、当該買換えに基づく居住不動産の取得は、補足性の原則に反するものではなく、買換え前の居住用不動産の売却代金を買換え後の居住用不動産の取得代金に充てることをもって法4条1項にいう資産の『活用』として認めることができる」と判示した。そのうえで、被保護者（被控訴人）による買換えの目的が通院負担の軽減等にあったこと、戸建ての売却から4日後にマンションを購入していること、戸建てとマンションがほぼ等価であり、余剰利益を得ていないこと等を指摘し、被控訴人によるマンションへの買換えは補足性の原則に反するものではなく、保護停止処分は違法であるとした。

　判例3の事案では、被保護者が戸建ての保有を容認され、これに居住することで最低生活の維持に活用していたところ、これを売却したことにより一度金銭に転化し、マンションの購入により再び居住用不動産に転化している。このような場合、資産を不動産として捉えるか、金銭として捉えるかがまず問題となる。この点について、生活保護手帳別冊問答集問3-1[11]は、居住用の不動産を購入したことにより生活困窮に陥って生活保護の申請があった場合には、生活困窮の原因となった当該不動産を売却するよう指導する必要があるとしており、金銭が不動産に転化したとしても、不動産を「資産」と

11　『生活保護手帳　別冊問答集（2024年度版）』（中央法規出版、2024年）117頁。

捉えて保有の可否を判断することを認めていない。これに対し、判例3は、被保護者が戸建ての保有を容認されていたことを重視し、これがいったん金銭に転化したことをもって、その後取得したマンションについて問3－1を適用するのは形式的に過ぎるとした。判例3は、被保護者が保有を容認されていた居住用不動産（戸建て）を基準に、実質的には、戸建てとマンションの交換に近似するものとして捉え、法の趣旨（最低生活保障と自立助長）から、その活用の可否を判断しているといえる。

イ）また、上記アの行政通達が定める要保護世帯向け不動産担保型生活資金の利用について、福祉事務所による同資金の利用を求める指導を拒否したことを理由に被保護者が保護停止処分を受けたことから、この処分の適否が争われた裁判例として、判例4がある。

判例4は、次官通知、局長通知および課長通知が定める要保護世帯向け不動産担保型生活資金制度の利用は、「補足性の原理を定め、利用し得る資産等をその最低限度の生活の維持のために活用することを保護の要件とする法4条1項に基づくもの」であるとする。そして、同制度が被保護者の所有する不動産を担保に生活資金の貸付けを行うことによって当該不動産の担保的価値を被保護者の最低限度の生活の維持のために活用することができる制度であることからすると、上記の行政通達は同項の趣旨に沿うものとして合理性があるとし、制度を利用した場合にも被保護者が当該不動産に引き続き居住できること等からすると、「本件制度の利用を指導又は指示することは、最低限度の生活を維持するために必要最小限のものである」と判示して、保護停止処分は適法であるとした。

行政通達は、居住用不動産について、自ら居住するという形での活用に加えて、(65歳以上については)担保の用に供するという形で、いわば二重に「活用」することを求めているところ、判例4はこれを肯定した。この行政通達に基づく取扱いについては、現に居住することですでに最低生活維持のために活用している土地・家屋について、なぜこれを担保に供して貸付けを受けるという形での活用が重ねて求められるのかという疑問が生じるかもしれない。しかし、法4条1項の定める「活用」に資産の処分（売却）が含まれるとする一方で、保有が容認された資産については、何らかの形で使用さえしていればそれ以上の活用は求められないというのは、法4条1項の「活用」の解釈としてバランスを欠いているように思われる。居住用不動産について、被保護者に利用価値と担保価値の両方の活用を求めることを原則とし

つつ、特に保護からの脱却が見込まれる若年層については、法の趣旨である自立助長の観点から、担保価値についてのみ活用を求めないという取扱いには、一応の合理性があるといえよう。ただし、担保価値の活用を求めるか否かの線引きが65歳で行われること[12]の合理性については、年齢に基づく取扱いの差異という観点からの検討が必要と思われる。

2　収入の認定

資産または能力の活用により得られた金銭については、収入として認定される。上記収入認定により認定された収入を最低生活費から差し引くことにより、保護の要否や程度が決定される。

もっとも、得られた金銭のすべてが収入として認定されるわけではない。例えば、高校生のアルバイト収入のうち、私立高校の授業料の不足分や修学旅行費等にあてられる費用については、最小限度の額を収入として認定しない取扱いとされている（収入認定除外）[13]。また勤労収入については、収入認定額から、就労に伴う必要経費として一定の額が控除される（基礎控除）[14]。

これらの制度は、主に自立助長の観点から、被保護世帯が収入認定から除外されまたは必要経費として控除された一定の額を、法4条1項が要求する最低生活の維持以外のために用いることを可能にするものであるといえる。

3　資産・収入の調査

要保護者は、保護開始の申請時に、資産および収入の状況を申告することとされている（法24条1項2号）。また、保護の開始後に収入、支出その他生計の状況について変動があったときは、被保護者は、保護実施機関にその旨を届け出る義務を負う（法61条）。

保護実施機関は、保護の決定・実施等に必要があると認めるときは、要保護者の資産および収入の状況、健康状態その他の事項について調査をするこ

12　要保護世帯向け不動産担保型生活資金を利用するには、借入申込者および配偶者が原則として65歳以上であることが必要とされる。「生活福祉資金の貸付けについて」（2009（平21）・7・28厚生労働省発社援0728第9号）・別紙「生活福祉資金貸付制度要綱」第4・4・(2)・ウ参照。
13　前掲次官通知・第8・3・(3)・クおよび前掲課長通知・第8・問58参照。
14　前掲次官通知・第8・3・(4)参照。

とができる（法28条1項）。このうち、資産・収入についての調査はミーンズテスト（資力調査）といわれる。

　上記の被保護者から申告・届出と、保護実施機関の調査により、被保護者の収入・資産が把握され、収入に応じて保護費の増減がなされることになる。ただし、これまでみてきたとおり、被保護者が得た金銭のすべてが収入として認定されるわけではない。収入については、主に自立助長の観点から一定の控除が認められているし、資産についても、最低生活保障や自立助長の観点等から、処分価値があっても保有が認められるものが存在する。

　申告・届出を行う被保護者がこれらの制度の存在や内容を知っているとは限らないから、保護実施機関としては、単に被保護世帯の収入や資産の有無を形式的に調査するのではなく、最低生活保障と自立助長という法の趣旨に適うよう、訪問調査等を通じて、収入認定除外・収入からの控除や資産の保有容認に関連する事情についても適切に調査を行う必要があろう。判例5は、生活保護受給世帯が高校生のアルバイト収入を申告せず保護費の受給を続けたことが、法78条の定める「不実の申請その他不正な手段により」保護を受けたといえるか否かが争われた事例であるが、同判決は、法78条の適用を否定する理由の一つとして、アルバイト収入の一部が修学旅行費に充てられており、この部分が収入認定除外の対象になるものであったことを考慮している。また、同判決は、高校生のアルバイト収入が申告されなかったことを理由に法78条を適用するにあたっては、その収入の使途についても検討の対象にすべきであったと指摘しており、資産・収入の調査のあり方を考えるうえでも参考になる事例であるといえる。

三　保護費の返還と補足性の原理（法63条に基づく費用返還請求）

　法4条1項は、最低生活の維持のために資産等を活用することを求めている。しかし、特に資産については、その性質上、換価等に時間を要することがあり得る。このような場合について、法63条は、いったん保護を行ったうえで、資力が換金されるなど最低生活に充当できるようになった段階ですでに支給した保護金品との調整を図ることとしており、補足性の原理の要求する資産等の「最低生活の維持のための資産の活用」を事後的に実現するものとみることができる。

　裁判例にも、法63条の趣旨および同条と法4条との関係に照らせば、法63

条にいう「資力」とは、法4条1項にいう「利用しうる資産」と同義であるとするものがある[15]。また、行政実務においても、保護受給中に資力が発生した場合につき、返還額の算定において、収入認定除外や勤労収入の基礎控除等の適用が認められている[16,17]。

四　本章での学びと事例への回答

1．生活保護法の趣旨・目的に照らし収入認定はどのように行われるべきか？

　収入認定においては、得られた金銭のすべてが収入として認定されるわけではない。主に自立助長の観点から、収入認定除外や基礎控除といった、被保護世帯が、収入認定から除外されまたは必要経費として控除された一定の額を、法4条1項が要求する最低生活の維持以外のために用いることを可能にする制度が設けられている。

2．生活に必要な自動車や住居はどのような場合に保有を認められるのか？

　自動車は、行政通達では、障害者の通勤・通院等や、公共交通機関の利用が著しく困難な地域での通勤・通院等のための保有が例外的に認められる。判例2も、処分価値のない自動車であっても、維持費がかかることを理由に当然には保有を認めていないが、処分価値のない自動車は保有が認められるべきとする考え方もあり得よう。

　住居は原則として保有が認められ、処分価値が利用価値に比して著しく大きい場合には処分を検討することになる。

15　横浜地判2009（平21）・10・14LEX/DB25442113。
16　前掲注11・458頁以下（問13-23）参照。
17　法63条に基づく返還額算定における取扱いは本文で述べたとおりであるが、法78条に基づく徴収金算定における基礎控除の取扱いについて、最判2018（平30）・12・18民集72巻6号1158頁［社会保障判例百選（第6版）89事件］は、基礎控除は被保護者が勤労収入を適正に届け出た場合にその一部を収入の認定から除外するという運用上の取扱いであるところ、保護は、保護受給世帯における収入等についての適正な届出をふまえて実施されるべきものであるから、そのような届出をせずに、不正に保護を受けた場合にまで基礎控除の額に相当する額を被保護者に保持させるべきものとはいえず、これを法78条に基づく徴収の対象とすることが同条の上記趣旨に照らし許されないものではないと判示している。

3．収入・資産の調査において最低生活保障と自立助長という目的はどのように考慮されるべきか？

収入・資産については、収入認定除外・収入からの控除や資産の保有容認といった、最低生活保障と自立助長という法の趣旨に沿う運用がなされている。

保護実施機関としては、適切に運用されるよう、保護受給世帯の収入や資産の有無を形式的に調査するのではなく、収入認定除外・収入からの控除や資産の保有容認に関連する事情についても適切に調査を行う必要があろう。

事例への回答

本事例におけるX_1の学資保険の原資は、日々の生活費を切り詰めて捻出した生活保護費である。判例１の事案もそうであるが、保護費を切り詰めて形成された預貯金や保険を収入として認定することは、認定された金額だけ保護費を減額するのと同じ結果をもたらすことから、最低生活保障の観点からより慎重な検討が必要となる。また、X_1の学資保険加入の目的は、長女X_2が大学に進学した際の入学金であった。判例１の事案は高等学校修学のための費用であったが、本事例のように大学進学費用であっても、これを蓄えることが法の趣旨目的に反するものでないことには変わりがない。そうすると、X_1が加入していた学資保険をX世帯が保有し続けことは認められる、という結論に傾くと考えられる。

なお、現在では、行政実務においても、大学就学費用に充てる目的で保護費のやり繰りにより預貯金等をすることは認められている[18]。

---

18 前掲課長通知・第３・問18-2参照。

22 生活保護制度における補足性の原理②（稼働能力）

木村康之

生活保護法における稼働能力の評価は、特にホームレスに対する支援との関係でどのように行われるべきか？

　X（27歳男性）は、大学を卒業後、大手食品メーカーに就職したが、会社での人間関係に馴染めず、1年で退職した。以後、Xはアルバイトを転々として生計を立てていたものの、十分な収入は得られず、次第に生活に困窮するようになった。Xは、ひとり暮らし先の家賃を滞納して退去を余儀なくされ、ネットカフェで生活するようになった。

　Xは、区役所で今後の生活について相談したところ、緊急一時保護事業の利用を薦められ、○○寮に入寮した。入寮後、Xは「パーソナリティ障害の疑い」という診断を受けたものの、就労に支障はないと判断された。Xは、複数の求人に応募して面接を受けたが、寮の他の利用者とのケンカをきっかけに、就職が決まる前に退寮した。

　Xはその後1年間、ネットカフェで寝泊まりをしながら、アルバイトを転々とした。この当時、Xが寝泊まりしていたネットカフェがある区内には、Xと同じ20代後半を対象とする求人が多く存在しており、Xもこれらの求人に応募したことがあった。しかし、Xが定住先となる住所を有していないことから、Xが採用されることはなかった。

　Xは、再度区役所を訪れ、生活保護の受給を申請した。Xは、緊急一時保護事業を利用するのではなく、アパートに居住して就職活動を行うことを希望している。

　Xの生活保護申請について、Xは稼働能力活用要件を充たしているといえるか。

1．稼働能力の活用はどのような基準で評価されるか？
2．要保護者の求職活動はどのように評価されるか？
3．ホームレスの生活保護受給には、稼働能力に対する評価との関係で、どのような障壁があるか？

■ キーワード
稼働能力の活用、ホームレス、稼働能力の程度、稼働能力活用の意思、稼働能力活用の場、居宅保護、施設入所

■ 主要判例
判例1・林訴訟：名古屋高判1997（平9）・8・8判時1653号71頁

判例2・新宿七夕訴訟控訴審：東京高判2012（平24）・7・18賃社1570号42頁〔社会保障判例百選（第6版）82事件〕

判例3・生活保護開始申請却下決定処分取消等請求事件（岸和田訴訟）：大阪地判2013（平25）・10・31賃社1603=1604号81頁

判例4・生活保護開始決定取消等請求控訴事件（ホームレスの居宅保護）：大阪高判2003（平15）・10・23賃社1358号10頁〔社会保障判例百選（第6版）84事件〕

（参考・除却命令差止請求事件、損害賠償請求事件〔公園テントの除却命令とホームレスの現状〕：大阪地判2009（平21）・3・25判例自治324号10頁）

判例5・新宿七夕訴訟第一審：東京地判2011（平23）・11・8賃社1553=1554号63頁

一　事例を読む視点

　本事例のXのように、稼働年齢層でありながら、正社員の地位を一度失ったことをきっかけに非正規雇用となり、預貯金等を切り崩しながら生活の立て直しを試みるものの、徐々に困窮して家賃を滞納するように至り、住居も失ってネットカフェ等を転々とするようになる、いわゆる「ネットカフェ難民」が一時期社会問題として耳目を集めた。また、若者のひきこもりや、その長期化により親が80代、子が50代を迎えて孤立し、生活に行き詰まる「8050問題」など、稼働年齢層が様々な要因で稼働に至らず生活に困窮する事態は、今日広く認識されるようになった。

　多様な理由により人々が生活困窮に陥る可能性があることを前提に、最後のセーフティネットとしての役割を担うのが生活保護制度である。ただし、本事例のXのような人に生活保護制度を適用するにあたっては、いくつかクリアすべき課題が存在する。

　まず、生活保護法（以下、「法」）による保護は、「生活に困窮する者が、その……能力……を、その最低限度の生活の維持のために活用することを要

件として行われる」（法4条1項）とされている。いわゆる「補足性の原理」を定めるものであり、ここでいう「能力」とは「稼働能力」のことであるとされるものの、具体的に何をどうすることが「稼働能力を活用する」ことと評価できるのか、必ずしも明確ではない。

次に、法は、居住地または現在地を基準に保護の実施責任を定めているが（法19条1項）、ホームレスについては、居住地がなく、保護の実施責任を負う主体が明確ではないことが保護を受給する際の障壁となる。

また、生活扶助は被保護者の居宅において行われるとされ（法30条1項）、被保護者の意思に反して施設に入居させることはできないとされている（同条2項）。ホームレスが居宅での保護を希望したとしても、直ちに居宅での保護が開始されるとは限らず、施設への入所となるケースもみられる。

住居は生活の基盤であり、住民票上の住所を有することは、例えば、銀行口座の開設や携帯電話の契約等、私たちが社会経済活動を営む上で必要不可欠な様々なサービスを利用するにあたって要求される。そのため、ひとたび住居を喪失し、住民票が職権消除されてしまうと、稼働能力を有していたとしても、それを活用すること自体が困難であるし、再び住居を得て経済的な更生を果たすまでのハードルは高い。

このような状況の中で、Xの稼働能力活用の有無はどのように評価されるのだろうか。

二　稼働能力活用の有無の判断

1　稼働能力活用の有無を判断する三要素

前述のとおり、法4条1項の定める補足性の原理は、保護の要件として稼働能力の活用を要求している。ただし、稼働能力の活用の有無をどのように判断すべきかは、法4条1項の文言からは明らかではない。

生活保護法の具体的な運用は、行政通達により定められている。しかし、行政通達も、稼働能力の活用の有無の判断については定めを置いておらず、その判断は各ケースワーカーに委ねられていた。

そのような中で、稼働能力の活用の有無の判断基準を明らかにしたのが判例1である。判例1は、稼働能力の活用の有無について、要保護者が「稼働能力を有し、その具体的な稼働能力を前提として、その能力を活用する意思があり、かつ実際にその稼働能力を活用する就労の場を得ることができるか

否かにより判断されるべきである」と判示した。同判決の判示によれば、稼働能力活用の有無は、①稼働能力の有無、②稼働能力活用の意思の有無、③稼働能力活用の場の有無、の三要素により判断されることになる。

　その後、行政通達も「稼働能力を活用しているか否かについては、①稼働能力があるか否か、②その具体的な稼働能力を前提として、その能力を活用する意思があるか否か、③実際に稼働能力を活用する就労の場を得ることができるか否か、により判断すること」とし、判例1と同様の三要素により判断すべきことを明らかにした[1]。そして、判例2・判例3および判例5も、この三要素により稼働能力活用の有無を判断しており、この三要素により稼働能力活用の有無を判断することそのものについては争いがないといってよい。

　しかし、この三要素により稼働能力活用の有無を判断したとしても、画一的に結論が導き出せるわけではない。①稼働能力の有無、②稼働能力活用の意思の有無、③稼働能力活用の場の有無、いずれの要素についても、その判断基準をどのように設定するかによって、結論は異なり得る。特に、②稼働能力活用の意思について、意思という本人の主観をどのように評価するか、③稼働能力活用の場について、どの程度具体的な就労の蓋然性を要求するかは難しい問題である。

　以下では、行政通達の定める各要素の判断基準と、裁判例における判断の方法をみてみよう。

2　稼働能力の有無

(1) 稼働能力の有無の判断　　稼働能力の活用については、生活保護の申請者が稼働能力を有していることが当然の前提であり、稼働能力を有していなければ、これを活用することはそもそも不可能である。したがって、三要素の中でまず検討されるのは、生活保護申請者の稼働能力の有無である。

　この稼働能力の有無の評価方法について、行政通達は、年齢や医学的な面からの評価だけではなく、その者の有している資格、生活歴・職歴等を把握・分析し、それらを客観的かつ総合的に勘案して行うこととしている[2]。

1　「生活保護法による保護の実施要領について」(1963 (昭38)・4・1社発第246号) 第4・1参照。
2　前掲・通知 (注1)・第4・2参照。

この行政通達によれば、稼働能力の有無の評価は、若年かつ健康であるというような抽象的な評価では足りず、各個人が有する個別の事情をふまえた具体的な評価が求められる。

判例1は、定住居を有さず、日雇建設労働に従事していた要保護者（被控訴人）が、足の痛みを訴えて生活保護（生活扶助、住宅扶助および医療扶助）の申請をしたところ、稼働能力の活用がなされていない、または不十分であることを理由に医療扶助のみについて保護開始決定がなされたことから、保護開始決定の取消等を求めた事案である。判例1は、被控訴人が訴えていた足の痛みについての被控訴人の通院状況と通院先の医師の意見、生活保護申請の前後における被控訴人の就労状況から、被控訴人は稼働能力を有していると判断した。

これに対し、判例2は、ホームレス状態にあった要保護者（被控訴人）が生活保護の申請をしたところ、稼働能力を活用していないこと等を理由に申請を却下されたことから、申請却下処分の取消等を求めた事案である。判例2は、稼働能力の有無の判断について、被控訴人の年齢、生活歴・職歴、就労の可否についての医師の診断、健康状態、および、就労阻害要因の有無という、判例1よりも広い観点から被控訴人の稼働能力を検討し、被控訴人は稼働能力を有していると判断している。

　（2）**稼働能力の程度**　　稼働能力の有無の評価は、稼働能力があるかないか、二者択一の単純な判断ではない。（稼働能力があると判断された場合における）稼働能力の程度は、稼働能力活用の意思・稼働能力活用の場とも関連するため、その認定は重要な意味を持つ。

　行政通達の定める基準は、稼働能力の程度に直接は言及していない。しかし、稼働能力活用の意思の評価および稼働能力活用の場の有無の評価のいずれについても、（稼働能力の有無の判断において行った）稼働能力の評価を前提としており[3]、稼働能力の評価と、稼働能力活用の意思の評価および稼働能力活用の場の有無の評価は関連し得るものであることを示唆している。また、判例1は、被控訴人の「稼働能力の程度は、本件申請当時、両足を使って建設資材等を運搬する等の重労働に従事する能力がなかったと直ちに言い切れないというほかないが、仮にそうでないとして少なくとも右両足に重い負担の生ずることのない程度の業務に従事することはできた」と述べ、ま

---

[3] 前掲通知（注1）・第4・3および4参照。

た判例2も、被控訴人が「当時有していた稼働能力はそれほど高度なものではなく、軽度な単純作業に従事することができるにとどまるものであった」と判示しており、判例1および判例2においては、単に稼働能力の有無を判断するのではなく、その程度についても評価がなされている。

　このような中で、稼働能力の程度の位置付けを明確にしたのが判例3である。判例3は、妻と居宅において生活していた要保護者（原告）が、「稼働能力の活用が図られるため最低生活維持可能」であることを理由に生活保護申請を半年間で5回却下されたことから、申請却下処分の取消等を求めた事案である。判例3は、原告の稼働能力の有無について「稼働能力を活用する意思や稼働能力を活用する就労の場の判断とも関係してくるため、その有無だけでなく、稼働能力がある場合にはその程度についても考慮する必要があり、かかる稼働能力の程度については、申請者の年齢や健康状態、申請者の生活歴、学歴、職歴等や、申請者が有している資格等を総合的に勘案して判断すべきである」とした。そのうえで、原告の稼働能力については、原告の年齢、生活歴・職歴、健康状態から、稼働能力を有していたとする一方で、原告の最終学歴、職歴、特殊な技能・資格の有無を考慮し、稼働能力の程度は高度なものではなく、比較的単純な作業への従事の程度にとどまるべきものであったと認定した。

3　稼働能力活用の意思

　要保護者が稼働能力を有している場合には、その稼働能力を活用する意思を有しているかが問題となる。この稼働能力活用の意思の評価ついては、①当事者の主観である稼働能力活用の意思をどのような事実から認定するか、②稼働能力活用の意思の内容として、どの程度の具体性を要求するか、という二つの問題が存在する。

　行政通達では、稼働能力活用の意思の評価方法について、求職状況報告書等により本人に申告させるなど、その者の求職活動の実施状況を具体的に把握し、その者の稼働能力の評価を前提に、真摯に求職活動を行ったかどうかをふまえ行うこととされている[4]。この行政通達によれば、①稼働能力活用の意思は、求職活動の実施状況から客観的に認定され、②その程度については、真摯に求職活動を行っていることという高い水準を要求されることになる。

4　前掲通知（注1）・第4・3参照。

これに対し、判例１は、要保護者（被控訴人）の生活保護申請前後を通じた求職活動の状況や、申請後の就労状況から、「被控訴人には稼働の意思がなかったとはいえないと認めることができる」という緩やかな基準により、稼働能力活用の意思を認めている（ただし、後述するとおり、判例１は、稼働能力活用の場の有無の判断において、被控訴人の真摯な努力の有無を考慮している）。
　判例２も「当該生活困窮者においてその稼働能力を活用する意思を有していることを求職活動の状況等から客観的に認めることができるときは、なお稼働能力の活用要件を充足しているということができるものと解するのが相当である」とし、真摯に求職活動を行っていることまでは要求していない。そのうえで、要保護者（被控訴人）の生活歴・職歴、被控訴人が自立支援システムを一度利用して短期間ながらも稼働したこと、保護の申請後の求職活動・稼働状況等から、被控訴人は「その具体的な稼働能力を前提として、それを活用する意思を有していたことを客観的に認めることができる」とした。
　判例３も、生活保護申請を却下される前の要保護者（原告）の求職活動の状況や、却下後に原告が長期間稼働を継続していたこと等から、原告に稼働能力活用の意思があったと認めた。
　以上のとおり、各判例も、求職活動の実施状況等といった客観的な事実から稼働能力活用の意思を認定する点では行政解釈と軌を一にしている。他方で、稼働能力活用の意思の程度については、必ずしもその判断基準が統一されてはいないものの、少なくとも、判例１、判例２および判例３においては、行政基準が要求している真摯に求職活動を行っていることまでは要求されていない。

4　稼働能力活用の場

　本人が稼働能力を有し、それを活用の意思があるとしても、実際に活用する場がなければ、稼働能力を活用することはできない。
　この稼働能力活用の場の有無につき、具体的にどの程度の就労の蓋然性があれば、稼働能力活用の場があると認められるだろうか。また、その蓋然性の判断は、どのような事情をもとになされるのであろうか。
　行政通達は、稼働能力活用の場の有無の評価方法について、本人の稼働能力を前提として、地域における有効求人倍率や求人内容等の客観的な情報や、育児や介護の必要性などその者の就労を阻害する要因をふまえて行うこと

している[5]。要するに、客観的な事情（有効求人倍率等）と主観的な事情（就労阻害要因）の両面から検討する、ということであろうが、前者について有効求人倍率等が判断基準とされていることから、就労の蓋然性はかなり抽象的な程度にとどまることになる。

　判例1は、生活保護申請当時の当該地域における有効求人倍率からすれば、職業別状況職業紹介状況は必ずしも厳しい状況にはなく、要保護者（被控訴人）が真摯な態度で求人先と交渉すれば就労の可能性があったと認定した。そのうえで、被控訴人の面接時の身なり等から、被控訴人が、就業の場があっても就業のための努力をしたり、自己の労働能力の程度に相応する就業場所を開拓しようと努力をしていたと認めるに足りる証拠はないとして、被控訴人には、同人の有する程度の稼働能力を活用する機会ないしは活用する場が存在したと認めることができると結論付けた。判例1が、当該地域の有効求人倍率という抽象的な事情から就労の場の有無を判断していることについては批判がある[6]。また、判例1は、稼働能力活用の場の有無の判断において、本人の真摯な努力の有無を考慮しているが、これは稼働能力活用の意思に関する考慮要素であるように思われる[7]。

　これに対し、判例2は、「当該生活困窮者が、その具体的な稼働能力を前提として、それを活用する意思を有しているときには、当該生活困窮者の具体的な環境の下において、その意思のみに基づいて直ちにその稼働能力を活用する就労の場を得ることができると認めることができない限り、なお当該生活困窮者はその利用し得る能力を、その最低限度の生活の維持のために活用しているものであって、稼働能力の活用要件を充足するということができる」として、当該地域の有効求人倍率という抽象的な指標を基準とするのではなく、当該生活困窮者の具体的な環境下における就労先の有無を基準とすべきことを明らかにした。また、判例2は「当該生活困窮者に当該雇用主の下で就労する意思さえあれば直ちに稼働することができるというような特別な事情が存在すると認めることができない限り、生活に困窮する者がその意思のみに基づいて直ちにその稼働能力を活用する就労の場を得ることができ

5　前掲通知（注1）・第4・4参照。
6　菊池馨実『社会保障法（第3版）』（有斐閣、2022年）320頁。
7　前田雅子「判批」佐藤進ほか編『社会保障判例百選（第3版）』（有斐閣、2000年）175頁、丸谷浩介「判批」西村健一郎・岩村正彦編『社会保障判例百選（第4版）』（有斐閣、2008年）177頁。

ると認めることはできない」として、稼働能力活用の場があると認定するための「特別な事情」の存在を要求する。そして、ハローワーク等の公共職業紹介制度や自立支援システムを利用することにより稼働能力を活用する就労の場を得ることが不可能ではなかったとしても、「特別な事情」があったとは認められないとして、要保護者（被控訴人）について、稼働能力活用の場はなかったと結論付けている。

判例3も、稼働能力活用の場の有無は「申請者が求人側に対して申込みをすれば原則として就労する場を得ることができるような状況であったか否かを基準として判断すべき」であり、「申請者の稼働能力の程度等も踏まえた上で、当該申請者が求人側に対して申込みをすれば原則として就労する場を得ることができるような状況であったか否かを基準として判断すべきものと解するのが相当である」とする。そのうえで、要保護者（原告）が求人側に対して申込みをすれば原則として就労する場を得ることができる状況にあったとは認めることができないとして、稼働能力活用の場はなかったと結論付けた。

判例2は、稼働能力活用の場があると認めるために「当該生活困窮者の具体的な環境の下において、その意思のみに基づいて直ちにその稼働能力を活用する就労の場を得ることができる」状況を、判例3は、「申請者の稼働能力の程度等も踏まえた上で、当該申請者が求人側に対して申込みをすれば原則として就労する場を得ることができるような状況」という、高いレベルの就労の蓋然性を要求しており、有効求人倍率という抽象的な事情から就労の場の有無を判断する行政通達や判例1とは判断手法を異にする。判例2・3によれば、要保護者についてこれらの状況が存在したことを行政側が立証する必要があり、その立証のハードルは相当高いものと考えられる。

5　三要素の評価のあり方

これまでみてきたとおり、三要素の評価のあり方、特に、②稼働能力活用の意思の有無について要保護者の真摯な努力を要求するか否か、③稼働能力活用の場の有無について、有効求人倍率等の抽象的な指標を基準に判断するか、要保護者の置かれた具体的な環境における就労先の有無を基準に、高度な就労の蓋然性を要求するかで、結論は大きく異なり得る。

この三要素の評価のあり方について、どのように考えればよいだろうか。

法4条1項は、保護の要件として稼働能力の活用を求めているから、稼働

能力活用要件を充たさない限り、原則として保護は実施されない。そうすると、稼働能力を活用していないとして保護の申請を却下された要保護者が、その後就労先を得ることができなかった場合、当該要保護者は、最低生活を下回る生活を余儀なくされることになる。このことを考慮するならば、②「稼働能力活用の意思」の有無については、要保護者の真摯な努力までは要求せず、③「稼働能力活用の場」の有無についても、「当該生活困窮者の具体的な環境の下において、その意思のみに基づいて直ちにその稼働能力を活用する就労の場を得ることができる」（判例2）程度の高度の蓋然性を要求する、ということになろう。

このように考えると、要保護者の就労については、保護の実施段階で厳密にこれを求めるのではなく、保護開始後のケースワークの中で就労支援を行いながら実現するもの、と位置付けるのが適切であると思われる[8]。

三　ホームレスに対する保護の方法（居宅保護か施設か）

生活保護法による生活扶助は、被保護者の居宅において行われることが原則である（法30条1項）。被保護者を施設等に入所させることができるのは、居宅保護によることができないとき、居宅保護によっては保護の目的を達しがたいとき、または被保護者が施設等への入所を希望したときに限られ（同項ただし書）、この場合でも、被保護者の意思に反して施設等に入所させることはできない（法30条2項）。

判例4は、ホームレス状態にあった原告が、居宅保護を希望する内容の生活保護申請を行ったところ、保護の実施機関が、居宅を有しない要保護者については居宅保護を行うことができないとの法解釈を前提とした事務処理を行っており、一時保護所で収容保護するとの決定を受けたことから、同決定の取消等を求めた事案である。判例4は、原告が申請後短時日のうちに居宅を賃借できることが確実であったことから、生活扶助を自らの居宅において受けることができたか、その可能性が高く、法30条1項ただし書の定める「居宅保護によることができないとき」等の要件を欠くとして、一時保護所で収容保護するとの決定を取り消した。

---

[8] 加藤智章ほか『社会保障法（第8版）』（有斐閣、2023年）401頁〔前田雅子・執筆〕。

また、判例4は、保護の実施機関が、居宅保護を希望する内容の生活保護申請について、要保護者が現に住居を有していないとしても、その他の事情からして法30条の居宅保護を受けられるかどうかを調査すべき義務があったとも判示している。

2002（平成14）年7月31日、ホームレスの自立の支援等に関する特別措置法が成立し[9]、同法8条に基づき、ホームレスに対する生活保護の適用についての行政通達が定められた[10]。

同通達では、ホームレスについて、居宅生活が可能か否かについての調査を行い、その結果、居宅生活が可能と認められた者については居宅での保護が可能とされる一方で、直ちに居宅生活を送ることが困難な者については、保護施設や無料低額宿泊所において保護を実施することとされている。ホームレスであっても居宅での保護を可能としている一方で、調査の結果、直ちに居宅生活を送ることが困難と判断された場合には施設において保護を実施するとされており、運用次第では、ホームレスについては原則施設に入所させるという取扱いにつながる可能性もある。法が、被保護者の居宅における保護を原則とし（法30条1項）、被保護者の意思に反する施設入所を禁じている（同条2項）趣旨をふまえて、適切に運用していくことが望まれる。

四　本章での学びと事例への回答

1．稼働能力の活用はどのような基準で評価されるか？

稼働能力の活用は、①稼働能力の有無、②稼働能力活用の意思の有無、③稼働能力活用の場の有無の三要素により評価される。

2．要保護者の求職活動はどのように評価されるか？

要保護者の求職活動は、稼働能力活用の意思の有無について、これを客観的に判断するための事実として評価される。その程度については、要保護者

9　同法は、施行日（2002（平成14）年8月7日）から10年を経過した日に効力を失う時限立法であった。しかし、失効の日は、2012（平成24）年の法改正で施行日から15年を経過した日に延長され、2017（平成29）年の法改正で施行日から25年を経過した日に再度延長されている。

10　「ホームレスに対する生活保護の適用について」（2003（平15）・7・31社援保発第0731001号）。

が真摯に求職活動を行っていることまでは要求されず、要保護者が有する稼働能力とその程度を前提に、稼働能力活用の意思が認められればよい。

3．ホームレスの生活保護受給には、稼働能力に対する評価との関係で、どのような障壁があるか？

ホームレス状態にある者については、生活の本拠を喪失していることから、有効求人倍率等から抽象的には稼働能力活用の場があるといえる場合でも、実際に就労の場を得ることがほとんど不可能であることが少なくない。したがって、稼働能力活用の場について、稼働年齢層であることや有効求人倍率等から判断することは妥当ではなく、ホームレス状態にある者の具体的な環境下における就労先の有無を基準とすべきだと考えられる。

事例への回答

Xの年齢（27歳）、学歴（大卒）、職歴（正社員として稼働し、退職後もアルバイト）等からすれば、稼働能力はあるといえる。ただし、パーソナリティ障害と診断されており、職場や寮で人間関係のトラブルを抱えていたことからすると、稼働能力の程度については、人との関わりが少ない就業先に限られる可能性はあろう。

また、Xが緊急一時保護事業を利用して就職活動をしており、退寮した後も就職活動を継続していることからすれば、稼働能力活用の意思もあると認定できそうである。

問題は稼働能力活用の場の有無である。判例2および3に依拠すれば、たとえXが生活していた区内に20代後半を対象とする求人が多く存在していたとしても、Xが求人に対して申込みをすれば原則として就労する場を得ることができるような状況であったかどうかの認定判断が必要である。また、自立支援システムを利用することで就労の場を得ることが不可能ではなかったとしても、当該生活困窮者に当該雇用主の下で就労する意思さえあれば直ちに稼働することができるというような特別な事情には該当しないとする判例2からすれば、Xが緊急一時保護事業の利用を拒否したとしても、Xが稼働能力を活用できる場は存在しなかったとの評価も可能であるように思われる。

23 生活保護制度におけるケースワークと指導・指示および助言

池谷秀登

生活保護における指導・指示、助言の裁量の範囲はどのような法的統制を受けるか？

　Xは、自宅において手描き友禅の請負業務に従事し介護が必要な妻と生活をしていた。また、本件請負業務等に使用するため小型自動車を所有している。保護受給開始時、福祉事務所（処分庁、以下Y）は友禅の請負業務に必要な事業用資産として自動車の保有を認めることとした。Xの就労収入は、必要経費を除き保護開始の時点で月額約13万円であった。保護開始以降は午前9時から午後6時まで就労し、さらに夕食後も2時間就労していたが請負単価が下がったこともあり、保護開始以降の就労収入は概ね月額約2万円ないし6万円であった。

　その後、YはXに対し、生活保護法（以下、「法」）27条1項に基づく指示を記載した書面の「指示の内容」欄に「友禅の仕事の収入を月額11万円（必要経費を除く）まで増収して下さい」、「指示の理由」欄に「世帯の収入増加に著しく貢献すると認められたため保護開始以降自動車の保有を容認していたが目的が達成されていないため」と記載した指示書を交付した。本件指示は増収を達成することができない場合でも、本件自動車を処分すれば直ちに保護の廃止がされるものではない旨含んだものであった。

　これに対しXは自動車を処分することはできない旨弁明したところ、Yは同自動車を処分すれば直ぐに保護廃止するということはない、同月末まで同自動車の処分について返事を待つが、同自動車の処分または増収が達成されなければ保護廃止決定をする旨口頭で伝えた。翌月になり自動車が処分されていないことから、YはXに対して指導・指示の不履行（法62条3項）により生活保護の廃止決定をした。

　この場合、XはYの指導・指示に従わなければならないのだろうか、また指導・指示を履行しなかったことで直ちに保護廃止決定処分が行われたことは法的に問題はないのだろうか。

1．生活保護における指導・指示はどの程度具体的に行わなければならないのか？
2．生活保護費の費用徴収、費用返還と指導・指示、助言はどのような関係にあるのか？
3．生活保護法の趣旨、目的に照らしてケースワーカーの裁量を統制する方法はあるのか？

■ キーワード
指導・指示、助言、ケースワーク、保護の変更・停止・廃止、保護費の返還・徴収、自動車保有、不正受給、収入認定

■ 主要判例
判例1・生活保護廃止決定処分損害賠償等請求事件：最判2014（平26）・10・23集民248号1頁［社会保障判例百選（第6版）86事件］
判例2・保護廃止決定処分取消等請求事件：福岡高判2010（平22）・5・25賃社1524号59頁
判例3・保護廃止決定処分取消請求事件：福岡地判1998（平10）・5・26判時1678号72頁
判例4・費用徴収決定処分取消請求事件（高校生のアルバイト収入）：横浜地判2015（平27）・3・11判例自治408号34頁
判例5・生活保護法収入認定処分取消等請求事件：福島地判2018（平30）・1・16賃社1708号35頁

一　事例を読む視点

　保護の実施機関が生活保護法（以下、「法」）27条の規定により、被保護者に対し必要な指導または指示をしたときには、被保護者はこれに従わなくてはならず、実施機関は被保護者が従わないときには、保護の変更、停止または廃止をすることができる（法62条1項、3項）。
　すると、法27条1項に基づく指導・指示が行われた場合において、書面に記載された「指示の内容」の他に「指示の理由」や口頭で指導していた事項についても被保護者は従う義務があるのだろうか。また指導・指示違反に対して保護の変更、停止を経ずに直ちに保護廃止処分を行うことが違法とはならないのだろうか。これらを検討するとともに、併せてケースワーカーの被保護者への働きかけの内容とその根拠も確認しておこう。

二　生活保護におけるケースワークとは？

　生活保護行政では被保護世帯ごとに担当のケースワーカーが配置されている。ケースワーカーの職務は、援護、育成または更生の措置を要する者等に面接し本人の資産、環境等を調査し、保護その他の措置の必要の有無およびその種類を判断し、本人に対し生活指導を行うことである（社会福祉法15条4項）。

　ケースワーカーによる生活保護法上の被保護者への働きかけには、被保護者の生活の維持、向上その他保護の目的達成に必要な指導または指示をする（法27条1項）場合と、要保護者から求めがあつたときに、要保護者の自立を助長するために、要保護者からの相談に応じ、必要な助言をする（法27条の2）場合がある。これは、被保護者に対し生活保護要件の充足を求める必要が生じることがあるとき（例えば就労収入がある者に対して収入申告を行うことを求める場合）などは指導・指示（法27条1項）を行い日常生活に支障の生じる生活課題（例えばアパート室内がゴミであふれているような不衛生な生活環境の改善など）の場合についてその改善に向けての相談に応じ必要な助言（法27条の2）を行うためである。

　被保護者はその義務として、法27条による指導または指示には従わなければならず、被保護者が従わない場合には実施機関は保護の変更、停止または廃止をすることができる（法62条1項、3項）。一方で、要保護者に対する必要な助言（法27条の2）に従うことは要保護者の義務とされていない（法62条）ことから、この助言に従わないことで不利益処分を受けることはない。

　そこで、法27条による指導・指示が、どのような場合に、どのような手続を経て行われ、被保護者が履行しない場合にはどのような処分が行われるのかが問題になる。

　ケースワーカーによる指導・指示は、被保護者の自由を尊重し必要の最少限度に止めなければならず（法27条2項）、被保護者の意に反して、指導または指示を強制し得るものと解釈してはならない（法27条3項）。この「必要の最小限度」について立法担当者は、保護に関係のない事項については指導・指示はできないと説明し、その例として信仰、子どもの教育、家庭内の紛議をあげている[1]。このように、法27条に基づく指導・指示は保護の目的達成に必要なものに限られる。

法27条の指導・指示により保護の廃止などの不利益処分を行う場合には、口頭による指導・指示のみでは不十分であり書面によって行った指導または指示に被保護者が従わなかった場合でなければならない（生活保護法施行規則（以下、「生活保護則」）19条）。立法担当者によれば、指導・指示のような重要な決定はケースワーカーだけの判断で行ってはならず、必ず上司と十分協議したうえで行う必要があるとしている[2]。

　このように法27条の指導・指示には口頭による指導・指示と書面による指導・指示があることになる[3]。被保護者が書面による指導・指示に従わないため不利益処分を行う場合には、当該被保護者に対して弁明の機会を与えなければならない。この場合においては、あらかじめ、当該処分をしようとする理由、弁明をすべき日時および場所を通知しなければならない（法62条3項）。

　なお、立法担当者は法27条の指導とは強制的な性質を有しない行為をいい、指示とは強制的性質を有する行為と説明をしている[4]。法27条の2は1999（平成11）年に追加された条文であることから、それ以前はケースワーカーによる被保護者への働きかけの根拠は法27条しかないため、法27条の強制性の有無を指導と指示で区分したものと思われる。

　法27条の書面による指導・指示、口頭による指導指示、法27条の2による助言の対象、方法、内容、不利益変更の可能性については表のようにまとめることができ、ケースワーカーの働きかけの中には性質の異なるものがある[5]といえる。

1　小山進次郎『改訂増補　生活保護法の解釈と運用』（中央社会福祉協議会、1951年）415頁。
2　小山・前掲書（注1）416頁。
3　書面によらない口頭による指導、指示を通常のケースワークとしての働きかけと区別ができないことから、法27条にいう指導指示ではそもそもないと解する見解もある。太田匡彦「生活保護法27条に関する一考察」小早川光郎・宇賀克也編『行政法の発展と変革　下巻』（有斐閣、2001年）623頁。
4　小山・前掲書（注1）415頁。
5　太田・前掲論文（注3）622頁。

図表23-1　法第27条と法第27条による不利益処分（保護の変更、停止又は廃止）の関係

根拠条文	対象	方法	内容	不利益処分の可能性
27条	被保護者	書面	・生活の維持、向上その他保護の目的達成に必要な指導又は指示 ・保護の実施機関が書面によって行った指導又は指示に、被保護者が従わなかった場合でなければ行使してはならない（施行規則19条）	可能
		口頭	生活の維持、向上その他保護の目的達成に必要な指導又は指示	不可
27条の2	要保護者	書面、口頭	自立を助長するために、要保護者からの相談に応じ、必要な助言	不可

（出典）筆者作成
＊要保護者とは、現に保護を受けているといないとにかかわらず、保護を必要とする状態にある者をいい、被保護者とは現に保護を受けている者をいう（法6条1項2項）。

三　指導・指示を判例ではどのように判断しているか？

1　履行義務のある指導・指示の範囲とその内容

　書面により行われた法27条による指導・指示の内容と指導・指示の理由が異なる場合にはどのように考えるとよいのだろうか。判例1は本章冒頭の事例にあげた事案を背景に提起された訴訟である。ここでのポイントは、就労収入が11万円以上得られることを前提に業務用自動車の保有を容認したものの、収入が11万円に満たなくなったことから、書面により行った指導・指示の内容が「仕事の収入を月額11万円まで増収して下さい」というものである。その一方で、同じ書面では指導・指示の理由を「収入増加に貢献すると認められたため自動車の保有を容認していたが目的が達成されていないため」としており異なる内容が記載されている。

　指導または指示を書面によって行うものとする生活保護則19条の趣旨につき、判例1は「被保護者が従うべき指導又は指示がされたこと及びその内容を明確にし、それらを十分に認識し得ないまま不利益処分を受けることを防止して、被保護者の権利保護を図りつつ、指導又は指示の実効性を確保することにあるものと解される。このような生活保護則19条の規定の趣旨に照ら

すと、上記書面による指導又は指示の内容は、当該書面自体において指導又は指示の内容として記載されていなければならず、指導又は指示に至る経緯及び従前の指導又は指示の内容やそれらに対する被保護者の認識、当該書面に指導又は指示の理由として記載された事項等を考慮に入れることにより、当該書面に指導又は指示の内容として記載されていない事項まで指導又は指示の内容に含まれると解することはできないというべきである」と判示した。

そうすると、書面で記載された「仕事の収入を月額11万円まで増収して下さい」という事項が被保護者が履行しなくてはならない指導・指示の内容となる。

次に、被保護者には書面に記載された指導・指示の内容を必ず履行する義務が生じるのかが問題となる。すなわち、書面で行われた法27条1項に基づく指導・指示の内容が被保護者にとって実現不可能または著しく実現困難である場合には、当該指導または指示に従わなかったことを理由として法62条3項に基づき保護の変更、停止または廃止をすることが違法となるのかということである。

このことについて、判例1は「生活保護法27条1項に基づく指導又は指示の内容が客観的に実現不可能又は著しく実現困難である場合には、当該指導又は指示に従わなかったことを理由に同法62条3項に基づく保護の廃止等をすることは違法となると解される」とした。そして「本件指示については、その内容が、本件請負業務による収入を月額11万円まで増収すべきことのみであることを前提に、客観的に実現不可能又は著しく実現困難なものであったか否か」の審理を尽くす必要があるとして、原審に差し戻した。

判例1の差戻審（大阪高判2015（平27）・7・17賃社1646号25頁）では、Xは「午前9時から午後6時までの時間及び夕食後の2時間を本件請負業務に充てていて、これ以上作業時間を増やすことは困難であるし」「頼んで単価の高い仕事を常に回してもらうこともできないこと」「発注を受ける仕事の内容は時々によって異なる」等の事情をふまえて「被控訴人が本件請負業務により安定した収入を得ることは困難であることに照らすと、被控訴人において本件請負業務による収入を月額11万円まで増収するよう指示する本件指示の内容は、客観的に実現不可能又は著しく実現困難である」として、指導または指示に従わなかったことを理由に行われた保護の廃止処分は違法とした。

このように、書面により行われた法27条の被保護者が従うべき指導・指示

の範囲は当該書面に指導・指示の内容として記載されている事項でなくてはならず、この指導・指示の内容は被保護者の状況をふまえた実現性のあるものでなくてはならない。

2　不利益処分の内容の適法性

　福祉事務所が被保護者に対して法27条の指導・指示を書面で行ったうえで、指示事項が履行されていないと判断し、弁明の機会を経て法62条3項に基づき保護の変更、停止または廃止する処分を行う場合に、変更、停止を経ずに直ちに廃止処分を行うことができるのだろうか。

　判例2の事案は、福祉事務所が被保護者に対して保護要件である稼働能力の活用（法4条1項）を求め、求職活動を行うことを指導・指示したが履行されないことをもって保護の変更、停止を経ずに保護廃止としたものである。ここでは保護廃止処分が裁量の範囲を逸脱に当たるかが争われたところ、直ちに保護廃止をしたことは違法としている。

　判例2の原審（福岡地判2009（平21）・3・17判タ1299号43頁）では、「法62条3項が、被保護者が指示に違反したとき『保護の変更、停止又は廃止をすることができる』と規定しているのは、保護実施機関に、処分をするか否か、するとしていかなる処分をするかについて、裁量を与えたものであるが、保護に関する処分は、被保護者の権利利益に重大な影響を及ぼし得るものであるから、指示違反があれば裁量によりいかなる処分をもなし得ると解すべきではなく、具体的事案において当該処分が著しく相当性を欠く場合には、裁量権を逸脱又は濫用するものとして、違法となるものと解するのが相当である」とした。そして、保護の廃止決定を行う場合については、「保護の廃止は、継続している保護の効果を将来に向かって剥奪し、保護の実施を終局的に断絶させる最も重い処分であるから、裁量権の逸脱又は濫用の判断に当たっては、処分の根拠となった指示の内容の相当性・適切性、指示違反に至る経緯、指示違反の重大性・悪質性、将来において指示事項が履行される可能性、保護の変更や停止を経ることなく直ちに保護を廃止する必要性・緊急性、保護廃止がもたらす被保護世帯の生活の困窮の程度等を総合考慮すべきである」との判断を示している。

　そのうえで、福祉事務所の原告らに対する求職・就労指示は適法であるものの、被保護者が履行しないことから直ちに保護を廃止したことに対して、保護を停止または変更したうえ、指示の履行を促し、それでも履行しない場

合に初めて廃止するという手順を踏むことができない緊急性があったとは認められないとして「保護を停止して更に指示事項の履行を促し、それでもなお指示に従わなかった場合に初めて保護を廃止するなどの配慮をすべきであったと考えられ、直ちに保護を廃止したことは重きに失するものといわざるを得ない。したがって、本件廃止処分は、著しく相当性を欠き、保護実施機関に与えられた裁量の範囲を逸脱したものであって、違法というべきである」としている。

　この控訴審である判例2でも原審を維持し、「福祉事務所は、かねて労働意欲が低く、生活保護に依存して生活を送っている被控訴人ら家族に対して、強力な措置をとることによって現状を改めようと考えたのではないかと推察される」と指導・指示が行われた背景を述べたうえで、「それにしても、生活保護が廃止となれば、被控訴人ら家族に与える影響は極めて大きいものといわなければならず、その意味では、本件福祉事務所の対応は、性急に過ぎたものといわざるを得ない」とした。

　判例3は、自動車の所有、借用、仕事以外での運転を禁止する旨を記載した法27条の指導・指示に違反したことを理由に生活保護廃止処分の決定が行われた事案である。ここでも裁量権の範囲を逸脱したものとして廃止処分を違法としている。

　この事案では、書面での指導・指示自体については裁量権の逸脱があったものということはできないとしたうえで、保護廃止処分について、「指示違反を理由に被保護者に不利益処分を課す場合には、被保護者の保護の必要性にも十分配慮する必要があり、特に保護の廃止処分は、被保護者の最低限度の生活の保障を奪う重大な処分であるから、違反行為に至る経緯や違反行為の内容等を総合的に考慮し、違反の程度が右処分に相当するような重大なものであることが必要であって、それに至らない程度の違反行為については、何らかの処分が必要な場合でも、保護の変更や停止などのより軽い処分を選択すべきである」とした。

　これらの判例からは、指導・指示違反の場合にはいかなる処分をもなし得るものと考えるのではなく、処分の根拠となった指導・指示の内容の相当性・適切性、指示違反に至る経緯、指示違反の重大性・悪質性、将来において指示事項が履行される可能性、保護の変更や停止を経ることなく直ちに保護を廃止する必要性・緊急性、保護廃止がもたらす被保護世帯の生活の困窮の程度等を総合考慮し、当該処分が著しく相当性を欠く場合には裁量権の逸

脱濫用として違法とされることになる[6]。このように判例では、法62条3項に基づく保護廃止などの重大な不利益処分については比例原則の考え方に依拠している[7]。

四　費用徴収、費用返還決定におけるケースワーク

　福祉事務所が保護に要した費用の返還を決定する場合（法63条）や不正な手段により保護を受けた者に対してその保護費の徴収を行う場合（法78条1項）があるが、その前提としてケースワーカーは収入の届出義務（法61条）などについて生活保護制度の説明を事前に被保護者にどこまで行う必要があるのかという問題がある。費用徴収、費用返還決定に関わる制度の説明などは、書面による法27条の指導・指示だけではなく、法27条の口頭による指導・指示、法27条の2の助言による場合もあり（図表23-1参照）、これらの指導・指示、助言が被保護者に対してどのように行われる必要があるのかという点が問題となる。

1　不正受給の判断にあたってのケースワーク

　不正受給を行った被保護者に対しては、保護費を支弁した都道府県または市町村の長は、その費用の額の全部または一部を、その者から徴収することができ（法78条）、刑事罰を科す場合もある（法85条）。不正受給の決定にあたり、生活保護を受給する際に届出義務などについて被保護者が理解できるような指導・指示、助言などの必要なケースワークが行われていたかが問題となっている。これは、被保護者が届出義務を承知していながら不正の意図をもって収入の届出を行わなかったのか、被保護者が届出義務を知らないため届出をしなかったのかにより不正受給の有無の判断が異なるからである。

　判例4[8]は高校生のアルバイト収入の無申告を不正受給として行われた保護費の費用徴収（法78条1項）決定について争われた事例である。裁判所は、高校生のアルバイト収入は無申告であったと認定したうえで、不正受給の判

6　菊池馨実『社会保障法（第3版）』（有斐閣、2022年）330頁。
7　加藤智章ほか『社会保障法（第8版）』（有斐閣、2023年）437頁〔前田雅子執筆〕。
8　判例4について第21章では高校生のアルバイト収入の使途についても述べられているので確認しておこう。

断にあたっては被保護者の不正の意図が必要であるが、この要件を欠いているとして費用徴収決定を取り消している。

　ここでは、ケースワーカーが「保護のしおり」[9]を交付したものの、両親に「高校生のアルバイト収入も届出義務の対象となることを説明したことはなかった」としたうえで、「指示をしたというからには、指示された内容を受け手が理解していなければならない」のに、ケースワーカーは「しおりを原告夫婦に交付したものの、それを広げて項目を示しながら丁寧に説明することまではしなかったのであるから、原告がその内容を理解していることを確認もしなかったと推認される」とした。さらに、原告は「しおりを始め福祉事務所から交付される書類をよく読んで理解し、適切に対応しようとする意欲は乏し」く、妻も「理解力、適応力に問題がある」こと等から、「本件の事実関係に基づき総合的に判断すると、娘のアルバイト収入に関連して原告が『不実の申請その他不正な手段により』保護を受けたとまではいえない」ことから、本件処分は要件を欠き違法と言わざるを得ず取消を免れないとした。

　このように不正受給を理由とした費用徴収の判断にあたっては、収入申告義務等について被保護者の状況に応じて被保護者が理解できるような制度説明をケースワーカーが行うことが必要になる。

2　収入認定にあたってのケースワーク

　判例5は、被保護世帯の子どもが高等学校進学にあたり受給手続を行った給付型奨学金を受給したところ、この奨学金を収入認定し保護費変更処分を行った事案である。給付型奨学金は収入認定の対象ではあるものの、その使途の内容によっては収入認定除外ができる可能性があるにもかかわらず奨学金全額を収入認定したことの違法性が争点となった。

　ここでは給付型奨学金は収入認定から除外されるべき金銭とはいえないことから収入として認定したこと自体は違法とはいえないとしたうえで、「保護の実施機関としては、被保護者から世帯の一員である子の高校への進学に当たり給付型奨学金を受給する旨の申告があった際には、給付型奨学金の使

9　福祉事務所によっては、扶助の種類、扶助費の算定方法、被保護者の権利、義務などの生活保護制度の概要をコンパクトな印刷物として「保護のしおり」等として被保護者に交付していることがある。

途によっては収入認定を除外する可能性があり、給付型奨学金の使途について助言し、さらには調査することが可能であった上、収入認定からの除外を検討することなく収入認定をした場合には、生活扶助費をも割り込むおそれがあることに照らすと、保護の実施機関には、被保護者に対して適切に助言をするとともに、自ら調査すべき義務があった」と述べ、そのうえで被告福祉事務所は、本件各奨学金について収入認定除外の対象となるか否かの検討を行わず、したがって、原告から提出された自立更生計画や添付資料の検討をせず、除外認定に当たって必要な資料の追加提出等の指示もしないままに、本件各処分を行ったものであって、公務員に与えられた裁量権を逸脱したものということができ、本件各処分はいずれも国家賠償法1条1項にいう違法があるとした。

　このように、収入認定を行う際には事前にその収入の性格を検討するとともに使途等について助言を行い、実際の当該収入の使途を調査、把握したうえで収入認定除外の可能性を判断して収入認定を行うことが必要とされている。

五　本章での学びと事例への回答

1．生活保護における指導・指示はどの程度具体的に行わなければならないのか？

　被保護者が履行すべき指導・指示の内容を理解できるように、指導または指示は書面によって行われなければならず（生活保護則19条）、被保護者が履行すべき事項は書面中の「指導・指示の内容」に記載されている事項である。

2．生活保護費の費用徴収、費用返還と指導・指示、助言はどのような関係にあるのか？

　不正受給による保護費の徴収にあたっては、被保護者が不正の意図をもって行った場合が不正受給とされていることから、被保護者に対しては届出義務などの生活保護制度についての説明が必要であり、その内容を被保護者が理解していなければならない。

　被保護者が収入を得た場合には、その収入の性格から収入認定除外や、当該収入の適切な使途についての説明を行うことが必要となる。このように被保護者の状況に応じて被保護者が理解できるような指導、指示、必要な助言

を行う義務がある。

3．生活保護法の趣旨、目的に照らしてケースワーカーの裁量を統制する方法はあるのか？

　ケースワーカーが不利益処分を行う場合には書面により行われた指導・指示である必要があり、その内容は被保護者が実現可能な内容でなくてはならない。

　また、指導・指示に従わない場合であっても、処分を行うにあたっては指示の内容の相当性・適切性、指示違反に至る経緯、指示違反の重大性・悪質性、将来において指示事項が履行される可能性、直ちに保護を廃止する場合にはその必要性・緊急性、保護廃止がもたらす被保護世帯の生活の困窮の程度等を総合考慮する必要があり、保護廃止などの重大な不利益処分については比例原則の考え方によることとなる。

事例への回答

　事例では書面による指導・指示の内容と指示の理由が異なっているが、被保護者に履行義務があるのは指導・指示の内容に記載された事項に限られる。そうすると、履行を求められた指導・指示は「収入を月額11万円（必要経費を除く）まで増収して下さい」ということになる。そこで、被保護者がこの指導・指示の内容を直ちに履行できるか否かを被保護者の状況から客観的に検討する必要がある。

　Xは、午前9時から午後6時まで就労し、さらに夕食後も2時間就労しても就労収入は多くても6万円程度であることを考えると、月額11万円の増収は実現不可能または著しく実現困難な指導・指示であり違法であると考えられる。

　また、事例では指導・指示を履行しないことを理由に直ちに保護廃止処分が行われている。本事例の指導・指示は違法であるが仮に適法な指導・指示が行われた場合の保護廃止処分をどのように考えるとよいのか。この場合は保護の変更や停止を経ることなく直ちに保護を廃止する必要性・緊急性、保護廃止がもたらす被保護世帯の生活の困窮の程度等を総合考慮することが必要になる。

　Xは介護の必要な妻と生活し収入は就労収入と生活保護費だけであることから、保護が廃止となった場合には直ちに生活が困窮する可能性の高い世帯

といえる。指示違反の悪質性、重大性の有無を検討するとともに、将来指示事項が履行されることも考え、保護廃止処分を行う前に保護の停止処分等、より軽い処分を選択することが必要であると考えられる。

24 生活保護制度における基準決定と判断過程審査

常森裕介

立法府および行政の裁量統制を通じて、社会保障制度の縮小・後退に歯止めをかけ生存権を保障することはできるか？

> 厚生労働省は、生活保護制度の級地制度の見直しを目的とした検討委員会を設置し、検討委員会は、各地域の消費実態等を根拠に、新たな級地区分について、最終報告書を取りまとめた。厚生労働大臣は、最終報告書のとおり、現在六つに区分されている級地を三つに区分することを軸とする新たな級地区分を告示した。被保護者であるXは、告示前の級地では1級地-1（例えば生活扶助は1類47420円および2類28890円）であったのが、2級地-1（同43770円および同27690円）となり、この級地変更に伴い受給額が減額されることとなった。Xは、上記変更により健康で文化的な最低限度の生活を下回る生活を強いられたとして、上記級地変更が生活保護法3条・8条に違反し無効だと主張した。
>
> Xの主張は認められるだろうか。

1. 生活保護法は生活保護基準をどのように統制しているのか？
2. 生活保護基準に対する判断過程審査とはどのような方法なのか？
3. 憲法25条は生活保護法を通じてどのように具体化されているか？

■ キーワード

憲法25条、生活保護法、生活保護基準、告示、老齢加算、生活扶助、生活保護基準部会、判断過程審査、期待的利益

■ 主要判例

判例1・朝日訴訟：最大判1967（昭42）・5・24民集21巻5号1043頁［社会保障判例百選（第6版）1事件］

判例2・堀木訴訟：最大判1982（昭57）・7・7民集36巻7号1235頁［社会保障判例百選（第6版）2事件］

判例3・老齢加算廃止訴訟：最判2012（平24）・2・28民集66巻3号1240頁［社会保障判例百選（第6版）3事件］

判例4・老齢加算廃止訴訟：最判2012（平24）・4・2民集66巻6号2367頁

判例5・生活保護基準引下げ処分取消等請求事件：大阪高判2023（令5）・4・14判タ1521号44頁［社会保障判例百選（第6版）77事件］
判例6・生活保護基準引下げ処分取消等請求事件：名古屋高判2023（令5）・11・30LEX/DB25597542

一　事例を読む視点

　本章の事例は、本書第1章の事例と同じ内容である。異なるのは、第1章ではXが憲法25条および憲法14条違反を主張していたのに対し、本章では生活保護法3条および8条違反を主張している点である。実際の訴訟では、違憲および違法の主張を同時に行うことが可能であり、実際に多くの訴訟で違憲および違法の両方が主張されている。そのうえで同じ事例に対し、違憲の主張と違法の主張を区別して取り上げるのには以下の理由がある。
　第一に、第1章でみたように、憲法25条に関しては、判例1や判例2を通じて国会あるいは厚生労働大臣に広い裁量が認められており、違憲の主張が認められる可能性は極めて限定されている。第二に、社会保障制度は、憲法25条に根拠をもつと同時に、法律や政省令を通じて受給要件や給付水準が詳細に定められており、社会保障給付の給付水準が問題となった事例については、まず法律レベルの解釈が問題となる。第三に、以上の二点をふまえたうえで、法律や政省令の解釈を通じて、憲法25条の意味を再確認することが可能となる。
　生活保護法は、憲法25条を直接具体化した法律であり、生活保護基準は健康で文化的な最低限度の生活を、各々の時代の経済状況等を背景に基準化したものである。この基準化にあたっては、判例2のいう専門技術的な考察に基づく政策判断が必要である。例えば、ある時代の被保護世帯の生活水準を決めるためには、年齢や性別等に基づくグループ分けを行ったうえで、被保護世帯以外の一般世帯と比較を行わなければならない。上記のような作業には統計等の分析を含めた専門的な知識、知見が必要である。厚生労働大臣だけで、必ずしも上記専門技術的な考察を行い得るわけではなく、各分野の専門家による会議体を設定して、会議体における検討を通じて専門技術的な分析結果を蓄積し、厚生労働大臣はその結果を基に最終的な判断を行うことが少なくない。その理由として、厚生労働大臣単独では広範囲かつ複雑な検討

figure24-1　生活扶助の基準額（居宅　第1類　1級地-1）

0～2歳	44,580円
20～40歳	46,930円
41～59歳	46,930円
75歳以上	39,890円

（出典）2024（令6）・3・28厚生労働省告示第130号を基に筆者作成

が難しいというだけでなく、外部の専門家の意見を集約しその過程を公開することで、政策決定の客観性、透明性を確保することもあげられる。

　重要なのは、このような専門技術的な考察に基づく政策判断を行っていることが、厚生労働大臣に広い裁量を認める理由の一つになってきたということである。確かに、専門家による会議体で議論が尽くされ、厚生労働大臣がその議論をふまえて政策的判断を行うのであれば、当該判断に対し、裁判所が事後的に審査できる余地は大きくない。他方で、判断過程審査とよばれる審査方法に基づく判例の蓄積は裁判所の審査に新たな根拠を与えるものである。

　また、専門技術的な考察に基づく政策判断であることが、行政裁量を根拠付けるとすれば、専門家による議論のような専門技術的な考察を支えるプロセスを経ない場合には、上記政策的判断に対する評価がどのように変わり得るかという点にも注意しなければならない。専門家による議論はあくまで政策判断の根拠の一つにすぎないのか、あるいは、厚生労働大臣は専門家による議論に沿った判断をしなければならないのか、各制度で構築されてきた政策決定過程により、専門家による議論の重みは異なる。

二　生活保護法は生活保護基準をどのように統制しているのか？

　生活保護法は「保護は、厚生労働大臣の定める基準により測定した要保護者の需要を基とし、そのうち、その者の金銭又は物品で満たすことのできない不足分を補う程度において行うものとする」（8条1項）、「前項の基準は、要保護者の年齢別、性別、世帯構成別、所在地域別その他保護の種類に応じて必要な事情を考慮した最低限度の生活の需要を満たすに十分なものであつて、且つ、これをこえないものでなければならない」（同2項）と規定する。

生活保護法8条は、生活保護基準は要保護者の需要に基づき決定され、また、年齢等を考慮して決定される旨を規定する。生活保護法は最低生活保障と自立助長を目的として掲げ（1条）、「この法律により保障される最低限度の生活は、健康で文化的な生活水準を維持することができるものでなければならない」（3条）と定める。厚生労働大臣は、これらの条文を根拠とし、告示という方法で生活保護基準を決定し、同基準は法規命令（委任命令）としての性質をもつ[1]。

上記生活保護法の規定は、生活保護基準の内容や水準について具体的に示しているわけではなく、健康で文化的な生活水準を維持することができる水準でなければならないという抽象的な制約にとどまる。他方で、基準の決定方法については、要保護者の需要に基づき決定することおよびその際考慮されるべき事項を一定程度具体的に示している。ただし、実際の保護基準決定において考慮される要素と比較すると、生活保護法で規定されている事情は概括的なものだといえる[2]。

生活保護法が保護基準の水準および決定方法について詳細に規定しないとすれば、厚生労働大臣は、どのような基準に基づき保護基準の水準および内容を決定するのか。生活保護基準の決定にあたり、厚生労働大臣の専門技術的考察を補完、代替し、政策的判断の基盤を作ってきたのが、生活保護基準部会等の専門家による会議体である。生活保護基準の改定には、経済学や統計学、法学等様々な専門的知識および技術が必要となり、これら専門的知識および技術は厚生労働大臣や行政職員だけで賄うことができるものではない。そのため、保護基準の改定において会議体の検討を経ることは政策決定過程において通例となっていた

具体的な検討を会議体に委ねるとしても、最終的に保護基準を決定するのは厚生労働大臣である。しかし、最終的に決定された保護基準が違法であるか否かを評価する際、その判断過程の妥当性が審査される場合がある。例えば、厚生労働大臣が、会議体が導いた結論とは大きく異なる内容の改定を行った場合、最終的に告示された保護基準の評価はどのような影響を受けるのだろうか。

1　山下慎一「生活保護基準の設定に対する法的コントロール」季刊社会保障研究50巻4号（2015年）389〜390頁。
2　生活保護法の解釈と保護基準の統制について、稲森公嘉「生活保護基準改定の法的統制」週刊社会保障3174号（2022年）42〜47頁を参照。

三　判断過程審査とはどのような方法か？

　生活保護法に基づく加算の一つである老齢加算を廃止したことにより、給付が減額されたことの違法性が争われた事例において、判例3は次のように述べる。

　「老齢加算の減額又は廃止の要否の前提となる最低限度の生活の需要に係る評価や被保護者の期待的利益についての可及的な配慮は……専門技術的な考察に基づいた政策的判断であって……老齢加算の廃止を内容とする保護基準の改定は、①　……最低限度の生活の具体化に係る判断の過程及び手続における過誤、欠落の有無等の観点からみて裁量権の範囲の逸脱又はその濫用があると認められる場合あるいは、②　……被保護者の期待的利益や生活への影響等の観点からみて裁量権の範囲の逸脱又はその濫用があると認められる場合に、生活保護法3条、8条2項の規定に違反し、違法となる」。また同様の事例が争われた判例4は、専門技術的な考察に基づいた判断およびその裁量審査は「統計等の客観的な数値等との合理的関連性や専門的知見との整合性の有無等について審査されるべき」と述べ、判例3と同様の観点から判断している。

　上記判示によれば専門技術的な考察に基づく政策的判断は、判断過程および手続における過誤および欠落の有無と期待的利益や生活への影響等の観点から判断される。後者が改定後の保護基準が与える影響を考慮したものであるのに対し、前者は保護基準改定の判断過程に着目している。判断過程および手続における過誤や欠落の有無はどのように評価されるのかという点について、判例3は、統計等の客観的な数値等との合理的関連性や専門的知見との整合性の有無によって審査されると説明する。つまり、裁判所は、保護基準決定の権限をもつ厚生労働大臣の裁量を認めたうえで、後追いする形でその判断過程をチェックするということである[3]。

　保護基準改定の過程で検討対象となる客観的な数値や専門的知見は、行政職員だけでなく、専門家による会議体により提示されることが多いと考えら

---

[3] 判断過程審査の詳細について、村上裕章「判断過程審査の現状と課題」法時85巻2号（2013年）10〜16頁、豊島明子「生活保護基準と行政裁量」社会保障法33号（2018年）43〜57頁を参照。

れる。そうであるならば、厚生労働大臣の判断過程を審査するということは、厚生労働大臣が決定した保護基準が、専門家による会議体の意見に沿ったものであるか否かを、裁判所が両者を照らし合わせて評価するということでもある。ただし、会議体の意見に沿ったものであるというだけで当該改定が適法であることにはならず、また会議体の意見に沿わない改定であるというだけで、当該改定が違法であるということにもならない。加えて、膨大な数値や知見のどの部分を参照するかという点も各制度、各改定の趣旨目的により異なる。判例3、判例4でいえば、高齢の被保護者の需要と生活への影響という点が重視されることになる。

　判例3および判例4が示した判断過程審査は、生活保護基準の改定において、慣例として専門家による会議体が関与することを前提としていた。言い換えれば、保護基準の改定おける標準的な政策形成過程を想定し、そのような過程からの逸脱の程度により厚生労働大臣の裁量権の行使を審査しているということである。そうであるとすれば、会議体が関与することなく行われた保護基準の改定はどのように評価されるのだろうか[4]。

　判例5および判例6は、生活扶助の基準が物価の下落（デフレ）等を理由に引き下げられたことが、生活保護法3条および8条2項に違反するか否かが問題となった事案である。判例5および判例6はいずれも判例3および判例4を先例として参照する一方、両判決の結論は異なる。ここで取り上げたいのは、基準改定において会議体の関与が求められるか否かという点に関する判示である。

　判例5は次のように述べる。

　「保護基準の改定に関する厚生労働大臣の判断は、前述のとおり専門技術的な考察に基づくものであり、専門家によって構成される生活扶助基準に関する検討会や基準部会等による検証は、その合理性を担保するための手段として重要な役割を果たしてきたと考えられる。しかし、基準部会は、生活扶助基準について、学識経験による専門的かつ客観的な検証を行うため、社会保障審議会の下に常設部会として設置されたものであり……、生活保護法は、厚生労働大臣が保護基準を改定するために基準部会その他の外部専門家によ

---

[4] 専門家による会議体と厚生労働大臣の裁量の関係について、山下慎一「判批」（名古屋地判2020（令2）・6・25判時2474号3頁）法時93巻2号（2021年）88～93頁、同「生活保護基準の改定に関する近時の裁判例の動向」週刊社会保障3212号（2023年）46～51頁を参照。

図表24-2　専門家による生活保護基準の検討の経緯

生活保護基準の検証および会議体	主な内容
昭和58年意見具申 （同上）	水準均衡方式の採用等
平成16年検証 （生活保護制度の在り方に関する専門検討委員会）	3人世帯における低所得世帯の消費実態の反映の有無等
平成19年検証 （生活扶助基準に関する検討会）	各世帯類型における消費実態との乖離等
平成25年検証 （生活保護基準部会）	デフレ調整等

（出典）判例5、判例6に関わる事実認定を基に筆者作成

る検証を要件としているわけではないから、厚生労働大臣の判断の合理性ひいては適法性を審査するうえで、あくまで厚生労働大臣による判断の合理性を担保する手段と解するのが相当である。したがって、厚生労働大臣による保護基準の改定に先立って基準部会による検証が行われていない場合であっても、その他の手段により判断の合理性が証明された場合には、当該判断は適法と評価することが可能であり、確立した専門的知見との矛盾が認められる場合に、専門的知見との整合性に欠くところがあると評価すべきと解される」。

　判例5は、生活扶助基準の改定では会議体による検証が厚生労働大臣の判断の合理性を担保するための重要な手段であったと認めたうえで、上記判示のように、専門家による検証は改定の要件ではないため、専門家の検討を経ていないとしても、その他の手段により厚生労働大臣の判断は適法となりうると述べる。判例5は、会議体の検討を経ることの重要性以上に、会議体の検証が改定の要件とはいえない点を重視しているといえる。

　これに対し、判例6は「厚生労働大臣は、保護基準を改定するに当たり、基準部会等の専門家による検討、検証を経ることが法令上義務付けられているとまで解することはできない」と述べたうえで次のように続ける。

　「基準部会の……組織としての性格、役割……に照らせば、厚生労働大臣は、基準部会又はその他の専門家（専門家により構成される会議体）による検討、検証を全く経ることなく保護基準を改定する場合には、その判断の過程を十分に明らかにするべきであって、少なくとも、その採用する改定率やこれを算出する指数方式等の合理性は、その判断の過程の一部を取り出した

抽象的な説明では足りず、その全体が具体的に説明されなければならないというべきである。とりわけ、デフレ調整のように過去に採られたことのない手法である物価変動の変化率をもって生活扶助基準を大幅に引き下げる内容の保護基準の改定をするというのであれば、その判断は、後に第三者による検証が可能なかたちで厳格にされるべきであり、他の選択肢の検討等も含めたその判断過程の全体が具体的に明らかにされる必要性は、特に高いというべきである」。加えて、国側の主張に応える形で次のように述べる。「厚生労働大臣ないし厚生労働省が生活保護制度等の行政事務を従前から所掌してきたことは、厚生労働大臣の判断の正当性を基礎付けるものではあり得ないのである（行政機関に専門技術的知見があったとしても、判断の基礎となる事実の取捨選択を誤る可能性はあるし、結果的に専門技術的知見に反する判断を行ってしまったり、これを濫用的に用いたりすることは十分あり得るのであって、行政機関に専門技術的知見があるか否かということと、実際に行われた判断が専門技術的知見と整合しているか否かということとは、全く別の事柄である。）」。

判例6は、厚生労働大臣の政策判断が会議体の検討をまったく経ずに行われた場合には、判断過程全体が十分明らかにされるべきこと、抽象的な説明では足りないこと、特にデフレ調整については第三者による厳格な検証が可能な形で行われるべきことを述べる。判例6が厚生労働大臣に求める具体的な説明とは、専門家の会議体による議論を経た場合と同程度の説明だと理解することもできる。判例5と判例6の判示は、完全に対応しているわけではないものの、判例6は、厚生労働大臣の政策的判断を審理するにあたり、会議体の検討を経ていない場合の検証を厳格に行うことを求めていると理解できる。

物価下落に合わせて生活扶助基準を引き下げることの是非について、判例5がこれを肯定したのに対し、判例6は違法だと結論付けた。判例6が厚生労働大臣の判断を審査する際、会議体による検討を経た場合とそうでない場合で審査方法が異なると述べたことは、違法性の有無にも影響を及ぼしていることがわかる[5]。

判例3および判例4、両判例を参照した判例6をみると、厚生労働大臣が

---

[5] 判例5、判例6の比較について、常森裕介「判批」（判例5）早法99巻2号（2024年）119～136頁を参照。

保護基準の改定に関する裁量をもつことを前提としつつ、統計等の客観的な数値や専門的知見に照らし、その判断過程を審査することで裁量を統制する手法が提示されたといえる。また厚生労働大臣の判断に専門技術的な裏付けを与えると同時に、判断過程審査の根拠となる客観的な数値や専門的知見を提供するのが専門家により構成される会議体であった。判例6は、判例1や判例2を先例として参照することで、一般論として厚生労働大臣の広い裁量を認めつつ、実質的には判断過程審査を行うことで厚生労働大臣の裁量を一定程度厳格に判断したといえる。

四 憲法25条は生活保護法を通じてどのように具体化されているか？

　本書第1章では、判例2が最も重要な先例として位置付けられる社会保障判例において、憲法25条違反という結論を得ることが難しいことを述べた。判例2は社会保障制度の設計について立法府の広い裁量を認めているが、その射程が行政裁量にも及ぶことは判例3および判例4が判例2を参照していることからもわかる[6]。違憲判決は法令や法令の適用そのものを無効とする点で強力であるだけでなく、後続の裁判例への影響も大きい。そのため、例えば生活保護基準の改定をめぐる事例において、厚生労働大臣の決定した保護基準が違憲であると主張することには依然重要な意味がある。ただし、先例をみると、憲法25条違反の結論が導かれる可能性は極めて低い。

　社会保障制度はその複雑さと規模の大きさゆえ、法律レベルで規定できるのは抽象的な内容にとどまり、具体的な内容は政省令や告示で示されることが多い。そのため、裁判を通じて社会保障給付の受給要件や給付内容について争う際には、法律や政省令の規定が重要となる。告示の形式をとる生活保護基準は、その典型的な例であった。政省令以下の法規命令で定められた受給要件や給付内容および給付水準を無効にするためには、必ずしも違憲である旨の主張が必要であるわけではなく、違法であるという結論を得られればよい。

　ただし、生活保護法のように憲法25条の内容を直接具体化した法律であれば、違法か否かを判断する過程で、実質的に憲法25条の理念に沿った制度で

---

[6] 菊池馨実「判批」（判例3）岩村正彦編『社会保障判例百選（第5版）』（有斐閣、2016年）9頁。

あるか否かを評価することになる場合もある。判例3および判例4、判例5および判例6で問題となった生活保護法3条は「この法律により保障される最低限度の生活は、健康で文化的な生活水準を維持することができるものでなければならない」と定める。生活保護法全体が、憲法25条の理念に基づく旨の同法1条と併せて考えると、3条にいう「健康で文化的な生活水準」とは憲法25条にいう「健康で文化的な最低限度の生活」を具体化したものだといえる。そのため同法3条に違反することは実質的に憲法25条に違反することと考えることができる。

もちろん、生活保護法のように憲法25条の理念や文言を直接反映させた法律が多く存在するわけではない。しかし、老齢加算の廃止や生活扶助基準の引下げなど、被保護者の生活水準に直接関わる保護基準の改定であれば、まさに法律レベルでの違反を憲法レベルでの違反と同一視することができる場面も生じうる。なぜなら生活保護基準が「健康で文化的な生活水準」に充たないことは、被保護者の生活水準が「健康で文化的な最低限度の生活」を下回っていることを意味するからである[7]。

本書第1章では、社会保障制度が憲法25条に根拠をもつ一方、「健康で文化的な最低限度の生活」が相対的なものであること等から、立法府や厚生労働大臣に広い裁量が認められることを述べた。ただし、憲法25条は単なるプログラム規定ではなく、具体的な社会保障制度の存在を前提に国民に権利を付与するものである。実際に、生活保護法のような法令の解釈を通じて、憲法25条にいう「健康で文化的な最低限度の生活」の内容を問うことができる。また、判例2は、立法府に広い裁量がある理由として専門技術的な考察とそれに基づく政策的判断が必要であることをあげていたが、専門技術的な知見に照らし、裁量が制約されることもある[8]。

社会保障判例を理解するためには、憲法学や行政法学の知見に学ぶところが大きい。他方で、判断過程審査のように、憲法学や行政法学で培われた手

---

[7] 生活扶助引下げ訴訟の憲法的側面について、松本奈津希「判批」法セミ増刊速報判例解説29号（2021年）23～26頁、同「専門的知見との整合性要請と憲法25条」賃社1814号（2022年）29～38頁を参照。

[8] 専門技術的考察という観点からの裁量制約について嵩さやか「生活保護基準改定における裁量と司法審査」週刊社会保障3179号（2022年）25頁、水林翔「生活保護基準引き下げと専門知」流経22巻2号（2023年）47頁以下。

法を裁判例の解釈に生かすためには、各社会保障制度に対する深い理解が求められる。社会保障判例を学ぶ意義は、法学の各分野で学んだ知識や手法と、身近な生活を支える社会保障制度を結びつけ、法解釈を構築できる点にあるといえよう。

五　本章での学びと事例への回答

1．生活保護法は生活保護基準をどのように統制しているのか？

　生活保護法は3条および8条を除き、生活保護基準の具体的な水準や内容について直接規律しておらず、告示という形式を採用していることからもわかるように、生活保護の水準および内容については厚生労働大臣の裁量に委ねられる部分が大きい。他方で、生活保護法8条2項は、例示的に保護基準の決定に際して考慮されるべき要素をあげている。

2．生活保護基準に対する判断過程審査とはどのような方法なのか？

　生活保護基準の改定について、裁判所が、厚生労働大臣の判断過程および手続に過誤や欠落があるか否かという観点から審査するというものである。その際統計等との客観的数値等との合理的関連性や専門的知見との整合性が重要な基準となる。ただし、生活基準の改定においては、専門家による会議体が重要な役割を果たすため、会議体での検討がどのように保護基準に反映されているのかという点が、厚生労働大臣の裁量審査に影響を与える場合もある。

3．憲法25条は生活保護法を通じてどのように具体化されているか？

　生活保護基準は憲法25条にいう「健康で文化的な最低限度の生活」を具体化するものである一方、先例により基準設定にかかる厚生労働大臣の広い裁量が認められていることから、特定の保護基準の改定が違憲となる可能性は低い。しかし、本章であげた生活保護法の各条文と、裁判所による判断過程審査により、保護基準が実質的に「健康で文化的な最低限度の生活」を基準化し得ているかについて一定程度審査し、場合によっては保護基準を違法とすることも可能である。

事例への回答

　Xの生活保護費の減額は、級地の変更という厚生労働大臣の告示に基づく制度改正によるものである。そのため、級地の変更が、厚生労働大臣の裁量（行政裁量）の範囲を逸脱する著しく不合理なものであるかという点が問題となる。厚生労働大臣が、級地の変更を含む生活保護基準の改定について、広範な裁量を有することを前提にしても、次の点を強調することでその裁量を制約できる可能性がある。

　まず、級地の変更は、老齢加算等と異なり、生活保護の中心である生活扶助基準に影響を与えるものであり、その減額の幅も小さいとはいえない。また、各市町村の物価等を勘案した専門技術的な考察が必要となるため、専門家による検討の有無や客観的なデータ等との整合性が問われる。また、今回の変更が、Xの生活水準をどの程度低下させたのか、減額が生活に与える影響を緩和する措置は実施されたのかといった点を検討することも必要となる。

●「主要判例」索引

最高裁判所

最判1954（昭29）・11・26民集 8 巻11号2075頁：労働者災害補償保険金給付請求上告事件　76, 117

最大判1958（昭33）・ 2 ・12民集12巻 2 号190頁：滞納処分無効確認請求事件　39

最判1965（昭40）・ 6 ・18判時418号35頁：健康保険厚生年金保険被保険者資格取得確認処分無効確認請求事件　52

最判1966（昭41）・12・ 1 民集20巻10号2017頁：損害賠償請求（伸栄製機）事件　65

最大判1967（昭42）・ 5 ・24民集21巻 5 号1043頁：朝日訴訟　2, 308

最大判1973（昭48）・12・20民集27巻11号1594頁：取立命令に基づく取立請求（診療報酬）上告事件　143

最判1975（昭50）・ 2 ・25民集29巻 2 号143頁：陸上自衛隊八戸車両整備工場事件　117

最大判1975（昭50）・ 4 ・30民集29巻 4 号572頁：医薬品一般販売業不許可処分取消請求事件　172

最判1978（昭53）・ 4 ・ 4 集民123号501頁：行政処分取消請求事件　144

最大判1978（昭53）・ 7 ・12民集32巻 5 号946頁：森林法事件　77

最大判1982（昭57）・ 7 ・ 7 民集36巻 7 号1235頁：堀木訴訟　3, 28, 65, 308

最判1983（昭58）・ 4 ・14民集37巻 3 号270頁：遺族年金却下取消請求事件（重婚的内縁関係）　104

最判1989（平 1 ）・ 3 ・ 2 集民156号271頁：塩見訴訟　14

最判1995（平 7 ）・11・ 7 民集49巻 9 号2829頁：本村訴訟　76

最判1996（平 8 ）・ 1 ・23判時1557号58頁：地公災基金東京都支部長（町田高校）事件　116

最判1996（平 8 ）・11・28判時1589号136頁：横浜南労基署長（旭紙業）事件　116

最判1997（平 9 ）・ 1 ・28民集51巻 1 号78頁：改進社事件　15

最判2000（平12）・ 3 ・24民集54巻 3 号1155頁：電通事件　117

最判2000（平12）・ 7 ・17判時1723号132頁：横浜南労基署長（東京海上横浜支店）事件　117

最判2001（平13）・ 9 ・25訟月49巻 4 号1273頁：生活保護申請却下処分取消請求事件　15

最判2002（平14）・ 1 ・31民集56巻 1 号246頁：児童扶養手当資格喪失処分取消請求事件　65

最大判2002（平14）・ 2 ・13民集56巻 2 号331頁：証券取引法事件　77

最判2004（平16）・1・15民集58巻1号226頁：損害賠償請求（国保被保険者証不交付処分）事件　　15
最判2004（平16）・3・16民集58巻3号647頁：中嶋学資保険訴訟　　270
最判2005（平17）・4・21集民216号597頁：遺族共済年金不支給処分取消請求事件（重婚的内縁関係）　　104
最判2005（平17）・7・15民集59巻6号1661頁：病院開設中止勧告取消請求事件　　172
最判2005（平17）・9・8判時1920号29頁：保険医療機関指定拒否処分取消請求事件　　172
最判2005（平17）・10・25集民218号91頁：病院開設中止勧告取消請求事件　　172
最大判2006（平18）・3・1民集60巻2号587頁：国民健康保険料賦課処分取消等請求事件　　39
最判2007（平19）・3・8民集61巻2号518頁：近親間の内縁関係　　104
最判2007（平19）・9・28民集61巻6号2345頁：学生無年金訴訟　　3
最判2008（平20）・10・10集民229頁75号：学生無年金訴訟（初診日要件）　　92
最判2009（平21）・11・26民集63巻9号2124頁：横浜市立保育所廃止処分取消請求事件　　198
最判2011（平23）・7・14裁時1535号9頁：損害賠償（住民訴訟）請求事件　　184
最判2011（平23）・10・25民集65巻7号2923頁：混合診療訴訟上告審　　157
最判2012（平24）・2・28民集66巻3号1240頁：老齢加算廃止訴訟　　3，308
最判2012（平24）・4・2民集66巻6号2367頁：老齢加算廃止訴訟　　308
最判2014（平26）・7・18訟月61巻2号356頁：生活保護開始決定義務付け等請求事件　　15
最判2014（平26）・10・23集民248号1頁：生活保護廃止決定処分損害賠償等請求事件　　296
最判2017（平29）・3・21集民255号55頁：遺族補償年金違憲訴訟上告審　　27
最判2021（令3）・3・25民集75巻3号913頁：退職金等請求事件（事実上の離婚状態）　　104
最判2022（令4）・12・13民集76巻7号1872頁：処分取消等請求事件　　52
最判2023（令5）・12・15民集77巻9号2285頁：年金減額改定決定取消等請求事件　　77
最判2024（令6）・3・26民集78巻1号99頁：犯罪被害者給付金（同性パートナー）不支給決定取消訴訟上告審　　27

高等裁判所

広島高岡山支判1963（昭38）・9・23行集14巻9号1684頁：行政処分無効確認等請求事

件　　52
大阪高判1975（昭50）・11・10行集26巻10・11号1268頁：堀木訴訟控訴審　　3
広島高松江支判1981（昭56）・5・13訟月27巻8号1526頁：損害賠償請求（老齢福祉年金支給停止処分）控訴事件　　76
大阪高判1983（昭58）・5・27判時1084号25頁：診療報酬請求控訴事件　　143
名古屋高金沢支判1983（昭58）・9・21労民集34巻5＝6号809頁：福井労基署長事件　　117
名古屋高判1997（平9）・8・8判時1653号71頁：林訴訟　　284
大阪高判2001（平13）・10・19訟月49巻4号1280頁：生活保護決定処分取消等請求事件　　258
大阪高判2003（平15）・10・23賃社1358号10頁：生活保護開始決定取消等請求控訴事件（ホームレスの居宅保護）　　284
高松高判2004（平16）・6・24判タ1222号300頁：居宅介護サービス費請求事件　　184
名古屋高決2005（平17）・3・25家月57巻12号87頁：親権喪失宣告申立に対する抗告事件　　244
大阪高判2007（平19）・9・13賃社1479号63頁：身体障害者居宅生活支援費不支給決定取消請求事件　　214
名古屋高金沢支判2008（平20）・7・23判タ1281号181頁：勧告取消等請求控訴事件（差戻控訴審）　　172
名古屋高金沢支判2009（平21）・7・15LEX/DB25441731：不指定処分取消等請求事件　　184
名古屋高判2010（平22）・4・16労判1006号5頁：国・豊橋労基署長（マツヤデンキ）事件　　117
福岡高判2010（平22）・5・25賃社1524号59頁：保護廃止決定処分取消等請求事件　　296
大阪高判2011（平23）・4・14賃社1538号17頁：損害賠償請求事件　　53
大阪高判2011（平23）・12・14判例自治366号31頁：石田訴訟　　214
東京高判2012（平24）・7・18賃社1570号42頁：新宿七夕訴訟控訴審　　284
大阪高判2012（平24）・12・25労判1079号98頁：尼崎労基署長（園田競馬場事件）　　117
福岡高判2013（平25）・2・28判時2214号111頁：大阪西職安所長（日本インシュアランスサービス）事件　　130
大阪高判2013（平25）・6・11賃社1593号61頁：生活保護開始申請却下決定処分取消等請求事件　　258
東京高判2013（平25）・9・26判時2204号19頁：損害賠償請求事件（一時保護）　　244
札幌高判2015（平27）・4・24判例自治407号65頁：介護給付費支給決定取消等請求事件

214
大阪高判2015（平27）・6・19判時2280号21頁：遺族補償年金違憲訴訟控訴審　27
東京高判2016（平28）・3・16賃社1662号62頁：生活保護停止決定取消請求控訴事件（居住用不動産の買換え）　271
東京高判2017（平29）・1・25賃社1678号64頁：保育所入所不承諾処分国家賠償請求事件（三鷹市）　198
大阪高決2019（令1）・6・26家庭の法と裁判28号101頁：児童福祉施設入所承認申立審判に対する抗告事件　244
東京高判2021（令3）・12・16判例自治487号64頁：国家賠償請求控訴事件（面会通信制限）　244
東京高判2023（令5）・3・24判例自治511号143頁：天海訴訟控訴審　214
大阪高判2023（令5）・4・14判タ1521号44頁：生活保護基準引下げ処分取消等請求事件　309
名古屋高判2023（令5）・11・30LEX/DB25597542：生活保護基準引下げ処分取消等請求事件　309

地方裁判所

金沢地判1973（昭48）・4・27労民集24巻6号535頁：不当利得返還請求事件　131
横浜地判1982（昭57）・6・16労判392号35頁：日立製作所神奈川工場・松田公共職業安定所事件　131
名古屋地判1985（昭60）・9・4判時1176号79頁：健康保険傷病手当金等請求事件　52
大阪地決1989（平1）・5・10行集40巻7号809頁：保育所入所処分執行停止申立事件　228
横浜地判1992（平4）・1・29判例集未登載：養護老人ホーム個室入所請求事件　228
東京地判1992（平4）・11・20労判620号50頁：新宿職安所長（京王交通）事件　131
福岡地判1998（平10）・5・26判時1678号72頁：保護廃止決定処分取消請求事件　296
京都地判2000（平12）・1・20判時1730号68頁：診療報酬請求事件　144
大阪地判2001（平13）・3・29訟月49巻4号1297頁：生活保護決定処分取消等請求事件　258
名古屋地判2001（平13）・6・18労判814号64頁：豊田労基署長（トヨタ自動車）事件　117
大阪地判2002（平14）・6・28賃社1327号53頁：保育所入所保留処分国家賠償請求事件（東大阪市）　198
さいたま地判2002（平14）・12・4判例自治246号99頁：保育所入所不承諾処分取消請求

事件（和光市）　198
横浜地判2003（平15）・2・26判時1828号81頁：診療報酬請求事件　144
大阪地判2004（平16）・12・21判タ1181号193頁：家族療養費不支給処分取消請求事件　157
東京地判2006（平18）・10・25判時1956号62頁：保育所入所承諾義務付等請求事件（東大和市）　198
東京地判2007（平19）・10・15労判950号5頁：国・静岡労基署長（日研化学）事件　117
東京地判2007（平19）・11・7民集65巻7号3047頁：混合診療訴訟第一審　157
東京地判2007（平19）・11・9判タ1279号132頁：保育所入所不承諾処分取消等請求事件（渋谷区）　198
大阪地判2009（平21）・3・25判例自治324号10頁：除却命令差止請求事件、損害賠償請求事件（公園テントの除去命令とホームレスの現状）　284
福岡地小倉支判2011（平23）・3・29賃社1547号42頁：生活保護廃止決定処分等損害賠償請求事件　258
那覇地判2011（平23）・8・17賃社1551号62頁：生活保護開始申請却下決定処分取消等請求事件　258
東京地判2011（平23）・11・8賃社1553=1554号63頁：新宿七夕訴訟第一審　284
東京地判2012（平24）・3・28判時2153号40頁：損害賠償請求事件（介護施設事故）　228
鳥取地判2012（平24）・7・6労判1058号39頁：休業補償給付不支給処分取消請求事件　117
さいたま地判2013（平25）・2・20判時2196号88頁：生活保護申請不受理等国家賠償請求事件　258
大阪地判2013（平25）・4・19判時2226号3頁：生活保護申請却下処分取消請求、損害賠償請求事件（障害者の通院と自動車保有）　270
大阪地判2013（平25）・10・31賃社1603=1604号81頁：生活保護開始申請却下決定処分取消等請求事件（岸和田訴訟）　258，284
大阪地判2013（平25）・11・25判時2216号122頁：遺族補償年金違憲訴訟第一審　27
大阪地堺支判2014（平26）・5・8判時2231号68頁：損害賠償等請求事件（障害者短期入所サービス契約解除等）　228
東京地判2015（平27）・3・11判時2281号80頁：損害賠償請求事件（一時保護）　244
横浜地判2015（平27）・3・11判例自治408号34頁：費用徴収決定処分取消請求事件（高校生のアルバイト収入）　271，296
佐賀地判2015（平27）・10・23判時2298号39頁：処分取消請求事件　184
さいたま地決2015（平27）・12・17賃社1656号55頁：保育の利用解除処分等執行停止申

立事件（所沢市）　198
長崎地判2016（平28）・10・14LEX/DB25545026：損害賠償請求事件（一時保護）
　　244
東京地判2017（平29）・1・24LEX/DB25545672：障害年金不支給決定取消請求事件
　　（双極性障害）　92
福島地判2018（平30）・1・16賃社1708号35頁：生活保護法収入認定処分取消等請求事
　　件　296
東京地判2018（平30）・3・14判時2387号3頁：障害基礎年金不支給処分取消請求事件
　　（知的障害）　92
東京地判2018（平30）・4・24判タ1465号119頁：障害基礎年金支給停止処分取消等請求
　　事件（アスペルガー症候群）　92
東京地判2018（平30）・11・21労判1197号55頁：日本ビューホテル事件　131
横浜地判2019（平31）・3・13判例自治462号70頁：措置委託解除処分取消等請求事件
　　244
東京地判2019（令1）・12・19判時2470号32頁：遺族厚生年金不支給処分等取消請求事
　　件（DV）　104
さいたま地判2020（令2）・10・7判例自治483号76頁：生活保護停止決定処分等取消請
　　求事件（被保護者のリバースモーゲージの利用）　271
宇都宮地判2021（令3）・3・3判時2501号73頁：国家賠償請求事件（面会通信制限）
　　244
京都地判2021（令3）・4・16判時2532号33頁：児童扶養手当支給停止処分取消請求事
　　件　65
千葉地判2021（令3）・5・18判例自治511号165頁：天海訴訟第一審　214
さいたま地判2022（令4）・2・22賃社1806号33頁：慰謝料請求事件（重度身体障害居
　　宅介護打切り）　228
大阪地判2022（令4）・5・31判時2597号41頁：損害賠償請求事件（認定こども園入園
　　拒否）　228

家庭裁判所

和歌山家裁2019（平31）・3・20家庭の法と裁判28号105頁：児童福祉施設入所承認申立
　　事件　244

●執筆者一覧 [掲載順]
（＊印は編者）

常森 裕介（つねもり・ゆうすけ　東京経済大学）＊
菊池 馨実（きくち・よしみ　早稲田大学）＊
川久保 寛（かわくぼ・ひろし　北海道大学）
小西 啓文（こにし・ひろふみ　明治大学）
林 健太郎（はやし・けんたろう　慶應義塾大学）
浅野 公貴（あさの・きみたか　四天王寺大学）
古畑　淳（ふるはた・じゅん　津市立三重短期大学）
福島　豪（ふくしま・ごう　関西大学）
宮尾 亮甫（みやお・りょうすけ　南山大学）
池谷 秀登（いけたに・ひでと　立正大学）
木村 康之（きむら・やすゆき　弁護士〔東京弁護士会〕）

判例から考える社会保障法

2025年3月31日　第1版第1刷発行

編　者───菊池馨実・常森裕介
発行所───株式会社　日本評論社
　　　　　〒170-8474　東京都豊島区南大塚3-12-4
　　　　　電話　03-3987-8621（販売）－8631（編集）
　　　　　FAX 03-3987-8590（販売）－8596（編集）
　　　　　振替　00100-3-16
　　　　　https://www.nippyo.co.jp/
印　刷───精文堂印刷
製　本───難波製本

© 2025 Y. KIKUCHI, Y. TSUNEMORI
装幀／銀山宏子
ISBN 978-4-535-52850-5　　　　　　　　　　　　　　Printed in Japan

JCOPY　〈(社)出版者著作権管理機構　委託出版物〉
本書の無断複写は著作権法上での例外を除き禁じられています。複写される場合は、そのつど事前に、(社)出版者著作権管理機構（電話 03-5244-5088、FAX 03-5244-5089、e-mail：info@jcopy.or.jp）の許諾を得てください。また、本書を代行業者等の第三者に依頼してスキャニング等の行為によりデジタル化することは、個人の家庭内の利用であっても、一切認められておりません。

判例から考える 行政救済法 第2版

岡田正則・榊原秀訓・本多滝夫【編】

行政救済法の論点を最高裁重要判例を中心に、判例の論理を解き明かしつつ整理・解説。理解を助ける問いかけ、キーワード付き。

はしがき…榊原秀訓

第1部　行政事件訴訟法

行政事件訴訟法概説…本多滝夫

1. 法律上の争訟…髙木英行
2. 処分性…岡田正則
3. 原告適格…本多滝夫
4. 訴えの客観的利益…稲葉一将
5. 出訴期間と違法性の承継…長内祐樹
6. 裁量的行政処分の違法性…榊原秀訓
7. 行政手続法と手続的瑕疵…石塚武志
8. 審査請求と処分・裁決取消訴訟との関係…小林明夫
9. 取消訴訟の審理と判決…山田健吾
10. 執行停止…洞澤秀雄
11. 無効確認訴訟と処分不存在確認訴訟…日野辰哉
12. 義務付け訴訟と仮の義務付け…豊島明子
13. 差止訴訟と仮の差止め…大沢　光
14. 民事訴訟と抗告訴訟…西田幸介
15. 当事者訴訟…杉原丈史
16. 民衆訴訟・機関訴訟…大田直史

第2部　国家補償法

国家補償法概説…岡田正則

17. 損失補償の要否…前田定孝
18. 損失補償の内容…平川英子
19. 国家賠償法と民法不法行為法…徳田博人
20. 国家賠償法1条の要件1…萩原聡央
21. 国家賠償法1条の要件2…府川繭子
22. 国家賠償法1条と立法活動・司法活動…庄村勇人
23. 国家賠償法2条…寺　洋平
24. 国家賠償法3条…藤枝律子

■定価2,750円
■A5判

日本評論社
https://www.nippyo.co.jp/

※表示価格は税込価格です。